U0044774

未揚之聲

——金門教會百年史

陳子仁 著

Góa beh hiàn gī ê chè
Iāh beh oá-khò Iâ-hô-hoa

林序

　　一般人都知道，國不可以無史，但是國史的編寫難。鄉土史料卻是我們隨時可以蒐集整理的事，但是蒐集整理的時機有時稍縱即逝，有時鄉土史料的價值必須有人去識別，去詮釋，去發揚，才能得到彰顯，否則恐怕難逃故紙一堆，被閒置不顧的命運。

　　正在輔仁大學宗教所博士班就讀的陳子仁先生，他在政治大學宗教所的碩士論文是我指導的。在《未揚之聲──金門教會百年史》一書中，他把在金門蒐集到的教會議事錄中，有關對教會信徒行為不當的懲處記錄，拿來當作研究題材，說明這些懲罰在基督教的教理教義的依據，並且說明議事錄作為教會史料，其在研究教會史上的意義與價值。作為一個具有神學訓練背景的研究者，他在聖經義理的詮釋上，自然無懈可擊，議事錄中有關教會成立初期的運作，有關基督教與傳統文化慣習的衝突，有關對牧會人員本身的規範，有關金門與廈門教會的聯繫，都提供相當珍貴的一手資料。子仁看到這批被閒置多時的珍貴史料，發心整理研究，現在金門縣文化局決定出版這批他所整理的金門史料，公諸於世之後，必然讓學界更能認識到這些教內文書資料在宗教研究上和歷史研究上的珍貴價值。

　　1990 年我所編的《草屯鎮鄉土社會史資料》一書出版，當時在中研院民族所的前輩學者劉枝萬博士說，如果台灣每個鄉鎮都有這樣的一本鄉土資料集，那就太好了。事隔二十年了，台灣社會對鄉土史的重視已逐漸成為共識，對於子仁這本書的出版，深為他慶幸，辛苦蒐集整理的資料，如果只能放在自己的書房或是電腦檔案裡頭，那是多麼可惜的事情。

　　幾年前，中國佛教會要把歷年來的會議資料，委託學者整理出版，當時學界都很重視此事，期待早日出版，不過，前一陣子聽說，出版之事，竟又未定，殊為可憾。各宗教團體的教內文書，未必都有出版的價值，這本金門教會史料雖然只是後浦教會的議事錄，但是它連續記錄的時間夠長，範圍含

跨金廈，涉及宗教與文化的相關，鄉土社會史的意義十足，其出版的價值是無庸置疑的。

中央研究院民族學研究所

林美容

吳序

　　本書是一本結合歷史與聖經研究的著作，部分資料曾刊載於《台灣史料研究》與《台灣宗教研究》等期刊上，可證明其研究價值與成果已獲得學術界的肯定。如今，陳子仁先生再把它擴大，整理成《未揚之聲——金門教會百年史》，相信在同樣的學術水準下，本書定能帶給一切有心研究金門教會史的人，一個不可或缺的參考資料。

　　這本書分成兩大部分：歷史篇與教會懲戒篇，其中的核心資料，來自於金門後浦堂會議事錄。這種陳年的會議記錄，對一般人來說，可能不值得一顧、無任何參考價值。但是在研究宗教學與歷史的學者眼中，這些資料可是研究教會史，與教勢興衰的重要證據。陳子仁先生獲得這些資料後，就詳細分析其內容，進而把教會發展，以及教會懲戒在信仰上的意義和影響，清楚地呈現出來。

　　由於金門後浦堂是金門最早也是最大的堂會，早期金門其他地區尚未成為堂會的聚會點（如沙美與烈嶼）時，各教會同工是齊集後浦堂會一同議事的，因此該教會議事錄所記錄的內容，就涵蓋當時各教會之各樣事項。換言之，金門後浦堂會的議事錄，就不單是與該教會有關，也涉及當時金門各教會。因此，對金門後浦堂會議事錄的研究，其實就是對金門教會史的研究。如此一來，我們就能從更大的視野，以更全面的角度為金門後浦堂會議事錄定位。不論就歷史，或是從宗教的層面，本書在深度、廣度上，都為後人在研究金門史，或金門教會史上鋪下一條康莊大道。

　　欣聞陳子仁先生在金門縣文化局的支持下出版《未揚之聲——金門教會百年史》，這對研究歷史，或是研究宗教的人之眼中，是一個好消息、一件美事。這本書對歷史與基督信仰的貢獻，將會隨著本書的流傳，而逐漸的顯

現出來。不但如此，所有閱讀本書的人，不論是什麼身份、地位，都會從中獲益，並且對這本書的存在心存感謝！

中台神學院新約聖經教授

吳道宗

目次 /

林序 i

吳序 iii

前言 1

導論 3

    第一節　教會史的研究及其方法論 3

    第二節　本文的研究方法與取向 5

    第三節　概念定義與文獻回顧 7

        一、關於議事錄與教會史 7

        二、關於教會懲戒 11

        三、關於教會懲戒法規 17

        四、改革（長老）宗的教會特色 19

第壹篇　歷史篇

第一章　後浦堂會的源流與歷史 25

    第一節　從基督宗教與中國在歷史的相遇說起 25

        新教在中國創立堂會的肇端：廈門新街堂 27

    第二節　金門教會歷史 31

        一、金門島域的福音工作 31

二、金門教會史的誤會與勘正 35

三、宣教士與金門 45

四、由後浦堂會到金門堂會的成立 48

五、由金門堂會到金門中華基督教會 49

六、日據時期的金門教會與台灣 51

第三節　近代金門歷史、社會民俗與教會 55

一、近代金門的歷史與教會 55

二、近代金門的社會民俗與教會 58

第貳篇　教會懲戒篇

第一章　教會懲戒的信仰論據與現實 61

第一節　教會懲戒的信仰論據 62

一、罪與罪人：懲戒的核心問題 62

二、舊約部分 65

三、兩約之間 70

四、新約部分 75

五、整體的聖經論據 80

第二節　教會懲戒的法規論據 90

一、天主教的教會法規（Cannon Law）................... 91

二、美國歸正教會（The Book of Order）................ 94

三、加拿大長老會（The Book of Forms）............... 99

四、台灣基督長老教會（教會法規）...................... 101

第三節　教會懲戒的目標與現實世界裡的教會懲戒 104

第二章　後浦堂會議事錄裡的懲戒 109

第一節　後浦堂會議事錄的特色 109

一、議事錄形式 109

二、議次計算原則 112

第二節　懲戒紀錄概述 114

第三節　懲戒事項 116

一、與信仰有關 117

二、與婚姻、性文化有關 126

三、其他 134

第四節　懲戒處理與循環 143

一、懲戒處理 143

二、懲戒循環 146

第三章　教會懲戒：紀錄與論據 155

第一節　議事錄裡的教會懲戒與教會發展 155

第二節　議事錄裡懲戒事項的信仰論據 158

一、與信仰有關 158

二、與婚姻、性文化有關 163

三、其他 169

第三節　紀錄與不紀錄 172

一、列入記錄與未列入記錄的教會懲戒 173

二、後浦堂會不列入記錄的紀錄與歷史 174

第四章　意義與思考 177

第一節　議事錄在教會史研究的重要性 177

一、受方觀點的管窺 177

二、實際理解信仰深化之脈絡與歷程 179

三、為信仰實踐提供反省與再前進的論據 180

第二節　教會懲戒在教會史研究的重要性 181

一、反映教會信仰的深化程度 181

　　二、呈現教會的價值觀 182

　　三、考驗教會的內部關係與問題處理能力 182

第三節　後浦堂會議事錄在教會史研究的意義 183

　　一、堂會議事錄的完整性 183

　　二、教會懲戒的施行對信仰的影響 184

　　三、地區教會史的建構裨益教會史之充實 184

參考書目 187

附錄一　教會懲戒聖經論據總表 201

附錄二　後浦堂會議事錄懲戒記錄分類總表 213

附錄三　後浦堂會懲戒記錄 219

附錄四　圖片 225

　　圖 1　1900 年後浦（堂會）議事錄第一議 225

　　圖 2　1896 年台南長老大會議事錄第一議（部分） ... 226

　　圖 3　基督徒徙居照 227

　　圖 4　被禁徙居照 228

　　圖 5　議事錄裡的古文書（內容為 1929 年 1 月 6 日的草稿） ... 229

　　圖 6　議事錄裡的古文書（內容為 1929 年 1 月 6 日的記錄） ... 230

　　圖 7　議事錄夾層內發現的對齊與防透紙墊 231

　　圖 8　議事錄夾層內發現的未列入正式紀錄之會議記錄 232

　　圖 9　1862 年 4 月 11 日廈門區會（大長老會）成立 ... 233

　　圖 10　1877 年宣教大會宣教區地圖裡的金門 234

　　圖 11　1897 年宣教區地圖裡的金門 235

　　圖 12　1922 年宣教區地圖裡的金門之一 236

　　圖 13　1922 年宣教區地圖裡的金門之二 237

圖 14　1922 年宣教區地圖裡的金門之三 238

圖 15　1947 年宣教區地圖裡的金門 239

圖 16　左鎮基督長老教會小會懲戒記錄之一 240

圖 17　左鎮基督長老教會小會懲戒記錄之二 241

前言

　　時至 2011 年，在金門唯一能夠擁有百年史的教會，僅有後浦堂會，亦即金門基督教會的前身。[1]至於地區現有的多元宗派傳統，例如：天主教、真耶穌教會、聚會所等等，皆於二戰，甚至是 823 戰役後方才陸續入金。

　　基督教會在傳統民間信仰為主且又宗族鄰里連結極強的金門是非常小的群體。1922 年出版的 *Christian Occupation of China* 裡記載金門當時的堂會（Organized Congregation[2]）有三[3]，福音中心（Evangelical Center）有六，全職福音工作者（Employed Pastors: Evangelists and Bible Women）有五，受餐（指聖餐）基督徒（Communicants）有 153 人，佔每萬人中有 109.2 人[4]，也就是當時一萬四千一百位居民中只有百分之一點零九二的基督徒。隨著歷史走來，153 人這個基督徒人口數基本上少有增添，在金門在籍人口已經突破七萬的今天，意思是比例更加下降了，從世俗的眼光看來，可一點都不是成功的意味，反倒是一種教勢衰弱的跡象。

---

[1] 　需要注意的是，儘管沙西堂會（沙美與西園合併之堂會，後發展為沙美堂會）與烈嶼教會均可追溯百年以上的聚會點（chapel, missionary station）歷史，然就史料證據而言，兩堂會的設立（具備一名開議議長與兩名長老的條件），得從所從屬的中華基督教會於 1933 年所出版的《年鑑》12 期開始。其次，後浦堂會議事錄顯示，早期的議事型態為集合沙美、烈嶼的同工進行的。這符合早期閩南與台灣教會發展的狀況：由於草創時期牧者嚴重缺乏，常常數間教會合聘一名牧者巡迴牧會。因此，還未能成為堂會的沙美與烈嶼與已然成為堂會的後浦聯合議事，是合理的狀況。詳細討論將在金門島域的福音工作一節處理。

[2] 　就是已經有牧師與長老，可開長老督會（在台灣基督長老教會來說就是小會）的堂會，其他的稱為支會或分會。

[3] 　所指應為後浦、沙尾、烈嶼三間教會。

[4] 　見 Stauffer，1922: viii。

　　一般論及策略或行動的成功與否，常以該策略或行動的執行是否能夠帶來有意義的正向結果（通常是一種效益）而定。以金門教會所處的情境來說，基督徒增多、教會或事工興盛自然成為教勢增長的指標。然而，以教勢增長策略及行動而言，金門教會歷史中卓具特色的教會懲戒執行，不僅未能形成這些「有意義的正向結果」，還使得原本就處在金門這社區網絡間以雞犬相聞、保守且重面子為社會文化氛圍中的稀少基督徒社群，造成部分流失的現象。

　　從現實的層面評估，成員流失意味著力量的削弱以及反對力量的增加……，這些後果教會核心成員不會不瞭解。然而為什麼是金門？為什麼是金門基督徒？何以一個只擁有極少數信徒、一直有拓展困難的信仰群體在壓力極其嚴酷的島嶼的百年歷史中，願意密集忠實地實行那按人情風俗、本土文化來說是丟面子、揭瘡疤的教會懲戒行動達三十年之久，還將之記錄下來？我在 2002 至 2006 年於金門山外基督教會任職期間，有幸接觸到金門基督教會百年議事錄，在翻閱當中除了驚喜於百年史料中呈現的文獻資料外，同時也興起了這樣的問題意識。

　　研究過程中，從少得可憐的文獻中探詢問題答案，一直到梳理歷史脈絡時，隨著閱讀的深廣連結，意外發現金門教會與閩南教會在歷史上的淵源，這是另一個令人雀躍的斬獲。本書將縱觀金門教會百年史，彙整我所關切的相關議題，並見證這塊蕞爾小島上一小群先民本著信仰精神所活出來的生命榜樣——他們過去的未揚之聲對比我們現在的喧鬧沸揚，更將使我們窺見生命質素發散的力道。

導論

第一節　教會史的研究及其方法論

　　中國是「歷史」悠久的國家，中國人很早就有「史」的概念，「歷」則是日本人翻譯英文的 History 而附加的意義，為「按照時間先後次序記載的各種現象，尤其是對人類活動現象的敘述」（沈介山，1984:1-2）。

　　廣義的教會史，可說是始於人類的受造，是人對於上帝救恩的互動史；狹義的教會史則肇端於耶穌的誕生（沈介山，1984:11-12）[1]。然而教會史無論狹義、廣義，即便在研究對象上具有其特殊性，仍與一般史學在方法上：對客觀性、重要性的要求與不斷檢驗的必要性，和對史料間片段與整體的關連……等一致（艾伯林，1999:92-93）。在教會史著作中，其實具有相當程度的目的性詮釋，所採取的視野不僅僅只是客觀的歷史敘述，還包含大量前歷史的、信仰性的預設與前提：如對於歷史的真正推動者（以基督宗教來說，便是其信仰對象：上帝）的認定，便會使得教會史的敘述不光停留在純粹的事件、因果……的鋪陳耙梳，更會是對種種經驗積累的解釋、理論形成與預測之外（一般史學大概到此為止），使讀者意識到在一波又一波的歷史浪潮之中，事件發生的原因不純粹是政治、社會、文化環境與信仰條件運作的結果，總是有超越歷史的主宰者在其中運行，觸發這些事件發生。

---

[1]　不是所有的學者一致同意這樣的說法。張綏（1987:1）認為基督教會史與基督教史是不同的，僅以基督教中教會的歷史作為敘述與研究的對象。現在宗教學的研究中，普遍以 church 指稱所研究之宗教信眾團體（包括非基督宗教傳統），那麼以教會延伸至「教會」（字義）組織前的時代，應為可行。

3

一般來說，教會史（包含中國教會史）的研究著作，所探究的主題與採取的模式，大多在著名歷史人物與事件間環繞，分析箇中交互影響的關係，將之羅列排比的大歷史（grand history），或具時間向度的教勢統計分析，在方法與角度上均鮮少進入如口述歷史、堂會議事記錄之類的微歷史（micro history）的驗證與討論[2]。正如 McGrath（2001:9）所言：

> ……處理教會歷史就是要去研究文化性、社會性、政治性和體制性的因素歷來如何模塑教會的發展。它要研究的是體制（譬如教宗制度、主教制度……）和運動（如循道宗、五旬節靈恩運動……）的產生……。

教會史在研究視域上面，有兩種特別的角度。第一種就是所謂的「授方」角度，儘管其中理論架構仍有差異，關注的焦點全在福音傳播者，這樣的研究角度在中國教會史是常見的[3]：有哪些傳教士？到哪些地方？傳了些什麼？怎麼傳？然而，這種「授方」角度很容易遇上困難。以討論 1900 年的義和團事件為例：採同情、理解「授方」觀點的著作往往將基督宗教的教牧人員、信徒描繪為受難、遭逼迫的形象，直接敘述為「拳匪」之亂；另一種則是對「授方」採敵視、排拒的觀點，塑造義和團為傳統力量對抗帝國主義武力的悲劇英雄形象，將抵抗或防衛義和團的行動視為帝國主義本質的彰顯。

與此相反，「受方」角度則是「不僅要看傳教士帶來了什麼，更重要的是看中國社會接受了什麼」（林金水、張先清，2000:434），也包括信徒將所接受的信仰、價值……在各個生活層面如何實踐出來。受方觀點將關注焦點凝聚在中國教會、教牧與信徒如何與多大程度地活出、實踐出信仰，甚至傳承下去，我認為這是更客觀地貼近基督宗教在中國的現實光景。「受方」角度近來成了重要的研究角度[4]：一方面由於帝國主義意識型態於歷史進程中轉換面貌、後殖民／後現代思潮的勃興，教會歷史與在地歷史、比較宗教對照反省

---

[2] 這並非指陳學者們完全不應用這些細微資料。我的意思是在運用這些材料時，多先有一個先行的、為大或為要的事件或人物的鋪陳動機。

[3] 李天綱，2007:4。

[4] 比利時學者鍾鳴旦（1999:244-245）指出過去 25 年基督教在華傳播史發生了重要的典範轉移：從宣教學與歐洲中心論的典範，轉到漢學和中國中心論的典範，歷史學者開始關注受方問題。

的必要性成了不可繞越的學術營壘[5]；另一方面也會因為史料的發現、勘誤與披露，更多的資料不僅補充早前研究的不足，更是正在形塑、建構新的研究視域[6]。

第二節　本文的研究方法與取向

　　方法論、研究角度的不同，雖不必然導致巨大的結論差異，但會在一定程度上影響著選題、選材與詮釋、權衡的問題，導致偏頗。類似的現象不只見於教會史的論述，在系統神學方面，教會論相關議題多是討論教會的領導或運作模式（如長老制、會督制），而教會論章節中的「教會治理」討論「教會懲戒」的詳細程度與份量則相對較少[7]；教牧學（pastoral theology 或稱牧範學）在相應層面往往成為一種技巧、策略形式的探討，對教會懲戒的本質、

---

[5]　歷來，現實世界的中國基督教史、宣教史裡，除開一般的宗教因素，在國內外政治、經濟、社會、文化……等因素的影響下，持續承受著早前宣教士策略決定、執行方式與在地百姓觀感回應交融的後果。如此的循環過程與中國從封建社會向共產主義社會快速過渡的歷史處境所激發反省與檢討的迫切與必然有關，使得這方面的研究理論典範相當豐富：意識型態先行或功過定位觀點如帝國主義／船尖砲利論（顧衛民，1996；羅冠宗，2003；顧長聲，2004 與 2005）、宗教消亡論（羅竹風，1991）、現代化歷程與角色論（王立新，1997）、民教衝突論（李寬淑，1998）、信仰本位主義論（王治心，1940/1979；楊森富，1968/1978）、建構與正名論（陳南州，1991）等等。

[6]　「新」史料的發現有時只是不見於早前作者的處理。譬如對於基督新教於中國建立堂會的開始：由美國歸正教會（Reformed Church in America）於 1848 年在廈門所建立的新街堂（the first Amoy），素有「中華第一聖堂」之稱，卻未見於許多史家的專論著作，如王治心（1940/1979）、楊森富（1968/1978）、李寬淑（1998）都未提及。反而是外文資料，如 Johnston（1897）、Band（1972）、De Jong（1992）、Cheung（2004）均有詳細的記載與討論。

[7]　感謝吳道宗博士提供資訊。傑出的例外是 Grudem（1994）的 *Systematic Theology: An Introduction to Biblical Doctrine*。一般的系統神學著作將神學論題分為「神論」、「基督論」、「聖靈論」、「人論」、「救恩論」、「罪論」、「教會論」、「終末論」等，而教會懲戒通常會在教會論當中討論。未詳細討論教會懲戒的福音派著作如沈介山（1997）所著之《信徒神學》與殷保羅（1991）的《慕迪神學手冊》，更遑論比較以哲學神學方式寫作的如 Paul Tillich 與 Wolfhart Pannenberg 的各三卷本的《系統神學》（*Systematic Theology*）了。

意義和執行也甚少發聲！基於上述的思考，本文將採取受方資料與觀點，以經典詮釋及《後浦堂會議事錄》進行交互分析，期盼在教會懲戒議題上能有更深一層的探討。

基於基督宗教信仰裡經典的特殊性與重要性，經由基督教經典的詮釋，確定「教會懲戒」所指的意涵、範圍與作法，是必要的。我所採取的步驟是先確定「教會」一詞在希伯來聖經與希臘文新約裡面的含意，然後按著所確定的含意尋找整本聖經當中所有與懲戒有關係的經文，並對其中的文理脈絡作分類分析，以呈現出聖經裡教會懲戒在程序或處理模式的大致樣貌[8]。

對於本研究基礎史料——議事錄的處理，我的方法是透過政治大學電算中心多媒體製作室所擁有的 A3 掃描器，以 150dpi 的畫質將四大冊的會議記錄小心仔細地一頁一頁掃瞄下來（在掃瞄過程中發現一張夾在對折書頁裡的會議記錄草稿，相對於其他夾在書頁之間的會議記錄草稿均騰錄在正式紀錄裡，這一張會議記錄似乎被隱藏起來，且不予騰錄[9]），然後以 Microsoft Publisher 2003 排版軟體編排，加上頁碼，裝訂成書，使之成為可以研究、一再翻閱的質材後再將原稿交還金門基督教會。

同時，我也將四大冊的會議記錄裡面的教會懲戒記錄逐一挑出，進行整理、分類，特別對於事件間的關聯[10]以及事件的性質[11]、處理的程序及進展[12]仔細整理出來。如此，得出四大冊議事錄裡的議次等議事錄細節與個別懲戒會議記錄脈絡，便可以進一步呈現在不同時期的懲戒記錄的懲戒事項內容與處理模式，再與信仰經典所呈現的懲戒程序或模式比對，理出懲戒的施行在信仰裡的脈絡依據。

關於教會懲戒，以下是本文假設與研究取向：

首先，從信仰／教義先行的角度來看，教會懲戒是一個必要的、持續性的信徒集體行為。從信仰的內部定義來看，教會懲戒的被執行可以導致信仰

---

[8] 如 White & Blue（1985:115-133）、Adams（1986:27-37）、Grudem（1994:897-900）等的作法，但我採取的經文脈絡將往前延伸至希伯來聖經。

[9] 詳見第二篇第三章第三節的討論。

[10] 如懲戒程序的進行，從開始至完成常常不在同一次會議中處理，或者有需要被懲戒者的擴大株連，或者有被懲戒者會籍的轉移……等，都會造成單一或序列的懲戒事項記錄散在不同段落之中。找出這些關連往往是最費眼力的。

[11] 如是否涉及世俗法律？若有，盡可能找出當時法律的處置罰則。

[12] 並不是每一個懲戒記錄都呈現出完整的懲戒程程，有些只有結果而缺乏前置的程序（諸如發現、探詢、告誡、討論）。

群體在信仰的質素上更加合於信仰的目標，諸如「聖潔」，並隨之帶來教會復興的結果。反之，教會懲戒若被忽視將導致信仰群體的信仰與其倫理價值混亂與歧離，進而導致宗教群體的重要信仰特性消失，而與非宗教團體無異。

其次，從現象／趨勢來看，教會懲戒被實際執行乃至納入議事錄之中，在現實中明顯呈現下滑、減少的態勢。因此，「世俗化」（secularization）與「反世俗化」（counter-secularization）理論將是解釋此一現象的糜頹或生發的方便法門。

再者，從宗教──文化關係（religio-cultural relations）的觀點，值得探究的是，何以在多數是傳統信仰且相當在意他人的看法的金門人中，在教會創立早期信徒人數並不多的狀況下，會有教會懲戒的執行，而且維持了至少三十年的勢頭？懲戒記錄的內容，包括懲戒事項、作法等，是否與整體金門社會文化的變遷有關？或者反應了不同教會發展時期，或不同教會運作模式的影響？

本文的原始資料，最重要的就是自後浦堂會 1900 年初以來至 1999 年終的長執會議記錄[13]。分析這些議論事項中的教會懲戒相關紀錄，包括事項、類型、作法、步驟、結果與相互之間的關聯等等，固然是驗證前述理論假設的重要步驟，我也認為需要在這之前先探究信仰內部脈落下的「復興」與一般人所認知的有何差異，以備做為驗證信仰群體採取行動抉擇的判准。

第三節　概念定義與文獻回顧

一、關於議事錄與教會史

教會的運作與治理，主要是透過長執或者同工開會討論、決定而執行。加爾文（1998:ii.403）在論到教會會議[14]的權柄時，引用了：

---

[13] 其中共有 534 次會議，平均每次會議所記錄的議論事項約四個，一共約兩多個議論事項。

[14] 只不過嚴格地說，加爾文這裡所使用的「會議」與路德（1986:190-192）討論的教會會議指的都是大公會議（Council），而非本文所談的長執會議。雖然如此，

　　因為無論在哪裏，有兩三個人奉我的名聚會，那裏就有我在他們中間。

　　　　　　　　　　　　　　　　　　　　　　　　——馬太福音 18:20

　　這就給了教會會議神聖性。這神聖性一方面是由於耶穌臨在會議之中而獲致，二方面也因為耶穌的臨在，人不能、不敢妄所欲為。舉凡教會大小事務，都透過長執會以萬民皆祭司、民主共和、基督為元首、聖經為至上權威的精神⋯⋯等原則進行辯論、商議、仲裁與議決。這樣的傳統在加爾文影響下的改革教會與諾克斯（John Knox）影響下以蘇格蘭為發源地的長老教會（Presbyterian Churches）皆是如此（台灣基督長老教會總會，1986:36-41）。堂會議事錄，就是教會的長執、同工開會的記錄，通常當中包含議決過程、內容、人物與會務的報告等等。議事錄通常也會是神職人員異動時移交的首要之務：前任必須整理好交給後任，後任必須好好研讀以瞭解堂會的種種特性，整個過程構成堂會極重要的傳承任務。

　　儘管教會公報出版社在 2004 年起以「聚珍堂史料叢書」為名出版了一套十本的史料，當中包含兩大冊的中文《南部大會議事錄》（1896-1927 年）與一冊英文的 *Handbook of the South Formosa Mission*（稱《台南教士會議事錄》，由英國長老會宣教士甘為霖將第一次至第七百八十八次會議記錄之要點編輯成冊[15]），但整體來說，如吳文雄所言，類似的史料仍多分別存放於諸教會機構，不易借閱或因毀損而不堪閱覽[16]。層級在地方堂會之上的大會議事錄之出版尚且如此，更遑論地方堂會的議事錄了。據王成勉（1998:249）的研究，教會多不願意將其載有教會歷史與運作細節的長執或同工會議記錄讓學界作分析與研究（為對照教會的議事錄，我嘗試找了淡水基督長老教會[17]、太平境基督長老教會[18]、濟南長老教會[19]、李春生紀念長老教會[20]等教會，結果

　　由於經典裡的語意條件落在「有兩三人」、「奉我的名聚會」，亦即只要符合上述的條件，耶穌都在其中：因此即便是人數、規模相對小許多的教會長執會議，仍舊可以適用。

[15] 見賴永祥之〈聚珍堂史料發刊總序〉，引自《南部大會議事錄一》（1914-1927），頁 13-14。

[16] 見吳文雄之〈出版緣起〉，引自《南部大會議事錄一》（1914-1927），頁 9。

[17] 由加拿大宣教士馬偕醫生（George Leslie MacKay）於 1872 年設立，為台灣北部最早之新教教會。

[18] 由英國宣教士馬雅各（James L. Maxwell）於 1865 年設立，為台灣南部最早設立之教會。

[19] 於 1896 年設立。

[20] 於 1935 年設立。

連與牧者約見的機會都沒有，可見議事錄的借閱真的十分困難！）。然而，議事錄卻是「受方」角度的最佳素材之一。平常個別、單獨看來繁瑣、零碎的議事錄記載的細節，經過整體的檢視與梳理之後可以發現許許多多細緻的細節。譬如：

1. 關懷的焦點

議事錄可說全面呈現長執會對於教會拓展事工的討論，如舉辦佈道會、訓練陪談員、對同工傳福音熱力的教育鼓吹與教導，或是議事錄頻繁地討論財產處理、經費籌措、運用監督等等；或者只是定時、定量、定項地討論，既沒有新議題也沒舊反省……，這些都反映了不同典型或處於不同時期的教會所關心的焦點。

2. 執行力

長執會是腦力激盪的場域：各種各樣各具特色的意見都可能在當中被提出、討論、議決。但任何作為一個鮮活群體的會議，都不會讓開會內容的多采多姿成為其明顯的特色：有再怎麼精彩、豐富的意見、事工架構細節，同工群若沒有相當的實質後續執行能力或意願都將成為空談！事工無論簡單繁瑣，若從在長執會中被提出、討論、議決之後，有後續的進度追蹤、反省修改甚至再討論的循環產生，則表示長執會擁有相當執行能力與意願。

3. 同工間的關係

人與人之間的關係在哪裡都是最複雜、棘手的問題。從議事錄可以看出一些同工關係的端倪：長執之間、長執與牧者之間是否有對抗、緊張關係或是依從關係？哪一位同工的發言最容易或最不容易引起共鳴？總由誰提意見？由誰執行？是不是有特定人做特定事的現象？出席率如何？

4. 對特定議題的態度或處理方式：

從議事錄的記載，我們可以看到長執會對特定議題的態度與處理方式。如教會懲戒一事，有沒有記載代表著不同的對應態度；個別不同性質的個案

是如何被處理？流程如何？就同性質的幾個個案來說又是如何被處理？流程如何？

由此可見，堂會議事錄與教會治理之間的關係，甚至與信仰、信仰實踐的關係都是非常密切的。議事錄的取得的不易，使後浦堂會橫跨一百年的議事錄史料越發顯得彌足珍貴。

除了議事錄之外，歷史方面的文獻還包括中國與台灣的近代基督新教史。由於後浦堂會議事錄顯示出與有「中華第一聖堂」之稱的廈門新街堂有關係[21]，故此基督新教在鴉片戰爭之後的歷史論著，對於理解後浦堂會所受的福音傳佈脈絡是很有幫助的。

這方面的重要著作有前長榮中學校長萬榮華（Edward Band）的 *Working His Purpose Out: The History of the English Presbyterian Mission 1847-1947*、英國長老會宣教士仁信（Jas Johnston）的 *China and Formosa: the Story of the Presbyterian Church of England*，這兩本為討論英國長老會對華與華人的事工，包括廈門、汕頭、台灣與菲律賓，提供了大致的脈絡。最特別的是這兩本書的附錄或附圖都標示金門與小金門的位置與分別被標示作為宣教點的狀態[22]。美國歸正教會歷史學者 De Jone 的 *The Reformed Church in China, 1842-1951*，鉅細靡遺地講述 RCA（即美國歸正教會）在華近 110 年的宣教歷史與影響。另外新加坡的學者 Cheung（2004）所寫的 *Christianity in Modern China* 對於中國第一個長老區會（即廈門區會或以台灣基督長老教會的制度來說，是中會）在 1863 年的成立有相當詳細的討論。Moffett（2005）的 *A History of Christianity in Asia vol.2: 1500-1900*，提供相當具參考價值的討論。

中文部分則首推黃彩蓮的《香港閩南教會研究》，提供閩南大會詳實的史料，與前三本外文著作對照，許多原本音譯的人名地名都能得以澄清。其餘的中文著作，如楊森富（1968/1978）的《中國基督教史》、湯清（1987）的《中國基督教百年史》、賴永祥的《教會史話》系列等雖是教會史大家之作，但題材的深、廣度不同，其中還是以黃彩蓮的著作與本文的相關度最高。

---

[21] 後浦堂會第一次會議的會正是當時新街堂第三任牧師黃和成，新街堂第一任牧師是羅嶆，資料顯示他是金門人。

[22] 金門後浦（Au-Po）在 Johnston（1897）書中的地圖上標示了一個未組成堂會的記號，也在書後列出 1895 年的廈門教區中呈現出來。見附錄四圖 11。

二、關於教會懲戒

教會懲戒（church discipline），簡單地說就是在信仰倫理下，以信仰的手段[23]對於不合於倫理的個人進行限制、規定、懲戒的措施。教會懲戒是執行教會紀律的重要手段，是教會的標記之一（楊慶球，2001:242-243）。教會懲戒的必須性不僅僅是一種論述上的結果，更是一種現實上的需要，其中牽涉到人的救贖問題（人論、救恩論、終末論）、教會對罪的態度問題（教會論、罪論）、為罪人的禱告、祈求、赦免與釋放綑綁的施行（神論、基督論、聖靈論），可以說神學體系個個環節全部都與教會懲戒有關。

加爾文（1998:ii.453）認為教會懲戒主要端賴鑰匙權（the power of the keys）[24]與屬靈司法管轄權（the spiritual jurisdiction）。所謂的鑰匙權，加爾文指的是決定人是否能進神國的鑰匙：

> 我要把天國的鑰匙給你，凡你在地上所捆綁的，在天上也要捆綁；凡你在地上所釋放的，在天上也要釋放。
>
> ——馬太福音 16:19

---

[23] 這裡我必須強調是信仰而非政治的手段：表面上教會長執會之開會、議決、執行作為一種信仰的實踐過程，是具備政治性質的手段，然而信仰群體與政治群體的區隔與獨立性恰恰在於信仰群體受信仰倫理（無論其倫理是來自於信仰的經典、傳統、理性或者經驗）制約影響所發之行為，若不強調其信仰質素之因，將失去其存在的獨特性。

[24] 加爾文與路德所引用的經典馬太福音 16:19 這句話的受方是單數σοι（你），指彼得；敘述的模式在馬太福音 18:18 轉為複數ὑμῖν（你們），指在場聽的門徒，可延伸至後來的教會群體。所以聖經裡對鑰匙權的執行論述不只是應用在一次一人，而是繼續地不斷延續下去。值得注意的是，路德也提及了鑰匙權（1986:202）。路德認為信徒將由於公開使用鑰匙權而被識別為上帝的子民或聖潔的基督徒。提到這一點時，路德（1986:202）也是引用馬太福音 18 章，並且說：「哪裡你看見有某些人的罪公開或私下得赦免或受責備，那裡你就知道有上帝的子民；因為上帝的子民若不在哪裡，那裡就沒有鑰匙權；若是哪裡沒有鑰匙權，那裡就沒有上帝的子民」，將鑰匙權的被行使與神的子民的存在做正向類比。

　　加爾文（1998:ii.439）認為所謂屬靈的司法管轄權，一言以蔽之，就是為了屬靈政體的維持所需的秩序（the order provided for the preservation of spiritual polity）。他使用哥林多前書 12:28[25]的 $\kappa\upsilon\beta\epsilon\rho\nu\eta\sigma\epsilon\iota\varsigma$（kuberneseis，治理事的）與羅馬書 12:8[26]的 $\acute{o}$ $\pi\rho o\ddot{\iota}\sigma\tau\acute{a}\mu\epsilon\nu o\varsigma$（proistemenos，治理的）作為說明，保羅在經文裡所指的就是在教會的屬靈治理中與牧者一同治理教會的同工[27]。

　　另外，關於教會懲戒的定義，John White 與 Ken Blue（1985）兩人合寫了一本 *Healing the Wounded: the Costly Love of Church Discipline*，認為 Discipline 是一種訓練，而教會懲戒是由教會執行的一種使教會裡的人「像神」的訓練，作者將之區分為「救災式懲戒」（catastrophe discipline）和「歸正式教會懲戒」（corrective church discipline）[28]。所謂「救災式」懲戒，便是直到情勢惡化到相當程度才會採取懲戒措施，其特性是間斷、由事件觸發行動，時間跨度上呈現一種段落景象。而「歸正式」懲戒的特性則是一種持續性的、目的融入的行動，是一種在時間跨度上的無限綿長。

　　Adams（1986）的 *Handbook of Church Discipline* 從實用的角度，強調以最精簡的語言讓使用者獲得清晰的聖經概念以便實行，並強調最大的可用性。書中作者區分了「預防性」（preventive）、「歸正式」（corrective）與「自我懲戒」（self discipline），詳細討論處理的過程、提及特別的跨教會／派懲戒（cross-congregational discipline）並提供重要而清晰的分析，如下圖：

---

[25] 哥林多前書 12:28「神在教會所設立的：第一是使徒，第二是先知，第三是教師，其次是行異能的，再次是得恩賜醫病的，幫助人的，治理事的，說方言的」。

[26] 羅馬書 12:8「或作勸化的，就當專一勸化；施捨的，就當誠實；治理的，就當殷勤；憐憫人的，就當甘心」。

[27] 不同的脈絡所指涉的內容與用意不同。保羅這裡的脈絡是一種功能分殊性的類別性指稱，而耶穌在馬太福音 18 章則是一種具與對象普遍性的功能專門性（教會懲戒）指稱。

[28] 見 White & Blue，1985:17-18。

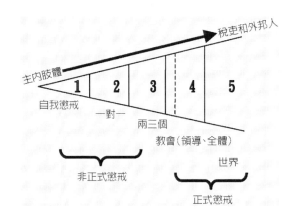

教會懲戒示意圖　　　　　出處：Adams（1986:27）

　　Grudem（1994）從聖經教義撰寫的系統神學著作，以完整的一章討論教會懲戒[29]，名為：「教會的權柄」（887-903）。作者首先定義教會的權柄為：

> ……是神所給予的權柄以進行屬靈爭戰（spiritual warfare）、宣揚福音（proclaim the gospel）並執行（exercise）教會懲戒（1994:887）。

　　然後作者循序漸進分別處理「屬靈爭戰」（887-889）、「天國的鑰匙」（889-891）、「教會的權柄與國家的權柄」（891-893）、「教會懲戒」（894-900）。專門處理教會懲戒的部分論到「教會懲戒之目的」[30]，「哪些罪要由教會懲戒來執行」[31]以及「教會懲戒該如何執行」[32]等。作者認為教會懲戒是教會權柄的運用層面之一[33]。

---

[29] 相對於 Grudem 的處理，前述以哲學神學方式撰寫的作者 Pannenberg 之三卷本《系統神學》則連「教會懲戒」作為關鍵詞出現在書中索引都沒有。

[30] 為「對於偏離的信徒的恢復與復和」、「不讓罪擴散」與「保護教會的純淨與尊崇基督」等。Grudem，1994:894-896。

[31] 新約聖經顯示出來的教會懲戒原則為眾所周知或為外顯的罪，唯一的例外是使徒行傳 5:1-11 節「亞拿尼亞與妻子撒非喇賣田產」事件（Grudem，1994:896）。

[32] 「罪的知悉應盡可能保持在最小群體」、「懲戒力道的強度應增強至有結果發生」、「對教會領袖的懲戒」、「其他層面：悔罪與接納、懲戒執行的態度、不預設懲戒期間、懲戒是互相幫補而非互相衝突」。

[33] Grudem，2004:894。

　　討論或者詮釋教會懲戒的學術研究成果，與本文性質最相近的是 Wills（1997）所撰寫的 *Democratic Religion: Freedom, Authority, and Church Discipline in the Baptist South, 1785-1900* 一書。作者主要使用的資料來源有二：一是喬治亞州的浸會（Georgia Baptists）懲戒記錄，二是喬治亞州的浸會報紙 The Christian Index。書中試圖要與 Hatch 的 *The Democratization of American Christianity* 一書[34]對話：Hatch 認為歷史來看，浸會呈現為一種與信條、中央集權（creeds and centralized control）相對抗的宗派性運動，而 Wills 則謹慎地審視南方浸會（主要是喬治亞州），並以實際記錄檢驗這些看法，所得到結論說明這不盡然是正確的看法（1997:108）：早期南方浸會頻繁而認真平等地施行教會懲戒，教會懲戒因此不僅僅扮演著對加爾文主義信條的忠誠，更透過信徒成員對輕如跳舞、玩牌，嚴重如偷竊、淫亂諸行為的禁室，在信徒成員生活中提倡聖潔的重要性。

　　Judith Pollmann（2002:423-438）在 *Off the Record: Problems in the Quantification of Calvinist Church Discipline* 討論教會懲戒紀錄或不紀錄的問題，提出：1.文獻證據證明大多數所處理的教會懲戒事項是不被列入議事記錄的；2.議事錄顯示出教會與權威之間，牧者、長老與執事之間的關係；3.當時許多的懲戒行動並不是被整個「長執會[35]」（Consistory）所討論，而比較是以非正式的型態進行。Pollmann 論文的一大特色是將複雜的文獻資料以表格呈現，分為逾犯種類（type of transgression）、個案記錄（分為次數與百分比，又在其中區分記錄在 Acta[36] 與 Arnoldus Buchelius 律師[37]所記錄之筆記本的差異），這些相同會議的不同記錄（公開與私下的）竟然有百分之七十個個案[38]的差距。

　　英國長老會宣教士甘為霖於 1910 年出版的 *Handbook of the South Formosa Mission*（稱《台南教士會議事錄》），則是呈現有關懲戒人數相關的詳細統計，我加上百分比重製如下：

---

[34] Hatch, N.，1989, The Democratization of American Christianity, New Haven: Yale University Press.

[35] 長執會由長老、執事與牧師所組成。

[36] 改革宗的議事錄，Pollmann（2002:426）。

[37] 為 1622-1624 與 1626-1628 年 Utrecht 城市裡改革宗教會的長老，他將自己的經歷記錄成兩卷筆記，Pollmann（2002:426）。

[38] Pollmann 論文中說明她計算個案的方式是以事件而非個人，亦即若有多人牽涉單一事件，仍算為一個個案記錄。

1877-1909 年教會統計表

年	成人領洗			小兒領洗	小兒加成人	奉獻
	陪餐	受懲戒與百分比	總數			
1877	950	81	8%	1031	169	1200	618
1878	947	60	6%	1007	161	1168	1338
1879	985	71	7%	1056	224	1280	1793
1880	1023	90	8%	1113	367	1480	1427
1881	1172	76	6%	1248	465	1713	1320
1882	1174	95	7%	1269	560	1829	1316
1883	1167	91	7%	1258	553	1811	1358
1884	1317	108	8%	1425	600	2025	1570
1885	1412	108	7%	1520	800	2320	1662
1886	1476	108	7%	1584	962	2546	2143
1887	1348	119	8%	1467	937	2404	1641
1888	1307	122	9%	1429	946	2375	2033
1889	1259	140	10%	1399	1017	2416	2603
1890	1211	158	12%	1369	1056	2425	2372
1891	1179	186	14%	1365	1094	2459	1814
1892	1180	198	14%	1378	1140	2518	1911
1893	1225	186	13%	1411	1210	2621	2139
1894	1265	191	13%	1456	1240	2696	1658
1895	1256	189	13%	1445	1297	2742	1815
1896	1291	175	12%	1466	1354	2820	2488
1897	1399	159	10%	1558	1368	2926	3752
1898	1587	158	9%	1745	1436	3181	4491
1899	1875	163	8%	2038	1583	3621	6222
1900	2019	152	7%	2171	1666	3837	5685
1901	2190	152	6%	2342	1708	4050	7460
1902	2325	174	7%	2499	1837	4336	9584
1903	2551	165	6%	2716	1898	4614[39]	8031
1904	2703	157	5%	2860	2104	4964	10817
1905	2942	151	5%	3093	2111[40]	5204	11954
1906	3101	158	5%	3259	2407	5666[41]	11605
1907	3250	165	5%	3415	2583	5998	14693
1908	3345	180	5%	3525	2746	6271	16124
1909	3445	153	4%	3598	2901	6499[42]	9539

出處：Campbell（2004:84）

[39] 書中的數值為4615人，但與實際加起來的數值不符。
[40] 書中的數值為211人。不過該年之前與之後的人數都在2000人以上，這數值應該是錯植。我以總數回推成現在的數值2111人。
[41] 書中數值為5766人，但與實際加起來的數值不符。
[42] 書中數值為6539人，但與實際加起來的數值不符。

我將上表畫成曲線圖如下：

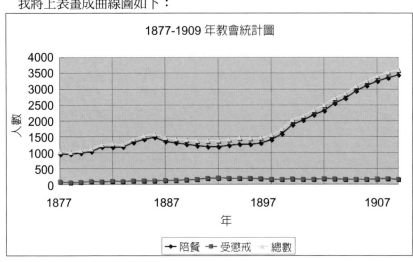

1877-1909 年教會統計圖

我們可以從表與圖的對照中見到進教人數總數、陪餐數與小兒領洗數都
呈現穩定上升的曲線走勢，受懲戒的人數與比例則一直呈現持平的現象：受
懲戒人數範圍為 60 至 198 之間，所佔比例為 4 %至 14 %之間；陪餐人數範
圍 947 至 3445 之間，佔 86 %至 96 %之間。這份議事錄，是教會懲戒記錄的
實例，只可惜因橫跨的時間長度與資料不足，無法與金門基督教會的教會懲
戒做比較。

關於教會懲戒，還有一個相關理論，亦即世俗化理論。它原本是討論社
會變遷的論題，其理論的敘述參照點多是指著西方中世紀時期的基督教世界
（Christendom)直至現代的現象[43]。現代學者可說是從 Bryan Wilson 在 *Religion
in Secular Society*（1966）開始，認為世俗化是歷史上發生的現象，是都市化、
工業化……現代化的直接結果[44]。Shiner（1966:472-480）提供世俗化實證研究
的類型，區分出六種世俗化的指涉意涵，其主要論點為宗教，包含其象徵、
教義、組織……等失去其影響力，相對的社會的去神聖化和社會的理性與功

---

[43] Hamilton 的 *The Sociology of Religion: Theoretical and Comparative Perspectives*，以專
    章討論世俗化（1995: 165-182），是一個很好的導覽。
[44] 認同此觀點的學者還有 Peter Berger（1967）、Thomas Luckmann（1967）等學者，
    參朱柔若，1986: 13-14）。

利取得主導權。David Martin 相隔三十年的兩本著作 *A General Theory of Secularization*（1978）與 *On Secularization: Towards a Revised General Theory*（2005）是討論世俗化實證理論形塑的重要著作。作者以類型學的方法論入手，分析世俗化的模式與變遷。教會懲戒的執行隨著宗教在社會中被割離出來、失去（相對於中世紀）重要性之後，教會懲戒施行不力與意願低落，世俗化理論可以提供一定的解釋力。

三、關於教會懲戒法規

非常可惜，目前尚無法找到當年後浦堂會執行教會懲戒的法規或相關規定。但據黃學哲[45]於 2006 年 9 月 6 日的口訪中說明，中華基督教會的法規相當詳實，與現在台灣基督長老教會的法規差異不大。其他教會現行實際教會懲戒的法規，大部分可於網路上取得完整修訂版本的 PDF 檔案。我所取得的有天主教的《教會法典》（*Cannon Law*）[46]、美國歸正教會（the Reformed Church in America，簡稱 RCA）的 *The Book of Church Order 2007 Edition* (including The Government, the Disciplinary and Judicial Procedures, the Bylaws and special Rules of Order of the General Synod, the Formularies)[47]、美國長老會（the Presbyterian Church in America，簡稱 PCA）的 *The Book of Church Order of the Presbyterian Church in America Sixth Edition* (includes all amendments approved

---

[45] 黃學哲，原為石井堂會傳道，因金門在二戰結束與光復之後百廢待舉，無牧者駐堂，於是長執會於 1945 年 11 月 18 日議決「**向石井堂會撥借該堂傳道黃學哲蒞會維持兩個月**」，後於 1946 年 1 月 20 日堂議會第一次出席，2 月 24 日被推舉為「紀事」（即為現在台灣基督長老教會的書記），4 月 7 日以最高票（42 票）當選長老且將會籍從石井移來後浦，並於沙美支會擔任傳道，更於 1948 年 7 月 15 日長執會中記載「**公決沙美傳道黃學哲年少有為治會經驗豐富堪赴區會考試茲因本會長老人才缺乏特向廈門關隘內堂會商借長老葉潤澤連同吳著盉牧師合薦黃君赴明年區會考**」。直到兩岸隔絕前，黃學哲仍有出席會議。其後黃學哲改名為黃學仁於沙美、台南行醫。

[46] 相關網址：http://www.vatican.va/archive/ENG1104/_INDEX.HTM，紙本為天主教教務協進會 1985 年出版之《天主教法典——拉丁文中文版》。

[47] 相關網址可於 http://images.rca.org/docs/bco/2007BCO.pdf 找到。還有如西班牙文 http://images.rca.org/docs/bco/SpanishBCO.pdf、韓文 http://images.rca.org/docs/bco/KoreanBCO2007.pdf、中文 http://images.rca.org/docs/bco/ChineseBCO.pdf 多語種翻譯。

up to and including the 35th General Assembly, in Memphis, TN, June 2007)、加拿大長老會（the Presbyterian Church in Canada）的 *The Book of Forms*[48]、台灣基督長老教會的《行政法[49]》、《財團法人基督教台灣信義會地方教會章程[50]》、《中華基督教浸信會聯會會章[51]》等。天主教的教會法典，2003 年大陸學者彭小瑜寫了一本《教會法研究》，為作者留美十年的結晶。教會法典的部分將在教會懲戒篇第一章第二節討論。浸信會聯會並不包含教會懲戒的條文，乃是因為浸會的自治精神，不在聯會規章中規定而都存於各堂會的章程中。台灣信義會的地方教會章程共十章，在第六章「懲戒」提及教會懲戒，全文為：「本會懲戒按照馬太第十八章十五至十八節，哥林多前書第五章第三至八節，哥林多後書第二章第五至十一節等行之」。這是列出執行精神而沒有施行細節。相對之下，台灣基督長老教會的行政法共分為十四章，其中第十二章「戒規」與第十三章「上訴」與教會懲戒相關條文，放在第十四章「法規的施行及修改」之前，內容比較詳細。台灣基督長老教會的教會法規同樣會在教會懲戒篇中討論。

在美國歸正教會法規提供的多語種翻譯版本（西班牙文、韓文、中文）中，唯有中文版本將法規（共分三大章：組織與治會、懲戒與司法程序、行政法與特別規則）中的「懲戒與司法程序」以「暫不翻譯」處理。然而就所蒐集到的英文法規來說，內容非常詳細且份量不輕。美國歸正教會法規分為三大章：「組織與治會[52]」（分長執會[53]、中會[54]、大會[55]、總會[56]等四部分）、「懲戒與司法程序[57]」（分懲戒[58]、投訴[59]、上訴[60]三部分）、「行政法與特別規則[61]」

---

48 相關網址在：http://www.presbyterian.ca/files/webfm/ourfaith/officialdocuments/2007BoF.pdf。
49 相關網址在：http://www.pct.org.tw/data/bylaws.htm。
50 相關網址在：http://www.twlutheran.org.tw/Portal/DesktopModules/ViewDocument.aspx?DocumentID=20061107123703。
51 相關網址在：http://www.twbap.org.tw/PDF/a1/1-1.pdf。
52 The Government.
53 The Consistory.
54 The Classis.
55 The Regional Synod.
56 The General Synod.
57 The Disciplinary and Judicial Procedures.
58 Discipline.
59 Complains.
60 Appeals.
61 The Bylaws and Special Rules of Order.

（分總會的行政法[62]、總會的特別會議規則[63]兩部分）。美國長老會的法規則分為三大部分（「組織與治會形式[64]」1-26 章、「懲戒規則[65]」27-46 章、「崇拜相關[66]」47-63 章）共六十三章。這兩大長老會的法規對於教會懲戒都非常認真而仔細地規定著，在各自的教會法規當中佔據著相當的篇幅[67]。對於台灣基督長老教會的教會法規（共 138 條）來說，教會懲戒的條文佔 15 條[68]。

必須注意的是：兩個美國教會的法規並非條文式的列舉，而是對於法規採取詳細解釋與說明的方式，而台灣基督長老教會則是採取條列式的列舉，因而不應單純由所佔比例論之。

四、改革（長老）宗的教會特色

我們現在所熟知的「教會」（Church），在基督宗教的信仰經典裡為 ἐκκλησία（ekklesia），是一個普通的字詞，在古希臘語裡可以指 1.民眾或戰士的大會，公民大會[69]；2.猶太教的會堂；3.基督教的教會（羅念生等，2004:249）。大致說來，這個字是用在指稱由人組成的團體或群眾。本文所採取的意思，主要是宗教上的意義：指基督徒的教會或會眾，簡單說是相信神的人們之集合（BAGD，1994:187；Pannenberg，1994:99；章力生，1991:20-21；

---

[62] The Bylaws of theGeneral Synod.

[63] Special Rules of Order of the General Synod.

[64] Form of Government.

[65] The Rules of Discipline.

[66] The Directory for the Worship of God.

[67] 美國歸正長老會的法規全文共 124 頁（只算正文），當中懲戒部分為 75-93 頁，有 18 頁，約佔十分之一。美國長老會的法規全文總共 166 頁，當中懲戒部分有 47 頁，佔四分之一強。

[68] 也就是 120 條至 134 條，約十分之一。

[69] 路德（1986:194）曾引用使徒行傳 19:39 說明新約裡的用法不見得是以信仰為指涉，可指聚集的人。在相同段落他總結地說……世界上有各種各色的人，但基督徒是一種特殊的蒙了召的人，所以他們不僅稱為 ἐκκλησία 或眾人，而且稱為信仰基督的「聖潔屬基督的人」……，如我們通常說的「聖潔的基督教會」，或「全基督教會」，在舊約裡則稱為「上帝的子民」。因此，就路德的脈絡來說，這些詞彙：「聖潔屬基督的人」、「聖潔的基督教會」、「全基督教會」、「上帝的子民」所構成的同位語，就是教會。

楊慶球，2001:231）。然而這一詞的意涵卻不僅僅以 Koine 希臘文出現在新約經文脈絡之中，而是在希伯來經文[70]即有的概念，否則會有導致教會懲戒是「後——新約」的事的誤會。

在聖經的脈絡當中，當 ἐκκλησία 一詞在新約被賦予教會的意涵之前，LXX[71]便常將 ἐκκλησία 用來作為希伯來經文קָהָל（kāhāl）的翻譯[72]，意思是有大會、同伴、會眾，特別指為宗教目的聚集的會眾[73]，以 בִּקְהַל יהוה（biqhal yhwh / ʾādōnāy），「耶和華的會」形式出現，指稱以色列。因此可以說「教會」的指涉涵蓋舊約時代以色列民、耶和華的會與新約之後的信徒集合。

在基督宗教的信仰中，教會是被耶穌「設立」成為「拯救機構」，使其成為透過耶穌進入塵世之救恩的施行與傳播者，且被賦予了法的秩序與恩典的愛；其次，教會是「聖言的受造物」：無論上帝的話語在何處被宣講、傾聽、理解與信仰，那裡就聚集成團契[74]（奧特與奧托，2005:315-316）。教會有幾個特徵：1.具備合一性、聖潔性、大公性與繼承性[75]等基本要素；2.是上帝的家；3.是基督的身體（楊慶球，2001:235-240；McGrath，2001/2003:494-505）[76]。

---

[70] 基督宗教稱猶太教的經典為自己的舊約聖經，然而卻有部分差異存在：經目順序已不再是律法、先知與聖卷，而成為 LXX 的順序——律法、歷史、詩歌智慧、先知；經目數也不是 24 卷，而是新教 39 卷（內容與猶太教經典相同），西方大公教會（或籠統地說天主教會）與東方正教會主要依加上旁經的 LXX，但是經目不一，如部分東方教會的詩篇最後有一篇大衛的詩篇，天主教則無（NRSV，2001:AP303-304）。因此，現在學界一般以希伯來經文指稱猶太教的經典（評註版本為 BHS，Biblia Hebraica Stuttgartensia），以與基督宗教的舊約相區隔（Childs，1979/1982:661-663）。關於希伯來經文與基督宗教經文詳細的差異討論，可見 Würthwein，1995:66-71。

[71] 希伯來經文在公元二世紀前後被翻譯成當時通用的希臘文，稱為 LXX 或七十士譯本，是希伯來經文的希臘文譯本。相關的歷史與經文鑑別細節，見 Tov，1992/2001:134-148。

[72] 如出埃及記 12:6；利未記 16:17；民數記 15:5 等共一百多處。

[73] 但是קָהָל在 LXX 有 36 次譯為συναγωγή（sunagoege，會堂），見 TWOT，1995:894。

[74] 這樣的表達（連結與類比：哪裡……，那裡就……），呼應了馬太福音 18:20「因為無論在哪裏，有兩三個人奉我的名聚集，那裏就有我在他們中間」。加爾文（1998:ii.289）也有相同的經文引用與類似的表達：「無論在哪裡，我們若發現神的道，被人純正地被宣講與真摯地聽到（sincerely preached and heard），且聖禮也按照基督的吩咐施行，毫無疑問，那裡就有了上帝的教會」。

[75] 指的是使徒性，意思是教會源於使徒的見證。

[76] 從這些特徵來看，教會（不管是單數或複數的），都隱含了一種集體性格。也就是說：個別且各自獨立、彼此毫無關連與聯繫的眾信徒無法體現這些特徵，也因而無法被稱為教會。

　　事實上教會作為一現實與理念上概念的統稱，是一個複雜而具歷史深度的複合整體。因著後浦堂會所屬中華基督教會的宗派所屬，以下主要集中討論基督新教裡的改革宗教會（the Reform Churches，以下簡稱改革教會）[77]，擴及同樣是改教陣營的信義宗教會作為比較，乃因這些特點將為改革宗認真執行教會懲戒提供適當的解釋力[78]。

1. 強調聖經權威與服從的態度

　　信義宗傳統依照路德的主張：以「因信稱義」之教義為準繩，衡量每一卷正典的價值與權威。相反，產生於加爾文改革運動的改革宗（英語為主的國家由於教會制度體系的特性而稱之為長老宗教會）[79]的態度是：無論聖經內容的評價是什麼，就是代表一種權威而應予服從[80]，故此新約是設立教會的標準，所以教會制度的問題與其他教義的重要性是相同的。改革教會相信真正而無形的教會（invisible Church，Calvin，1998:ii.288）仍會在某些有形的教會（visible Church，Calvin，1998:ii.283）中顯現[81]，故他們的責任便是依照上帝真道所立的原則而行，使自己成為典範。

　　改革教會的信仰文件（莫南，1966:269），並未有統一制式的文件與範圍，並因其對聖經權威的重視，而置「信仰條文」於「次等標準」的地位，但至今

---

[77] 按照莫南（1966:260）的意見，「改革」一詞在改教運動當中，實際上包括信義宗與加爾文派的信徒，且 the Reformed Churches（改革教會）遠比 the Reformed Church（改革宗教會）正確、嚴謹得多，因為諸改革的教會之間彼此是獨立的。從下文將提到最早在中國內地建立堂會的美國歸正教會與最早在台灣島內建立堂會的英國長老會（the Presbyterian Church of England or EPM，English Presbyterian Mission）為例，便可瞭解。

[78] 仔細而詳盡的基督宗教諸教會介紹與比較，可參考莫南（1966）。

[79] 見莫南，1966:260。

[80] 這一點使改革教會在遵守聖經方面有特別的意願與行動力。

[81] 加爾文（Calvin，1998:ii.288-289）認為無形的教會在神眼中是顯然無隱的（manifest to the eye of God only），是蒙揀選與恩典作神兒女，藉著聖靈成聖作基督真肢體的人（true member of Christ），包括了一切從起初以來的選民（all the elect from the beginning of the world）。這顯然是以信仰者為指涉，是一種純然人的質的向度。有形的教會則如前述，「無論在……神的道，被人純正地被宣講、真摯地聽到，且聖禮也按照基督的吩咐施行……」，是一種特定條件滿足後所建立、包括的場域，是一種以場域為主的含涉人的向度，是「透過一共同宗教的繫結被繫在一起的」（bound together by the tie of a religion）。

他們仍教導最有權威，仍舊通行的〈海德堡問答[82]〉（The Heidelberg Catechism，1563 年），當中論及耶穌基督的聖餐（問答 75 到問答 85）之問答 83 到問答 85 提到關於教會懲戒[83]（尼科斯，1986:198）。而〈韋斯敏斯德信條[84]〉（The Westminster Confession of Faith，1646 年）則是在第 30 章〈論教會的制裁〉（Of Church Censures）中，討論教會懲戒的論據。

2. 神學展現實踐特性

改革教會不似信義宗一般認定福音與律法是相對立的，因此律法與福音必須應用在生活、經濟與政治各方面。傳統上改革教會認為將社會基督化的企圖，是其責任的一部份，這與在這方面傾向靜默主義的信義宗有明顯的對照，因而基督社會主義、戒酒運動……等影響動力皆來自改革宗實非偶然。

3. 教會組織科層展現執行能力

《信條》第 31 章〈論教會的議會和會議[85]〉（Of Synods and Councils），是對教會的議會和會議的論述。

改革宗的教會制度一般區分為堂會（local church）、區會或稱中會（presbytery /classis）、大會（synod）、總會（general synod or assembly）四級制。以台灣基督長老教會的規定，堂會的構成必須具備下列條件：

> 設籍陪餐會員三十人以上。
>
> 長老、執事各二人以上。
>
> 能負擔中會規定之傳道師基本謝禮及總、中會費。
>
> ——〈台灣基督長老教會行政法〉第 2 條

---

[82] 以下簡稱《問答》。詳細的條文與討論，見尼科斯，1986:179-209。

[83] 《問答》與《信條》內容中關於教會懲戒與會議將於下文繼續再詳細討論。

[84] 以下簡稱《信條》詳細的條文與討論，見尼科斯，1986:324-371。

[85] Synods，原為希臘文 σύνοδος（羅念生等，2004:851）指的是討論、決定政策、管理、教義等問題的教會會議。Councils 的召開是為平息因不同的解釋而引起的糾紛，或是為宣判沒有聖經根據的思想或行為是錯誤的；會議的決定對教會是否有約束力，就視乎教會是否認為議決是合乎聖經和傳統的解釋。大公會議（ecumenical council）則認為它的決定是具有普世的約束力（NDT，1988:169）。但是兩者因為太過類似，近代多以混用。

　　不合條件的教會就是「支會」，屬堂會管轄或中會直轄，並由管轄之堂會或中會派牧師一名、長老二名組成支會之小會。「小會」（board of elders or session），法規第五章裡面說明：

> 小會為本宗教會體制上治理教會最基礎的代議單位，由牧師和長老組成，牧師為小會議長是中會所指派的代表，長老則由會員選出，兩者共同組成小會，體現本宗中會中心，及長老治會之體制精神。

　　以 CCC 代表中華基督教會（後浦堂會屬之），PCT 代表台灣基督長老教會，RCA 代表美國歸正教會，PCA 代表美國長老會與 PCC 代表加拿大長老會，整體教會制度名稱的比較如下：

教會制度比較表

| CCC | 堂會 | 支會 | 長老督會 | 區會／中會 | 大會 | 總會 |
PCT			小會	中會		
RCA	Local Church／Fully Organized Congregation	Not Fully Organized Congregation	Consistory	Classis	Regional Synod	General Synod
PCA			session	Presbytery	General Assembly	
PCC					Synod	General Assembly

　　嚴密的科層制提供了教會治理（包含教會懲戒）相對緊密而周全的管理層級、分工與執行能力。

第一章　後浦堂會的源流與歷史

第一節　從基督宗教與中國在歷史的相遇說起

　　依照時間序列來看，基督宗教的西方傳統（相對於東方正統教會，指羅馬天主教與新教）對中國的叩關有好幾次。

　　基督宗教最早的入華可能臆測的成分居多：據傳使徒多馬[1]曾到達印度傳教後入華建堂佈道[2]；又有使徒多馬去印度，使徒巴多羅買[3]到中國之說[4]。目前最早而且留有證據的可說是唐朝時期所留下來的〈大秦景教流行中國碑文並序〉與其他殘留漢譯經卷，為一個「聶斯托利」（Nestorian）教派在中國以「景教」為名傳入的紀錄[5]，這可說是基督宗教對中國的第一波傳教行動，元朝時期的「也里可溫教」是二個[6]，而明末清初以利瑪竇神父（Matteo Ricci，1552-1610）為代表是為第三波[7]。新教則以 1807 年英國倫敦會（London

---

[1] 多馬（Θωμᾶς，Thomas）是耶穌呼召的十二門徒（包括賣耶穌的猶大）之一，聖經以使徒稱之，名單見馬太福音 10:1-4。

[2] Moffett，2003:27, 288；NTA，2003:325；卓新平，1998:11。

[3] 巴多羅買（Βαρθολομαῖος，Bartholomew）也是十二使徒之一。

[4] 卓新平，1998:11。

[5] Moffett，2003:257；卓新平，1998:12-21；唐逸，1993:411-416。

[6] 元朝對基督宗教並未加以詳細辨明，統稱為也里可溫教，為蒙古語「福份人」，轉稱信奉福音之人。王治心，2007:38；唐逸，1993:417。

[7] 卓新平，1998:51。

Missionary Society，LMS[8]）派遣的馬禮遜（Robert Morrison，1782-1834）[9]入華開始進行第一波宣教[10]。

不過，馬禮遜由於大清禁教，與其仰仗的英國東印度公司害怕影響其在華利益之故，並未能在中國境內廣泛地拓展事工。真正基督新教在中國境內開始發揮關鍵的影響力是在第一次鴉片戰爭結束之後，開放廣州、廈門、福州、寧波與上海五口通商（Latourette，1917:140），這使得建立宗教組織與信徒群體在中華大地上成為可能。在馬禮遜之後陸續有許多宣教士抵達內地宣教，初期大部分以沿海口岸為主，隨著晚清的局勢衰頹與個別宣教士的嘗試，逐漸有深入內地之勢。

一位在廣州的美國商人 D. W. C. Olyphant 提供一年的旅費與生活費給任何美部會差派來華的宣教士，因此美國歸正教會（Reformed Church in America，RCA）的 David Abeel（雅裨理）與 Elijah C. Bridgeman（裨治文）於 1829 年 10 月受差派，在 1830 年抵達廣東（Latourette，1917:89；De Jong，1992:13）。同是美國歸正教會 Elihu Doty 和 Elbert Nevius 於 1836 年、William J. Pohlman（波羅滿，1812-1849）於 1837 年相繼來華（Latourette，1917:108）。不過這些短暫到訪都未被算做正式事工的開始。

1842 年雅裨理與另一位美國聖公會（American Episcopal Church）宣教士 William Boone（文惠廉主教[11]）坐船抵達了廈門港（De Jong，1992:13；林美玫，2006:107），雅裨理開始了美國歸正教會在廈門的事工，也是廈門地區福音工作的第一人。與許多宣教開創時期的傳教士一樣面臨語言文化、飲食、健康、思鄉等等諸般的適應問題，體質原本就弱的雅裨理事工的進展並不順

---

[8]　倫敦會在 1966 年改組，稱為 Congregational Council of World Mission。渡邊信夫，2002:106。

[9]　Latourette，1970:436。

[10]　Latourette（1932:209）指出：事實上，在十七世紀荷蘭人已經在台灣開始傳教，受教者多為平埔族原住民。不過我認為這是另一種典型的授方觀點：對於授方來說，異國疆域似乎只具有教區的意義而其原本政治領土的含意明顯地被稀釋、淡化了。無論如何，「台灣」相對於外國水手的「福爾摩沙」，是本地的主體性名稱，正如「America」相對於漢文的「美國」或日文的「米国」，是其主體性的認同與名稱，十七世紀的「台灣」或「大員」做為中國的疆域，荷蘭人的傳教竟然不能算為對中國的新教宣教，平埔族人之歸信竟不算為中國人之歸信，明顯有其爭議。

[11]　來華美國聖公會宣教士中有兩人名字皆為 William J. Boone，兩人均曾任主教：一為 1811-1864 年在世的 William J. Boone (Sr.)文惠廉，另一位為 1846-1891 年在世 William J. Boone(Jr.)文會廉。見林美玫，2006:429。

利，最後因病必須於 1845 年 1 月 14 日回紐約治病。1845 年夏末波羅滿捎信來告知雅裨理：他所傳福音的對象中有兩人[12]在他回國之後的 4 月 5 日領洗。1846 年 9 月 4 日雅裨理就去世了[13]。

新教在中國創立堂會的肇端：廈門新街堂

繼美國歸正教會之後，倫敦會（1844 年[14]）與英國長老會（1850 年[15]），廈門宣教區在三個差會的和諧合作下逐漸取得進展[16]。英國倫敦會、美國歸正教會、英國長老會（English Presbyterian Mission，EPM）三個差會組織體會到建立堂會的必要性，因此美國歸正教會在 1848 年[17]興建廈門新街堂，並於 1849 年 2 月 11 日獻堂[18]（De Jong，1992:25-26）。新街堂是近代基督新教在華建立堂會的開始，宣教士稱之為 First Amoy，1859 年建立的竹樹腳堂為 Second Amoy，是中國新教的第二間教堂[19]。1862 年英國長老會建立了其第一間堂會白水營，到 1871 年倫敦會也已經有了泰山與關隘內兩堂會（周之德，1914:35；黃彩蓮，2005:28-30）。這三個差會不僅是最早來華宣教的幾個差會，也在中國新教歷史的創建過程貢獻了非常寶貴的禮物——「合一」的實踐。

---

[12] 據吳炳耀在《廈門文史資料》13 輯的〈百年來的閩南基督教會〉（1988a:78）所指出的，可能是王福桂（王奇賞牧師的父親）與劉殷舍兩位老人家。新街堂建堂時曾有一位信徒以美金 550 元買下土地建堂，經過驗證，雖然新街堂建堂 150 週年紀念刊裡嚴天佑牧師（1979-1994 年擔任新街堂牧師）寫的是「福貴伯」，但是依據當時波羅滿 1847 年 12 月 13 日對美部會的報告寫的是 Hok-Kui-Peyh，並且註明是首批改宗者之一，因此我認為這位信徒應當就是王福桂弟兄。嚴天佑牧師的說法，見《廈門市基督教新街堂建堂 150 週年（1848-1998）紀念特刊》頁 2。波羅滿牧師的報告引文見 De Jong，1992:25。

[13] 黃彩蓮，2005:27。

[14] 以 William Young 與 John Stronach 的抵達廈門開始算起。De Jong，1992:23。

[15] 以 James Young 醫師的抵達開始算起。De Jong，1992:23；黃彩蓮，2005:29。

[16] Band，1972:14。

[17] 依據 De Jong 的意見，新街堂建築的實際建成時日不得而知，而獻堂的日期是 1849 年 2 月 11 日（1992:26）。

[18] 許多學者們關於中國教會史的論著，似乎忽略了新街堂的地位與其存在的意義，不但未見討論更沒記載中華第一聖堂的史料，如王治心（1940/1979）、湯清（1987）、楊森富（1968/1978）、李志剛（1992, 1994）、林治平（1994）都是如此。近來的張妙娟（2001）在國立台灣師範大學歷史研究所的博士論文，當中詳細的記述是重要的突破。

[19] 1859 年 10 月 30 日組建。De Jong，1992:27。現稱為竹樹堂。

通常宣教士在宣教場域的所有工作與動向都必須先向母會報告或報備，得到允許或支持之後才能進行[20]。在中國新教組織第一個長老會的過程中，英、美宣教士體會到為中國教會建立自立、自養、自傳教會的必要性：1852 年美部會即已提出在廈門組織區會的提議[21]，在 1856 年 5 月 11 日美國歸正教會所建的新街堂與竹樹堂聯合選舉長執，成立華人第一個長執會[22]；1862 年 2 月 11 日兩會選舉牧師[23]；同年 4 月 2 日由美國歸正教會 John Van Nest Talmage（打馬字，1847-1892在華宣教）牧師與英國長老會 Carstairs Douglas（杜嘉德，1855-1877 在華宣教）牧師主導在石碼堂[24]召開會議，成立漳泉大會[25]。然而，這整個過程並非完全沒有阻力，De Jong（1992:66-69）詳細地敘述美國歸正教會在美國召開的大會中與實際在廈門宣教區的宣教士們，關於在廈門成立區會與和英國長老會一起同工，以及建立不屬於英、美的中國本色教會等議題在理念上有極大差異，幾次文書往返的過程，甚至為了對抗來自各自母會的壓力，英、美宣教士一致將漳泉大會成立的消息壓下不在事前報告，而是成立之後才在報告當中提及。

關於廈門宣教士們在建立中國教會的共識，最值得一提的是打馬字牧師的話：

> 單就向未信之民傳福音之工作的福祉與效率來說，吾等認為在中國組
> 建教會是我們的責任……吾等未曾認定受差派出來是為了要在中國建
> 立美國荷屬教會，而是個基於相同的體系的教會，一個純然中國的教
> 會……中國的教會不是荷屬或美屬的征服區。吾人絕勿將雙重惡辭「美
> 屬」與「荷屬」遺給中國，也不要任何的單一惡辭[26]。

---

[20] 研究宣教史重要的材料，除了宣教差會的發行刊物之外，就屬宣教士向母會回報的報告或信件了。教會史研究者如林美玫的《婦女與差傳：十九世紀美國聖公會女傳教士在華差傳研究》（2005）與《追尋差傳足跡：美國聖公會在華差傳探析（1835-1920）》（2006）等研究成果，均對傳教士的書信、手稿、紀錄進行梳理。

[21] De Jong，1992:68。

[22] 在 1856 年 4 月 14 日（週一），正式選出四位長老與四位執事，接下來按照長老宗體制候唱三禮拜，期間若無會友反對便正式設立。而正式設立日期是 5 月 11 日，便是如此而來。Band，1972:48；De Jong，1992:65-66。

[23] 這裡我依據的是黃彩蓮（2005:28），確切時間有些問題容後討論。

[24] 石碼堂為第三間堂會，於 1859 年組建。MacGillivray，1907:371。

[25] 當時有新街堂、竹樹堂、石碼堂、白水營堂、馬坪堂五堂會長執代表與宣教士參與。見 Johnston，1897:128；De Jong，1992:69。Cheung，2004:253；黃彩蓮，2005:32。

[26] 原文是：We supposed it to be our duty to [organize] the church in China with reference simply to its own welfare and efficiency in the work of evangelizing the heathen…We

在廈門的宣教士認為要歸正教會和英國長老會各自贏得的信徒變成兩個分立的教會組織不是神的旨意[27]。

　　就在這樣的理念下，無怪乎頭兩個廈門教會，亦即新街堂與竹樹堂合選長執一事，美國歸正教會宣教士邀約英國長老會宣教士杜嘉德參與。接下來的歷史就如賈玉銘（1914:24）在〈中華全國長老會聯合總會之成立〉中提到：

> 1862 年亞美利加歸正會（美國歸正教會）與大英長老會（英國長老會）於閩南漳、泉實行合一，稱為中華自立長老會，不為英美兩國之母會所遙制[28]……1890 年上海西教士大會各長老會 120 人會集首先提議聯合事……至 1905 年成立長老聯會並於 1914 年無異議成立長老會總會。

陳秋卿（1914:25-26）的〈閩南長老倫敦兩會合一之進步〉指出：

> 1911 年倫敦會（稱自由教和會[29]）開會，英、美長老會（稱長老會總會）派代表參加，代表黃和成[30]老牧師以和會、總會合一為題發言，和會大受激動而開始積極磋商並進行合一[31]。

---

did not suppose that we were to sent out to build up the American Dutch Church in China, but a Church after the same order, a purely Chinese Church…The Church in China is not a colony from Holland, or America. We must not, therefore, entail on her the double evil of both the terms "American" and "Dutch", or the single evil of either of these terms.出於 Talmage, J., 1863, *History and Ecclesiastical Relations of the Churches of the Presbyterian Order at Amoy*, NY: Wynkoop, Hallenbeck & Thomas Printers, p3.轉引自 De Jong，1992:64。

[27] Band，1972:49。值得一提的是，英國長老會宣教士 James Johnston（或作 Jas Johnston，仁信）後來在書中極力讚揚歸正會打馬字宣教士等人的睿智與決定採取行動，使得由兩個長老宗宣教組織在中國同一地點內形成兩個分立的長老教的「醜聞」（scandal）得以「避免」（prevented）。Johnston，1897:376。

[28] 亦見於 Latourette，1932:412。

[29] 指倫敦會。按許聲炎牧師之子許錫慧牧師於《年鑑》10（1928:23）提到：「**英美長老會（即英長老會與美歸正會）相互聯絡，組織一自治教會，曰泉漳長老大會，後分為二大會，組成閩南長老總會。倫敦會亦自立一和會，後分為數帶（代）議會，合組省議會。十年前（1918）長老會與倫敦會又互相聯合，組織閩南基督教會，立治會總機關曰大議會，屬下有六區議會，分治各區域中之教會（堂會）。又有宣道會、傳道公會、牧師孤寡會、教士養老會、聖道學校、教育會等，均隸屬之**」。議事錄裡 1920 年 3 月 28 日的紀錄也提到：「**蒙合一會委辦托會正楊懷德向本長執會磋議與和會合一事經會眾討論極端贊同**」，表示合一的努力，當時（1920）還在進行中。

[30] 黃和成（1840-1924）南安石亭人。《廈門市基督教新街堂建堂 150 週年（1848-1998）紀念特刊》，1998:25。曾於 1900 年新街堂第三任牧者任內，蒞會開會。

根據賈玉銘同一篇文章（1914:24），成立了中華全國長老會聯合總會的簡章如下：

> 備通告書，將聯會對於立一總會之意見，通知各中會。
>
> 請求各會同意。
>
> 總會之信道，即以聖經為總綱。並承認各長老會之要理問答，並信道揭要（以皆相同）為總會之信道。
>
> 會名稱為中華基督教長老會。本會之各級會議，即督會[32]、中會、大會、總會。
>
> 總會即各中會所派之教師與長老所成，每中會派二會使。如某中會教有逾三千名者可添派二會使。
>
> 總會職員，即會正[33]、會副、正史、佐史、英文書記、司帳兼司庫各一人。
>
> 總會至少需十二人，一半係教師，並為大會所派即成足以辦事之會數。
>
> 總會之職務並權限，即採用各中會大會對於總會應有之職權，定一相當之規則，如有三分之二中會大會認可，即訂為總會之典章。總會欲修改規則，必照例得三分之二中會大會同意，方為有效。
>
> 總會成立，即派委辦籌備二萬金，以歷年之生息，充總會費用。
>
> 總會之常會，每三年一次聚集。
>
> 將此規則通知各中會大會，請其細為酌奪，並請其將總會典章，詳為答覆，以備來年聯會復聚，商議成立總會，如能於一九一六年成立則為更妙。

英美宣教士為中國教會的獨立（就與其他國家教會而言）與合一（就新教的宗派而言）立下很好的基礎。金門的後浦堂會就在這樣的基礎所孕育的氛圍中，在二十世紀初開始了她的歷史。

---

[31] 第一次會議於 1913 年 5 月 6 日於鼓浪嶼召開，總會代表為宛禮文、韋玉振、林溫人、許子玉，和會代表為莫亞提、張金聲、陳秋卿，會中舉陳秋卿為會長，林溫人為紀史。該次會議表決合一時機未熟，應先從聯會入手。第二次會議同樣於 1914 年在鼓浪嶼舉行，總會委辦為宛禮文、韋玉振、林文曲、高萃芳、林溫人，和會委辦為莫堤亞、萬多亞、周壽卿與陳秋卿等。《年鑑》1，1914:25。

[32] 即為台灣基督長老教會的「小會」。

[33] 即為主席、會長之意。會正依照層級的不同有不同的含意，在堂會當中指的是主任牧師，也就是由牧師與長老組成的長老會（或現在台灣基督長老教會的小會）的當然主席（議長）。《南部大會議事錄》一書的導讀者黃德銘指出，「**會正即大會主席，於南北合一後改稱議長**」。見該書導讀，頁 27。

第二節　金門教會歷史

一、金門島域的福音工作

　　根據 *Christian Occupation of China*（1922:Appendix A-viii）一書對中國教勢的統計資料顯示，金門地區宣教工作的開始年份是 1866 年，1922 年在金門地區工作的教會差會組織有中華基督教會（Chinese Church）、EPM（English Presbyterian Mission，英國長老會）、LMS（London Missionary Society，倫敦會），擁有六個福音中心（Evangelistic Center）。然而這本著名的教勢統計分析論著並未寫明金門地區的宣教工作由那個組織展開，有記載的是另一本由 D. MacGillivray 所編輯新教百年宣教大會歷史材料集結成書的 *A Century of Protestant Mission in China*（1807-1907）- *Being the Century Conference Historical Volume*（1907:370），其中 Quemoy（為金門的英文舊稱，現在為 Kinmen）是在美國歸正教會[34]的報告裡提到開始宣教工作的，至出版時已經先後在金門建立聚會點（chapels）：

> 金門島域他們已經成功組建了一個堂會[35]，開了五處聚會點[36]（MacGillivray，1907:370）。

這與 Cheung（2004:310）也提到的 1905 年已在金門與銅山兩島建立了六個工作站（stations）相符。

---

[34] 書中顯示為 the Reformed (Dutch) Church in America，現在只說 the Reformed Church in America。

[35] 指後浦堂會。

[36] 文中雖然沒有列出來，應是烈嶼、西園、沙尾（沙美）、後浦南門、後浦北門（金城）。後來議事錄顯示後浦與南門在 1923 年 5 月 27 日的會議中議決合一，並於當年七月一日起南門會友同集北門禮拜堂（即為後來後浦堂會）以表實行合一。

《金門縣志》裡面對於基督新教的紀錄不滿該書版面的五行,當中提到[37]:

> 自五口通商,基督教會屢入浯傳佈,惟與舊俗未合,信徒不眾,迨光
> 緒廿二年,英國倫敦教會,分別在沙美,及西園鹽場兩處,設立會場。
> 翌年又在後浦南門設立會所,奉教者共約百餘人。光緒廿三年,基督
> 教長老會邵德貞來金傳道,在後浦北門與烈嶼一尸路建立會所。民初,
> 中華基督教會成立,併納倫敦會及長老會。民國十三年,新建會所於
> 後浦北門文衙門原址,附設培德小學及幼稚園,設逢源學堂於烈嶼。
> 嗣西園,烈嶼二處會所均圮。學校幼稚園均已停辦,沙美會所於勝利
> 後重修,毀於民國四十七年「八二三」砲戰,烈嶼會所,近年亦已重
> 建。而新增有山外、瓊林兩會所,然信徒不眾。

縣志的資料並沒有註明參考資料來源,但我認為並非完全不可信,特別
是遲至光緒廿二年才開始與從西園、沙美開始工作的部分。我原本以為金門
後浦堂會是與新街堂一樣由宣教士、差會所開的堂會,後來找到文獻才確定
不是如此。根據許聲炎[38](1914:34)提到漳泉大會宣道會:

> 以擴張主體於金門、銅山[39]兩大海島,教堂七所,牧師兩位,傳道四五
> 人,男女校員六七人,年資不貲,均宣道會籌備。三十餘年來,成績
> 頗好,間亦有自聘牧師者。本年長老總會准該兩島牧師,由長老會轄
> 境,募捐建築兩大教堂以擴充宣道會事業。

所以金門宣教工作是漳泉大會的宣道會開拓的。而上文所指的兩牧師,其中
一位就是金門後浦堂會的林文曲牧師[40],他是後浦堂會第一位由會眾選舉的牧

---

[37] 金門縣志第一冊,1992:467。

[38] 許聲炎牧師(1865-1948)曾任廈門金井堂牧師、閩南聖道書院監院(《中華基督教
會年鑑》1914 年:附錄 27;1915:22),為閩南名牧(黃彩蓮,2005:111),在《中華
基督教會年鑑》發表過許多重要史料,如〈閩南長老會自立自養歷史〉(1914)、〈金
井教會三十年自立簡史〉(1915)、〈閩南長老會傳道公會〉(1916)、〈閩南激勵團〉
(1921)、〈中華基督教會〉(1929-1930)、〈附閩南中華基督教會推進自立自養的概
況〉(1933)等篇。在第一屆中華基督教會全國總會 1927 年 10 月份於上海舉行時,
許聲炎牧師被選為副會長,會長為誠靜怡牧師(林榮洪,1998:315)。許聲炎牧師於
1904 年 5 月 1 日(清光緒 30 年 3 月 16 日)第一次出現於後浦堂會議事錄。

[39] 後浦堂會第二位被選出的牧師(1921 年 11 月 20 日)就是原本任銅山堂會長老的歐
陽侯,見第一冊 1917 年 2 月 25 日議事錄。

[40] 該期年鑑各教會華牧師姓名住址表中,林文曲牧師所屬組織寫明為「自立宣道會」。

師[41]，而他任內所建築的教堂之一就是後來於 1924 年建堂完成的金門教會建築。這樣看來，從同意開始募款到興築教堂完成，共近十年的時間。

許聲炎牧師也在其〈閩南長老會傳道公會〉（1916：續‧38）提到 1913 年通過閩南長老會傳道公會的簡章，將金門劃歸總會轄境之第一區之內：

——訂將總會轄境分為五區。即新街、竹樹、廈港、溪岸、湖江、同安、洪山、後浦（以上為思明同安金門三縣轄境也）為第一區

他也在〈附閩南中華基督教會推進自立自養的概況〉（1933:79-83），指出金門堂會之設立為 1902 年[42]，自聘牧師始於 1907 年[43]，由宣道會所負責設立；同文中並將閩南教會七十年的自養歷史分為：起始進行時期（1863-1872）、進步時期（1873-1882）、優進時期（1883-1892）、平進時期（1893-1902）、最優進時期（1903-1912）、退步時期（1913-1922）、停頓時期（1923-1932）。整體歷史則分為：各堂會自養初期（1862-1889）、各堂會完全自養時期（1890-1918）閩南合一會時期（1919-1932）等等。從許牧師的歷史分期來看，閩南教會最為興旺的時期是在 1903 至 1912 年的期間，之後就開始退步了。依照這分期，我將之整理如下圖以供後文分析參考：

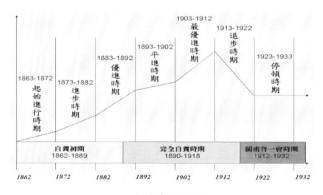

閩南教會發展圖

---

[41] 於 1908 年 3 月 21 日第 34 次會議，記載於第一冊第 30 頁。

[42] 下文會說明議事錄的記載也是傾向這樣的情況。

[43] 議事錄顯示在 1907 年 12 月 15 日在大會使曾虞長老見證下進行鑒選牧師，結果選出林溫人牧師，此舉為後浦自聘牧者之始。然林溫人牧師後來因為其時為迴瀾書院董事所聘，無法赴任（1908 年 3 月 21 日議事錄），便於 1908 年 3 月 22 日在大會特派黃日增牧師（據《年鑑》1，1914：附錄 28 為安海堂牧者）見證下，鑒選原屬於漳屬大會山城堂會林文曲牧師為第一任自聘牧師。

另外，我依據現存中文版中華基督教年鑑裡的金門教會資料（根據所有年鑑的華牧資料製作），製作如下表格（空白者為未記載，原因多為未回報資料）：

《中華基督教會年鑑》的金門教會表

中華基督教年鑑				
年份	期數頁數	牧者	教會隸屬	堂會名稱
1914	1 附錄 28	林文曲[44]	閩南長老會自立宣道會	金門後浦
1915	2．349	林文曲	長老會[45]	全門[46]後浦
1916	3 書陸會 9	林文曲	長老會	金門後浦
1917	4			
1918	5			
1921	6[47]			
1924	7．185[48]	歐陽侯[49]	中華基督教會長老會部	金門後浦[50]
1925	8．316[51]	歐陽侯	中華基督教會長老會部	金門後浦
1927	9．303[52]	歐陽侯	中華基督教會長老會部	金門後浦
1928	10．五 182[53]	歐陽侯	中華基督教會長老會部	金門後浦
1929-30	11b[54]			
1933	12．306[55]	黃衛民[56]	中華基督教會閩南大會	后浦[57]
34-36	13．420[58]	黃衛民	中華基督教會閩南大會	后浦[59]

---

[44] 林文曲牧師在議事錄出現的期間為 1908 年 11 月 8 日（第一次）至 1917 年 2 月 4 日（最末次）。

[45] 這一期以純粹以宗派區分，不再細分差會。

[46] 應為「金門」的誤植。

[47] 此期分為閩‧中華基督教會、閩‧英長老會，幾乎所有長老會體系牧者全歸於此。

[48] 此期分為閩‧中華基督教會倫敦會部、閩‧中華基督教會歸正會部、閩‧中華基督教會長老會部。

[49] 歐陽侯牧師原為銅山長老堂會，以會正出現在議事錄的期間為 1922 年 4 月 16 日至 1929 年 1 月 6 日，期間募款興建目前金門教會的主體建築。

[50] 應該是「後浦」，直到第九期才改正。

[51] 此期分為閩‧中華基督教會倫敦會部、閩‧中華基督教會歸正會部、閩‧中華基督教會長老會部。

[52] 此期分為閩‧中華基督教會倫敦會部、閩‧中華基督教會歸正會部、閩‧中華基督教會長老會部。

[53] 此期分為閩‧中華基督教會倫敦會部、閩‧中華基督教會歸正會部、閩‧中華基督教會長老會部。

[54] 此期分為閩‧中華基督教會倫敦會部、閩‧中華基督教會歸正會部、閩‧中華基督教會長老會部。

[55] 此期分為閩‧中華基督教會閩北大會、閩‧中華基督教會閩南大會。本期同時列出金門烈嶼：宋石清、后浦：黃衛民、沙尾西圍：林維喬。

[56] 黃衛民牧師出現在議事錄的期間為 1934 年 9 月 23 日至 1938 年 2 月 22 日，期間募款興建的牧師樓，已於 2006 年拆除改建。

[57] 「后浦」是在議事錄最早期的用法。第二冊的議事錄 1931 年 11 月 8 日曾提及當天在沙尾開長執會，請現任傳道林維喬共裏會事。

　　這個表格雖然只挑出金門的後浦堂會，卻可以在其中看見中國教會史演進歷程的縮影，宣教機構對中國教會的影響也清楚得見。後浦堂會的開始過程，依上面的表格來看，是屬於由英國長老會管轄的堂會，這與仁信（Johnston）書中的圖表相吻合[60]。

　　1949 年來金門牧會的蘇華鐸[61]牧師，據《年鑑》11 期下（1929-1930 伍：183）的名錄[62]載明他當時是在龍溪新塘牧會，屬中華基督教會倫敦會部，《年鑑》12 期（1933:308）為閩南大會華安縣的執行委員，以往只知道他是隸屬於中華基督教會的牧者。打馬字牧師在 1877 年宣教會議上發言（1878:323）有提到，廈門地區教會的習慣是每兩年選一次長老。這樣的作法也的確在議事錄呈現[63]。

二、金門教會史的誤會與勘正

　　2000 年金門基督教會盛大慶祝宣教一百週年，2004 年慶祝建堂 80 週年，現在的資料呈現出當時的慶祝有一些歷史上的誤會。

　　首先是後浦教會一直盛傳林寶德牧師就是幽默大師林語堂先生的父親[64]，其實是錯誤的。根據林太乙（林語堂之女）女士所著的《林語堂傳》，林語堂的父親是坂仔堂林至誠牧師（林太乙，1994:3），母親是師母楊順命（5）。傳記裡面從林語堂 1895 年出生直到 1911 年，林語堂的家仍是坂仔，並未遷移或提及牧師職務調動（13）。可是根據後浦堂會議事錄，林寶德牧師參與會議

---

[58] 此期分為閩中華基督教會閩北區會、閩中華基督教會閩南大會。本期同時列出金門沙美：陳受忠、金門烈嶼：宋石清、后浦：黃衛民、沙尾西園：黃清嬀。

[59] 同時也記載金門沙美為陳受忠，金門烈嶼為宋石清，沙尾西園為黃清嬀。

[60] 在 1897 年出版的 *China and Formosa: the Story of the Presbyterian Church of England* 裡，Au-Po（後浦的閩南發音）屬於未組建的聚會點。

[61] 蘇華鐸牧師（1887-1973，《專輯》，1994:93），原名蘇堤柳（《專輯》，1994:81），福建華安縣市后村人。1949 年以 64 歲退休高齡抵金，1949-1973 年任金門中華基督教會牧者。

[62] 這是所有《年鑑》唯一一次出現蘇牧師的名字與牧養之堂會。

[63] 依目前所見，議事錄呈現的選舉，除了臨時因長執移出不足法定名額需即行選出補足外，多是兩年一次。

[64] 《金門基督教會建堂八十週年紀念特刊 1924-2004》，頁 102。

期間為 1902 年 5 月 20 日至 1908 年 9 月 13 日。在上述期間之內，雖然當時牧會的型態有許多是巡迴牧養的狀態，不過另一個可靠的證據是《年鑑》7 的信徒傳略中提及 1922 年 10 月 3 日過世之林至誠牧師（1924/1983:156）為打馬字牧師之愛徒等資料時，並無關於金門之記載。雖然早期國人均有數個名字輪番使用的習慣，但林至誠牧師在《年鑑》裡自始至終呈現的姓名都是林至誠，別名宗賢，住址為平和坂仔圩，與林寶德牧師，住址廈門禾山橋頭街（如《年鑑》2，1915/1983:349, 350）均同時出現，因此應該是兩個人而非同一人。我透過電話詢問林語堂故居的工作人員，答案也是如此。故林寶德牧師不是林語堂先生的父親。

但是，林語堂的父親林至誠牧師的確到過金門——1908 年 9 月 13 日為後浦第一位選舉而出的牧師林文曲牧師授職，大會特集於後浦堂會，他與另兩位牧師以宣道會董事身份抵金：

──請宣道會董事林溫人林至誠牧師蔡耿光[65]楊懷德共商會務
──本日蒙大會特集於本堂授林文曲牧師任本堂會正教治聖會

第二個與歷史有關的誤會，在於認定後浦是從 1900 年設立的。

金門基督教會以公元 2000 年為百年禧慶的時間點，肇因於對議事錄所記載第一次會議記錄的判斷：

救主降生壹千玖佰年正月拾肆號即光緒貳拾伍年拾貳月拾肆禮拜日午十二下鐘因禮拜堂尚未落成位處不便是以暫借葉恬靜處共議會事牧師施和力黃和成鄭鵬程諸兄弟等齊集
──舉黃和成為會正率眾祈禱
──舉邵德貞暫為紀事
──議聽道之人張潭林根李榮王開妻張法氏莊卯妻 DJ 可堪領洗進教
──聽讀所記許登於冊鄭鵬程祈禱而散

---

[65] 蔡耿光牧師 1866 至 1868 為新街堂長老（《廈門市基督教新街堂建堂 150 週年（1848-1998）紀念特刊》，1998:21），在羅罩牧師於 1870 年過世後經長執會提名，堂議會選舉，自 1870 至 1885 年任第二任牧師。

日期寫明是 1900 年，又是第一次會議，便理所當然當作教會的組建成立時間。但若與第二次會議與之後的紀錄比較，議事錄已經呈現可供判斷的文字了。第二次會議記錄是：

> 救主降生壹千玖佰零貳年西曆五月貳拾號即光緒貳拾捌年肆月拾陸晚
> 拾點鐘長執會於本堂樓上牧師林寶德為會正暨長老楊篤謝黃衍義[66]執
> 事李清講等齊集會正祈禱
> ——會正舉李清講為紀事
> ——聽紀事讀前會所紀者
> ——議定接廈門新街堂會薦黃衍義來屬本堂故登其名於人名簿
> ——議定將後浦並裂嶼[67]前所有進教成人諸名當登於冊陳列次序
> ——議聖會兄弟所有子女自幼領洗者當另立壹簿以登其名[68]
> ——議畢許所紀之事登冊黃衍義祈禱而散

首先，第一次會議的會正是從三位牧師中推舉出來的，這樣的狀況在其後一直到 1999 年，僅有在抗日戰爭結束、金門光復的第一次會議時[69]因為沒有會正而推舉臨時主席：

> 救主降生一千九百四十五年即中華民國卅四年十一月十八日上午八時
> 半金門堂會長執假座後浦王慶雲先生住宅開會出席牧師賀兆奎吳炳耀
> 黃衛民長老王和祥吳著盍執事侯得等
> ——公推賀兆奎為臨時主席吳著盍為紀事

除這兩次具有不定因素（一為創建前，另一為復原啟始）的會議之外，都不曾再出現過公推會正情事，顯示 1900 年的會議是一次特別的聚會；再者，第一次會議並無如第二次會議的「長老會於……」字樣，顯示第一次會議並非長老宗傳統的長老會[70]；最後，第一次會議只處理時宜性的信教者領洗問

---

[66] 《年鑑》2 為廈門鼓浪嶼福建藥房醫士。1915:402。

[67] 應該是「烈嶼」的筆誤，指小金門。

[68] 我所見到的左鎮教會會籍資料中有保存完善的幼兒領洗姓名簿，足見同為長老宗的台灣基督教會有相同之作法，可惜後浦堂會的本子早已散失。

[69] 會議記錄自 1939 年 1 月 10 日至 1945 年 11 月 18 日中間有六年的空白，其間僅有一張未予登錄入冊的會議草稿留存（容後討論）。

[70] 長老治會的主要條件便是要有長老若干在會中才能成會。

題,而第二次會議開始便相對開始制度運作的議定(如接友堂會友來屬本堂、建立名冊等)。據此,以 1902 第二次會議做為教會正式組建成立日期,提供了較強的論據。

順道值得一提的是,上引之議事錄呈現了後浦堂會與廈門新街堂深厚的歷史淵源。首先,出現在第一次會議記錄中的黃和成牧師,按照新街堂的紀錄是在任最久的一位牧師。從 1885 由長執會提名,經堂議會選舉產生,到 1908 年共服事了 23 年之久,為至今廈門新街堂任職最久的牧者。黃牧師至金門開第一次會議時(1900)是他卸任前第八年,在三位牧師中被推選為會正,並帶領會眾祈禱。按照華人教會的習慣,這意味著兩種可能性:

第一,黃牧師可能是三位牧師中最資深的。黃和成牧師在新街堂在任期間為 1885 至 1908 年,不過 1885 年之前即已經擔任傳道工作。據吳炳耀(1988a:85),早在 1866 年打馬字(John van Nest Talmage,1847-1892 年在華)、汲澧瀾(Leonard W. Kip,1861-1901 年在華)等牧師派遣黃和成與鄭國棵二位傳道蒞同安工作云云,足證黃牧師在到新街堂(1885 年)之前即已經是牧師了。施和力牧師[71]為 1896 年至 1903 年在華宣教,之後到菲律賓工作[72],1900 年的施牧師應當正值青壯年。鄭鵬程[73]牧師,在會中帶領散會禱告,按理說可能資歷在黃牧師之後,又在施牧師之前。但也有可能是因為入境隨俗的施牧師謙讓。

第二,黃牧師作為教會代表和新的堂會有類似母會植堂關係。我在 2006 年因為口訪的需要循小三通至廈門,船程約一小時,相當平穩舒適,可以想見的是,1900 年的船程絕對不只一小時,加上風浪的關係,是很不舒服的旅途。臨近退休之齡的黃牧師在後浦第一次會議出席的原因,相當有可能是作為後浦堂會成立過程中的主要母堂,或者是因為新街堂是第一個中國堂會,是眾教會的母堂(然這種關係較為疏遠牽強)。

---

[71] 施和力牧師,為美國歸正教會宣教士,名為 Hobart E. Studley,1896-1903 年在華宣教(De Jong,1992:79, 348),於後浦教堂尚未建成的第一次同工會,1900 年 1 月 14 日(清光緒 25 年 12 月 14 日)出現於後浦堂會議事錄。

[72] 約於 1903 年 7 月受聖公會勃蘭德主教(Charles Henry Brent)之邀到菲律賓開辦閩南信徒的華僑教會,於 9 月開設聖司提反堂,以聖公會儀式聚會。黃彩蓮,2005:52。

[73] 據吳炳耀(1988a:85),鄭鵬程於 1882 年被漳州堂會立為牧師。

　　另外，從第二次會議開始，有許多新街堂的同工被推薦到後浦堂會。基督教信徒的會籍，代表著信徒所屬的堂會所在，也意謂著該名信徒所屬的堂會對其牧養之責任與其對所屬堂會的服事義務。然而，當信徒因為工作或遷徙需要到另一堂會時，早期中國教會便會出一張徙居照與新至堂會之長執會，請同工繼續在生活靈性上多加關照眷顧。黃衍義長老在新街堂建堂 150 年刊的表格資料裡是在黃和成牧師任內的執事[74]，而就在黃牧師來金主持第一次會議後兩年，也就是後浦正式成為堂會的第一次長執會（第二次會議記錄），黃衍義長老便被新街堂推薦到後浦，而且是成為長老。不只是黃衍義長老，其後後浦堂會第三位被會眾選出來的牧師黃衛民[75]，就曾經是新街堂第四任牧師黃植庭（黃和成牧師之子）任內的傳道人後來轉屬後浦的。

　　再者，1863 年 2 月 21 日由廈門區會選出兩位牧師，是 3 月 29 日按立[76]的羅嘉漁[77]與葉漢章[78]。他們是中國新教第一間堂會首批被按立的華人牧師。羅

---

[74] 該書頁 21。

[75] 我在 2006 年 8 月 9 日下午透過新街堂陳執事的引介，親身訪問到了黃衛民牧師兩位尚在廈門的女兒黃雅瓊與黃雅川女士，特此向陳執事以及兩位黃女士致謝。

[76] 我所找到的史料在日期上有些許出入。黃彩蓮（2005:28）對於選舉與按立的日期採同一天，均為 1862 年 2 月 11 日，她所參考的來源為為姜嘉榮的〈近代中國自立與合一運動之始源：閩南教會〉頁 3（出於 2001 年第二屆近代中國基督教史研討會未刊搞，目前為止我仍無法取得）與 De Jong 的 *The Reformed Church in China*，69-70。但是我實際察看 De Jong 的書，卻是採取兩個日期：1863 年 2 月 21 日由廈門區會選出，於 3 月 29 日按立，都不是 1862 年 2 月 11 日這個日期，Cheung（2004:253）支持這日期，但為 1863 年。並且黃彩蓮（2005:29）之後又引 De Jong（1992:91）的資料，提到竹樹堂增長最快，比較的時間點是 1863 到 1900 年。我在同一頁發現 De Jong 對這增長快速的原因第一便歸功於葉漢章牧師自 1863 到 1884 超過 20 年勤奮的服事。更關鍵的是廈門區會第一次會議是在 1862 年 4 月 2 日集會開議（Cheung，2004:253；黃彩蓮，2005:32），不可能在那之前即有跨教會的選舉與按立。教會史家賴永祥在教會史話提到葉漢章牧師是在 1863 年被選為竹樹堂的傳道人，基本上年份與 De Jong 相同，但按牧的時間卻是 1864 年 5 月 18 日，且未註明參考資料（1995:67）。但是較早的 Band（1974:49-50）卻指出在 1862 年 4 月 2 日成立廈門區會時就已經對兩名學生進行考牧（沒有提及選舉，有可能是先經過資格考核，然後經會眾以選舉確認），於次年三月按立（Band，1974:395）。最早的資料（Johnston，1897:247）並沒有提及確切日期，只以轉述的方式提到建立中國第一個大會是在 1893 年的 30 年前，也就是 1863 年。然而新街堂 150 週年特刊的資料卻是寫：「**由長執會提名，經堂議會選舉，並於 1861 年 2 月 11 日按立**」（1998:19）。整體而言，我認為比較可信的日期依序為 1862 年 4 月 2 日成立漳、泉大會選舉議決，1863 年 2 月 11 日進行考牧審核，3 月 29 日按立。

[77] 羅嘉漁牧師（1826-1870），金門黃鄉人，曾任先後新街堂、白水營與石碼堂牧者（黃

嘉漁牧師是石碼堂的長老，葉漢章牧師在新街堂服事[79]，按立後分別任新街堂與竹樹堂的牧者[80]。羅牧師是金門黃鄉人[81]。P. W. Pitcher 牧師[82]曾有一篇紀念葉漢章牧師按牧四十年的文章，題目是 *Rev. Iap Han-Cheong, for Forty Years a Pastor in Amoy China（1903:438-442）*，並且留下恐怕是至今唯一一張葉漢章牧師的相片。可惜關於同時被按立為牧師的金門黃鄉人羅罩[83]的資料，相對來說非常地少。可能的原因之一是羅牧師相當早逝。根據金門志：「西黃鄉莊滔妻黃氏，同治十一年，壽一百歲。子莊天機，國學生」（1956:272），我原本以為這足見金門有黃鄉之地名，後來查證是錯的。惜今日只存烈嶼之黃厝[84]。金門地區的福音工作的展開，有可能與羅牧師有些許關連，只是目前的文獻尚無法呈現。[85]

最後一個誤會，是認為出現在後浦堂會議事錄的會正都是後浦堂會的主任牧師。

2004 年建堂 80 週年的紀念刊列出金門基督教會歷任牧師與傳道名冊（2004:102），分別整理成下表：

彩蓮，2005:28）。原名為羅肇，別名嘉漁，湯清（1987:323）做盧棠。英文譯名為 Lo Tau（Cheung，2004:253）、Lo Ka-Gu（De Jong，1992:69）。

[78] 葉漢章牧師（1832-1912），黃彩蓮可能誤植為 1832-1914，原因在 1912 年為廈門區會成立五十週年，原要由葉牧師主持聚會，可惜於該年六月去世（賴永祥，1995:68）。葉牧師英文譯名為 Iap Han-Chiong（De Jong，1992:69；Cheung，2004:253）福建廈門人。1872 年曾到台灣宣教（何錦山，2002:32-33），為在台南宣教的甘為霖牧師印象深刻，承認福音工作需要本地人來克服傳福音（甘為霖，2007:140-144；賴永祥，1995:68）。

[79] De Jong，1992:69。另外新街堂的資料提及羅嘉漁牧師曾在白水營、石碼任傳道，《廈門市基督教新街堂建堂 150 週年（1848-1998）紀念特刊》，1998:25。

[80] Band，1972:50；De Jong，1992:69-70。

[81] 《廈門市基督教新街堂建堂 150 週年（1848-1998）紀念特刊》，1998:25；黃彩蓮，2005:28。

[82] 全名為 Phillip W. Pitcher，1885-1915 年在華，其妻為 Anna F. Merritt Pitcher，1885-1916 年在華，兩人皆為美國歸正教會的宣教士，主要服事領域在在教育方面（De Jong，1992:208, 347）。

[83] 《廈門市基督教新街堂建堂 150 週年（1848-1998）紀念特刊》，1998:25。

[84] 我在相關的《金門縣志》地名沿革史中只發現黃厝，未見黃鄉，然以羅姓人家居多之聚落為烈嶼羅厝。葉鈞培，1997:139。

[85] 我已經看見原始文獻資料，這部分日後將為文處理。

《建堂 80 週年的紀念》的歷任牧師與傳道名冊表

任	職稱	姓名	任職期間	備考
1	會正	黃和成	1900,1/14	
2	會正	林寶德	1902,5/20-1908,9/13	林語堂先生之父
3	牧師	林溫人	1907,5/5-1908,3/21	選舉
4	牧師	林文曲	1908,3/22-1917,2/4	選舉。1908, 9/13 授[86]會正，退休
5	會正	楊懷德	1917,2/4	
6	會正	張選材	1917,2/25-1917,5/27	
7	會正	歐陽侯	1922,3/22-1929,1/6	
8	會正	楊懷德	1929,2/24-1933,11/5	
9	會正	益和安	1933,11/5-1934,3/11	
10	會正	保夏禮	1934,3/11-1934,7/29	
11	會正	黃衛民	1934,6/10-1938,3/28	民 23 年 7 月升[87]牧師，9 月升[88]會正
	傳道	陳東帶	1936,1/12	
12	會正	楊懷德	1939,1/10	
13	會正	楊懷德	-1946, 4/7	
14	牧師	莊丁昌	1940-1945	
15	牧師	賴炳烔	1941,10-1943,8	
16	牧師	賀友三	1946,2/23-1949	
	傳道	何文宗	1948,7	
17	牧師	蘇華鐸	1949,7/13-1973,1/6	
	傳道	譚約瑟	1956,1/14-1964,4/15	
	傳道	許含英	1966,1-1967,12/12	
	傳道	莊愛華	1967,11-1969,7	
	傳道	呂瑞仁	1967,1-1968,7/1	
	傳道	邵忠仕	1968,1/1-1968,7/1	
	傳道	莊天顧	1969,7/1-1976,6/6	
18	牧師	汪王屏	1973,1/6-1999,12/31	原名惠航
	傳道	蔡梅真	1999,7/1-2000,7/15	
19	牧師	莊天顧	2000,7/1-2002,6/30	2003, 6/14 按立牧師
20	牧師	李坤南	2002,7/1 迄今	

---

[86] 此為「授職」之意，而非「按立」。

[87] 依照會議記錄是被選為牧師，而非「升」。

[88] 此應為「擔任」之意思，因為會正原本就是由主任牧師擔任，即是在長老督會中的當然主席，自然沒有「升」的問題。

首先，上面的表格有許多錯置。在人名方面除了上文已經說明林寶德牧師並非林語堂先生的父親之外，並無「陳東帶」乃為「陳束帶」，原出自 1936 年 11 月 22 日（而非 1 月 22 日）：

> ——會正報告西園支會之風波已平間有一二尚執迷不悟者待相機再勸導之又蒙宣道會派陳束帶先生任該堂傳道機會頗佳情形眾悅納之

莊天顧牧師的備考欄有「2003, 6/14 按立牧師」，應該是將李坤南牧師的按牧日期誤植至此處。而在何文宗傳道之前即已經受聘為傳道且被選為長老的黃學哲傳道，與在烈嶼任傳道的吳聲遠傳道，還有與何文宗傳道，約為同期在烈嶼任傳道的蔡馬太傳道，並未列出。他們的紀錄如下：

> ——議決向石井堂會撥借該堂傳道黃學哲蒞會維持兩個月至於費用逐月八千元呈請廈門宣道會全數捐助[89]
> ——烈嶼支會多年未聘請傳道以致教會冷落應如何整理案議決聘請吳聲遠先生任該堂傳道以便整理會務並議定吳君逐月薪水七十元白米四十市斤生津五千元鹽三市斤柴油與什費由教會負責[90]
> ——接烈嶼教會傳道吳聲遠函稱彼擬南渡請准辭職經眾討論認定吳君已先行離開烈嶼理當准予辭職該遞遺即聘請蔡馬太先生蒞會主持關於蔡君逐月之薪津即按照大會新規定發給[91]
> ——會正報告按林瓊華女士函稱彼將繼續升學無法應聘眾納之公決改聘何文宗先生任期暫以三年為限其生活待遇即逐月白米一百三十市斤柴油另逐月津貼[92]

同時，這些記錄也顯出一些關於金門處於動盪時期資源短缺的端倪。

另外，表格顯示出 80 週年紀念刊所載在任職時間與職務上有些落差。許含英據紀念刊為 1966 年 1 月開始任職，但是議事錄在 1966 年僅有 6 月 5 日

---

[89] 1945 年 11 月 18 日的會議記錄，隔一次會議（1945 年 12 月 29 日）於 1946 年 1 月 20 日黃學哲便已經出現於議事錄中參與開會。
[90] 1946 年 7 月 28 日。
[91] 1947 年 3 月 17 日。另據 1947 年 10 月 30 日記錄顯示蔡馬太傳道為自永寧堂會移來。
[92] 1948 年 7 月 15 日。

一個會議記錄，在當中許含英作為執事於其中發言，而1967年11月26日莊愛華以女傳道、莊天誥以傳道身份列席，之後便無相關記錄顯示。至於呂瑞仁師母與邵忠仕牧師完全不曾出現於議事錄當中，只出現在老牧師與師母的紀念專輯：

> 我與呂瑞仁結婚於1966年1月，與他們同工半年之久，於1968年7月到台灣浸信會神學院就讀神學。1970年7月回到金門，他老人家要我在小金門當傳道約三年之久[93]……

進一步地說，議事錄記錄的時間並無法代表同工任職離職期間的認定參照，並早期的教會常常有數個教會合聘一位牧者的情形，何況離島金門。另外，依照議事錄的行文風格與長老教會的制度看來，早期的後浦堂會的會正應當有部分為廈門區會派來召開長老會的牧師，而非長駐於金門的牧者。如1906年7月19日，議事錄記載：

> ——接總會派牧師楊懷德前來本堂勸捐設立傳道公會之事
> ——長執會喜納受勸但望本堂會于明年自行聘請牧師

事實上當時的長執會一直由林寶德牧師為會正，但依據上文議事錄所載可見林寶德牧師並非聘請而來，乃是奉派。這點也與台灣基督長老教會相同，早期教會的牧者大都是巡迴牧會的狀況，甚至只有在開會或巡察會務時才在堂會，如：

> ——議決李西門因未幾要往外洋現適會正來此下午即為之施洗俾得以就主餐[94]

因此，我認為比較可信且確定的牧師以及不見於上表的牧者應是[95]：

---

[93] 李含盛，1994:99。
[94] 1929年2月24日，會正為楊懷德牧師。
[95] 由於「會正」乃是由牧職擔任的會議角色（只在會議中如此稱呼），而非職稱，故下表我以「牧職」取代原本的「職稱」。所以所有的會正都是主任牧師，只是1949年後漸漸不用會正稱呼，會內會外均以牧師稱之。

金門基督教會歷任牧師與傳道名冊修正表

任	牧職	姓名	議事期間	備考
	會正	黃和成	1900,1/14	公舉，廈門區會之宣道會代表
1	會正	林寶德	1902,5/20-1908,9/13	後浦堂會設立
	傳道	邵德貞	1902,1/2; 1904,5/1; 1925,1/11; 1925,1/18; 1925,11/30	
	牧師	林溫人	1907,5/5-1908,3/21	1907,12/15 選舉，後無法赴任
2	牧師	林文曲	1908,11/8-1917,2/4	1908,3/21 選舉，1917,2/4 請辭
	會正	楊懷德	1917,2/4-1922,3/22	大會特派為會正
	會正	張選材	1917,2/25-5/27	受楊懷德牧師之託
	傳道	歐陽侯	1917,2/25-1922,3/22	
	牧師	林文曲	1918,10/20	長老會特請為會正
3	會正	歐陽侯	1922,4/16-1929,1/6	1921, 11/20 選舉，1922, 3/22 按立
	傳道	宋石清	1925,10/25-1939,1/10	1925, 3/8 選為長老後任烈嶼傳道
	會正	楊懷德	1929,2/24-1933,11/5	
	會正	陳德修	1929,9/13	為區會使，代理楊懷德牧師
	傳道	黃衛民	1929,9/13	1931, 3/20 選立為長老
	傳道	林維喬	1929,9/14	沙西堂會傳道
	會正	益和安	1933,11/5-1934,3/11	宣教士
	會正	保夏禮	1934,3/11-1934,7/29	宣教士
4	會正	黃衛民	1934,9/23-1938,3/28	1934, 5/20 選舉，7/29 按立
	會正	楊懷德	1939,1/10	
	牧師	莊丁昌	1939,5/24-1943,11/10[96]	東亞傳道會派往廈門，其間偶莅
5	牧師	賴炳烱	1941,10/24-1943,6	東亞傳道會派任
	會正	賀兆奎	1945,11/18	公推，為宣道會特派員
	會正	楊懷德	1945,12/29-1946,2/24	
	會正	吳著盉	1946,1/20; 1946,2/24	暫代楊懷德牧師
6	牧師	賀友三	1946,1/20-1949	1946,1/20 選舉，2/23 按立
	傳道	黃學哲	1946,1/20-1949	
	傳道	吳聲遠	1946,7/28-1947,1/24	
	傳道	蔡馬太	1947,10/31	1947,3/17 聘為烈嶼傳道
7	牧師	蘇華鐸	1949,7/13-1972,11/12	
	傳道	莊天詬	1967,11/26	
8	牧師	汪王屏	1973,1/6-1999,12/31	原名惠航
9	牧師	莊天顧	2000,7/1-2002,6/30	2003, 6/14 按立牧師
10	牧師	李坤南	2002,7/1 迄今	

---

[96] 此為莊牧師受東亞傳道會差派至廈門的任職期間，而非在後浦堂會任職之期間。

原則上，表格中十任牧師以外的牧者，除了傳道以外，應當都是巡察金門或是由區會派來任會正的，這十任牧者是可確定的後浦牧者。

三、宣教士與金門

在 100 年的會議記錄當中，出現在其中的外國宣教士出乎意料的多，這是我始料未及的。由於議事錄裡面都只寫中文名字，且宣教士的中國名字皆相當有中國味，起先根本無從得知與判斷哪些人會是宣教士。其後，在寫作期間，隨著閱讀與認識的開展，慢慢知道有金門有外國宣教士的足跡，加上史料的印證以致於能愈來愈清楚宣教士的身份與資料。

施和力（Hobart E. Studley）牧師，1896-1903 在華宣教，出現在第一冊第一次會議記錄上，日期是 1900 年 1 月 14 日，是唯一的一次。由於他是歸正會的宣教士，與新街堂所按立的黃和成、鄭鵬程兩位牧師同屬於歸正會，因此我認為除了宣道會主導後浦堂會的組建之外，歸正會可能也是主要力量之一[97]。施和力牧師後來在 1903 年到菲律賓牧養講閩南語的華僑教會（黃彩蓮，2005:52）。

益和安（Frank Eckerson），1876 年 10 月 26 日生於紐澤西州 Riverdale，至 1949 年 11 月 8 日於鼓浪嶼過世，1903-1949 在華宣教，為美國歸正教會宣教士（De Jong，1992:348；湯清，1987:324；Gasero，2001:121）。益和安牧師終生未娶，常住同安，常對人說自己是同安人。1907 年 1 月 6 日（清光緒 32 年 11 月 22 日）第一次出現於後浦堂會議事錄：

——蒙大會派牧師益和安楊懷德前來查察本堂會務
——長執恭請牧師益和安楊懷德立查會務

並於 1933 年 11 月 5 日任金門堂會會正，主持唯一的一次會議：

——會眾起立歡迎新會正益和安牧師

---

[97] 由 1877 年宣教會議的廈門地區宣教地圖標示來看，在小金門有標示一個開設點，記號為美國歸正會所有，見附錄四圖 10。

議事錄也記載當週主日益和安牧師為廿一名小兒施洗，當中包括吳長江長老、王和祥執事、黃衛民長老……等人之子女。2006 年 8 月我到廈門採訪到黃衛民牧師的女兒黃雅瓊女士，她表示受洗當時年僅 4 歲。

韋玉振（George M. Wales），英國長老會宣教士，1893 至 1928 年在華宣教（Band，1973:329；湯清，1987:335），為 1920 年閩南長老大會與倫敦會成立閩南合一會時的長老總會之總代表、會正（《年鑑》6，186）。師母韋愛莉 1896 年在鼓浪嶼創建中國第一間幼稚園—懷德幼稚園（Band，1974:297），上述黃衛民牧師的另一女兒黃雅川女士曾任該幼稚園園長多年。韋牧師於 1908 年 12 月 20 日出現在議事錄：

> 蒙大會派牧師韋玉振林寶德前來本堂查閱會務

越約翰（John Watson），英國長老會宣教士，1880-1924[98]在廈門宣教（Band，1972:588），1911 年 8 月 7 日（第一冊第次會議，第 42 頁）是唯一一次以書信形式出現在議事錄上。

> 議接越約翰牧師來信薦長橋堂會自幼領洗之黃甘氏堪就主餐故長老會納之

打馬字姑娘（Katherine M. Talmage or Mary Elizabeth Talmage），美國歸正會宣教士，1874-1927 在華宣教。打馬字牧師有兩位女兒，分別是 Katherine M. Talmage 與 Mary Elizabeth Talmage，都是 1874 至 1927 年在華宣教。對於沒有結婚的女宣教士，台灣與閩南的習慣一樣都稱之為某某姑娘。在基督新教近代宣教史當中，有許多女性宣教士為了宣教而捨棄結婚的機會，換來在宣教場域更長、更專一的事奉，可惜多數沒得到歷史家與教會界的重視！以 Gasero 的 *Directory of the Reformed Church in America* 一書為例，詳細地列出所有 1628 到 2000 年歸正會的機構與人事資料，男性的牧師詳細列出生卒年月日與地點、學歷、牧職場域等，可是女性宣教士卻僅僅有宣教場域與年份，其他資料都沒有列出。男性即使沒有結婚（如 David Abeel——雅裨理牧師），為建立宣教權威性在出發宣教之前往往都會先為其按牧，反而女宣教士在早期根本

---

[98] 湯清（1987:334）提到越約翰牧師在華為 1880 至 1895 年。原因是他有兩次在華事奉紀錄，第二次是從 1905 到 1925 年（Band，1973:329）。但是 Band 書後的附錄卻是寫到 1924 年（Band，1972:588）。

沒有為其按牧的例子與想法，即使貢獻比男宣教士多、深、廣。De Jong 的書中（1992:80）間接點出這一點，提到 Lilly Duryee（理蓮）、Margaret Morrison、Katherine M. Talmage、Mary Elizabeth Talmage、Nellie Zwemer 五位女宣教士合起來超過兩百年——共兩百二十七年的服事[99]。打馬字姑娘出現的脈絡為 1916 年 7 月 9 日，第一冊第 72 次會議於第 69 頁以書信形式出現：

——議聽道友黃周尤林意氏王玉環蔡暖氏堪以接納又接打馬字姑娘函薦女學生蔡氏寬林氏英李氏凜堪以接納經詳查問其所信之道理均堪接納定唱三禮拜若無阻當准其領洗盡教

杜乃文與杜迺文，於 1920 年 12 月 13 日來金：

——蒙大會使杜乃文洪元英等函托本會正代查會務如左

另外 1922 年 12 月 10 日，杜迺文牧師親自來金：

——蒙區議會使杜迺文牧師辱臨查核會務長執起立歡迎並以所查條件列左

這兩個名字都未曾出現在所有《年鑑》的華人牧師姓名住址表裡，應該是外國宣教士沒錯。只是正確英文名字、在華宣教日期與差會隸屬尚不得而知。

力戈登（Phillips Gordon），1911 年來華倫敦會宣教士（湯清，1987:177）。根據《年鑑》13（1934-1936/1983:420），時任中華基督教會閩南大會會長[100]。1926 年 6 月 27 日以書信形式第一次出現在議事錄裡：

——議接力戈登牧師函薦蔡維能自幼領洗可堪進教以守聖餐

米為霖（William Vander Meer），美歸正會宣教士，1920 至 1923 與 1926 至 1951 年在華宣教（De Jong，1992:348）。1926 年 11 月 14 日唯一一次出現在議事錄：

——恭請米為霖牧師共襄會務

---

[99] Lilly N. Duryee（1894-1937）、Margaret C. Morrison（1892-1931）、Katherine M. Talmage（1874-1927）、Mary Elizabeth Talmage（1874-1927）、Nellie Zwemer（1891-1930）。De Jong，1992:347。

[100] 周之德，〈閩南倫敦會自養之歷史〉，載於《年鑑》1914:35。

理蓮姑娘[101]（Lilly N. Duryee），或在湯清（1987:324）裡的理青蓮女士，美歸正會宣教士，1928 年 11 月 17 日月唯一一次出現於議事錄，時任宣道會董事：

> 請宣道會董事理蓮姑娘共襄會事

保夏禮牧師為美國歸正教會宣教士，名為 Harry P. Boot，1903-40 年在華（De Jong，1992:348；湯清，1987:324）， 1874 年 1 月 10 日生於伊利諾州 Fulton，1961 年 10 月 2 日於 Holland， MI 過世。1934 年 3 月 11 日第一次出現於後浦堂會議事錄，並於 1934 年 3 月 11 日至 1934 年 7 月 27 日之會議（其間歷 5 月 6 日、5 月 20 日、6 月 10 日等長執會議）任金門堂會會正：

> ——會眾起立歡迎保夏禮牧師住本堂會正

保夏禮牧師在金期間，其貢獻得會眾之愛戴，並將牧會責任成功轉至新簽選的黃衛民牧師：

> ——舊會正保夏禮以金門會務卸交黃牧師衛民接任長執銘感保牧師自任會正以來成績彪炳誠由保牧獲主恩助特誌不忘

從以上這些記錄看來，金門島嶼曾經有相當多的外國宣教士參與在福音工作中。除了參與宣教事務之外，他們的工作型態對於金門社會、文化、醫療的影響與貢獻，則是另一個值得繼續研究的課題。

四、由後浦堂會到金門堂會的成立

後浦堂會的組成與名稱，在四本議事錄當中經歷了幾次改變：第一冊時是後浦堂會，1923 年 5 月 27 日宣道會使抵金勸勉南門與北門（後浦）合一（當時沙西[102]未派代表參與）：

---

[101] 吳炳耀在〈基督教閩南大會的一次盛會〉中作李蓮女士。1988:127。
[102] 原本我以為「沙西」是地名，問的結果連當地老一輩信徒都沒聽說過在金門有這樣的地名，倒是傾向於認為是沙美西園的合稱，指現在的沙美教會。不過在《年鑑》已經見到有金門沙美與沙美西園兩堂會，因此沙尾西園應該就是沙西，指西園而非沙美。

——蒙宣道會使周之德[103]林溫人玉臨本會特起立歡迎

——周之德牧師等陳明此次奉命來金宗旨在乎勸勉教會合一事此時應請南門代表陳述意見蕭溯流何乃宣等即云際此時機教會合一殊難延緩惟南門會眾除一二姊妹未能同意外餘多贊同云

……

——議決由七月一日即陰曆五月十八主日起南門會有仝集北門禮拜堂以表實行合一

在南北門併入後浦之後，第二冊議事錄的序言提到：

——金門基督教原分沙西後浦兩堂會因感閩南牧師之缺乏不敷支配牧養群羊有顧此失彼之嘆況金門係一小島孤懸海中為地理之關係……于民國十七年十一月橋頭禮拜堂集區會時特派楊懷德[104]牧師等來勸此二堂會合併為一幸喜雙方同意本基督合一之遺訓經于民國十九年十一月后浦禮拜堂集區會時准予合併錫新名曰金門堂會大會賜新名曰金門堂會附此為誌

第三冊第 48 頁第 76 次會議（1980 年 10 月 12 日），名稱由金門中華基督教會改為金門基督教會。因此，「後浦堂會」、「金門堂會」、「金門中華基督教會」、「金門基督教會」指的都是同一堂會在歷史不同時期的名稱。

五、由金門堂會到金門中華基督教會

金門堂會的議事錄最長的間隔是第 187 次會議於 1949 年（未註明日期，此為四冊會議記錄中唯一的一次狀況[105]）與第 188 次會議於 1954 年 8 月 1 日，之間長達五年。當中僅以兩行字交代當中的過程：

---

[103] 倫敦會按立之華人牧師。李少平，1999:64。

[104] 閩南名牧之一，曾數度來金門參與會議或擔任牧者（1917-1922、1929-1933、1939、1945），曾於台灣基督長老教會於 1912 年 10 月 24 日假彰化西門街禮拜堂成立台灣大會時，做為閩南總會會使，與宛禮文牧師親赴參加成立大會並上台致詞勉勵。見《台灣基督長老教會百年史》，1965/95:214。

[105] 嚴格說來，這並不算一次「會議」，因為是補記性質，只記錄蘇老牧師來金門的時間。

　　——救主降生一九四九年（民國卅八年七月十五日）蘇華鐸牧師來此接替賀友三牧師職務[106]

　　從這一記錄之後，金門教會處在國家分裂的情境之中，位居離廈門僅僅幾海哩的金門卻屬於距離相對遠得多的中華民國在台灣。相對於內地因共產政權宗教政策拒斥與國外連結等因素，中華基督教會因而不再存於內地，金門的三間中華基督教會（烈嶼、金城、沙美），加上 1968 年復活節獻堂的山外堂會，成了與中華基督教會有直接關係的僅存碩果[107]。

　　蘇華鐸牧師（1887-1973），原名蘇堤柳，福建華安縣仙都市后村人。蘇華鐸牧師自十八歲（約 1905 年）即已受推薦入神學院就讀，在來金門之前原為中華基督教會的退休牧者，曾於龍溪、曾厝垵堂會等牧會。1949 年以 64 歲高齡抵金[108]，自 1949-1973 年任金門中華基督教會牧者，總共又牧養了 24 年。蘇牧師抵金之時值國共激烈內戰，原本的牧者賀友三避走南洋，蘇牧師不顧兒孫反對隻身來浯，其後回閩接師母陳玫瑰一同抵金，不到三個月因冷戰體制建立兩岸分隔，再也回不去了，終其一生未能再見兒孫，卻與師母二人盡心結力牧養金門眾教會、教導信徒白話字[109]（即羅馬拼音的廈門話，巴克禮、甘為霖等宣教士的白話字聖經翻譯與廈門音新字典都是用這種拼音文字）。

　　兩岸隔絕之後，蘇老牧師一人巡迴牧養三間教會[110]，實在心力俱疲[111]，直到 1958 年有台灣浸信會神學院第二屆畢業生譚約瑟自願來金協助[112]，情況才得以緩解，他同時帶來了浸禮的洗禮方式，這與改革宗以滴禮行之是不同的。譚牧師直到 1964 年才離金繼續他處[113]的牧養工作。1973 年汪王屏牧師

---

[106] 議事錄第二冊頁 69。
[107] 現在的香港中華基督教會雖然也是中華基督教會，卻是 1949 年以後由中華基督教會廣東大會遷移過去的，而金門的中華基督教會是原本即在當地成立的堂會。
[108] 蘇牧師來金前曾見異象，見有三名鬚髮老人將在同安渡口接他，蘇牧師便以此異象說服兒孫，若不見三鬚髮老人即原船返回，若有即上岸。果然，到時有侯得、HM 與呂裕炎三位老者於岸上等候迎接。見陳世聰，1990:66。
[109] 見李含盛，1994:1-4。
[110] 山外教會落成後第一次聚會於 1967 年 12 月 3 日，隔年復活節獻堂典禮。因此金門地區在有山外之前是三間教會，其後才四間。
[111] 蘇老牧師與汪牧師的牧養方式，大約如下：第一週主日在金城講道兼領聖餐，第二週在沙美……，週間諸堂會均有早禱會、婦女會、家庭聚會……，因此週二早在金城早禱，下午在沙美婦女會，晚上……。每一時段均排滿。
[112] 議事錄第二冊頁 76。
[113] 有馬祖、嘉義浸信會、台北聖道堂、香港中國教會研究中心等，見陳世聰 1990:47。

接蘇牧師任之後也一直以浸禮行之[114]，甚至信徒認為這是中華基督教會的傳統[115]。

在蘇牧師的晚年，一位少校軍人名為汪惠航（即為上述汪王屏牧師），剛受洗不久即自願代替有眷同袍前來金門（時值八二三砲戰結束不久），成為蘇牧師的幫助。在蘇牧師過世前最後一次會議中，他提到：

> 本人來金已二十多年，常度過風餐露宿之絕境，惟以神為後盾，度過此難關也，奈鐸年已老邁，恐怖不久於人世，原意尋覓金門本地人為繼承牧師以挽大海之狂瀾，惜人才難以物色，殊堪遺憾。
>
> 幸神為中華基督教會預備一理想之人才汪惠航君，可以膺此大任以維殘局。當十一月十二日下午二時，主席講道完遂按立汪君為副牧師兼長老以管理金門全地區中華基督教會。全體肅立鼓掌歡迎。
>
> 為防微杜漸計，萬一汪君不承認中華基督教會，立刻取消其副牧師及長老之名義。以資懲戒。

隨後在討論當中，蘇牧師指示：

> 本會按立汪惠航傳道為副牧兼長老，正牧不在副牧繼承正牧職權。
>
> 正牧安息後，副牧即為金門教會之正牧，主持一切聖工，不要再按立[116]。

對於中華基督教會的持守，成為教會懲戒與否的考量之一，可見金門教會對於原屬組織的深切情感。自此，金門中華基督教會成為後浦堂會的認同。

六、日據時期的金門教會與台灣

台灣於 1894 年中日甲午戰爭後因馬關條約自 1895 年割讓日本。在日軍登陸、佔領的過程中，台北城門由李春生[117]打開城門迎日軍入城[118]，台南城則

---

[114] 現在金門基督徒均認為浸禮就是中華基督教會原來的傳統。我在山外牧養時的第一次洗禮請汪王屏牧師施洗時，他便這樣向我說明。

[115] 我在 2006 年 5 月 29 日初抵廈門新街堂進行口訪時，黃慕恩牧師的師母林彩玲（黃和成牧師為黃慕恩牧師之太祖）糾正我在金門被告知的想法，告訴我中華基督教會的洗禮其實一直都是滴禮。

[116] 議事錄第二冊頁 110-112。

由英國長老會宣教士 Thomas Barclay（巴克禮，1849-1935）在仕紳的要求下與日軍協商打開城門[119]，而金門則是在 1938 年被日軍以強大武力登陸佔領，共有八年的日據時代。

　　二戰期間，日本軍國主義政府為確保佔領區與殖民地的果實，展開「皇民化運動」。在皇民化運動之下，日本政府下令教會要斷絕與外國宣道會的關係，所有外國宣教士一律遣返，教牧人員由日本統一分派。因此台灣、台南神學院在 1940 年被廢校[120]，金門的教會牧者（當時為黃衛民牧師）也被迫離開金門，退入內地[121]，由日本東亞宣道會差派牧者。我在 2006 年 5 月底經小三通路線前往新街堂訪問前，與該堂陳執事聯繫的過程中得知黃衛民牧師的兩位女兒黃雅瓊、黃雅川女士仍健在，且人在廈門。當我拜訪她們時，姊姊黃雅瓊女士說明當時他父親在淪陷初期的混亂狀況中，在被迫離金前盡力為留下的會友打氣，也為避逃至南洋、內地的會友盡力安排穩當，甚至自己的家人都已離金，仍繼續留金直到最後一刻才離開。到了廈門，黃牧師馬上被白水營堂會聘走，議事錄有如下記載：

> ——接白水營堂會代表紀敦厚[122]等帶函來聘本堂牧師為該堂牧師而本堂會友現值星散未能集中力量以挽留之惟冀復興之日再聘牧師白水營堂會當能讓還[123]

　　當金門一光復，第一次集於金門的會議（緊接著第 163 次會議，時間上卻差了六年[124]），黃衛民牧師作為視察員之一蒞會訪問：

---

[117] 李春生（1838-1924），於廈門竹樹腳禮拜堂（陳俊宏，2005:68）信主。其他相關論文研究得見於《台灣文學評論》第五卷第一期。
[118] 陳南州，1991:74；〈台灣文學評論〉5 卷 1 期（2005:83）編輯部則「在李春生研究專輯」裡的年譜以「……被台北市民推為會長，聚議會商而免台北城淪於戰火，恢復社會秩序」示之。
[119] 陳南州，1991:75。
[120] 黃武東，1990:138-139。
[121] 第 162 次會議，議事錄第二冊頁 37。
[122] 《年鑑》2 為廈門白水營醫士。1915:402。
[123] 第 162 次會議，議事錄第二冊頁 37。
[124] 正式紀錄差了六年，但若將我找到未被記錄下來的會議筆記也算進去，實際上便沒那麼久，短於蘇牧師來金之後的差距。

——會眾起立歡迎大會視察吳炳耀[125]幹事黃衛民牧師來金慰問教會並歡迎宣道會特派員賀兆奎[126]吳著盍[127]二牧師蒞金整理教會[128]

日據期間，莊丁昌[129]（1908-？）牧師於 1940 年受派到廈門，當中有間接紀錄顯示曾巡迴至金門做牧養工作。賴炳烔[130]（1912-）牧師則於次年被差至金門。莊丁昌與賴炳烔這兩位一北一南的台灣基督長老教會牧師便在這樣的時空脈絡下來到金門牧會。在議事錄正文中，僅存 1946 年 9 月 4 日第二冊 47 頁三條受洗記錄的追認：

——追認於民國廿九年六月十五日在莊丁昌牧師經手所施洗之會友歐陽盤姑黃李杯姑等為本堂正式會友
——追認於民國卅一年二月十五日賴炳烔牧師經手所施洗會友莊朝恭蔡清泉侯文攀顏薛麗珍等
——追認於民國卅二年十二月念[131]七日台灣賴炳烔牧師經手施洗會友侯恩福王佑添並接納幼洗侯文良

---

[125] 曾任泉州西街堂牧師（見年鑑 13，頁 421），著有〈百年來閩南基督教會〉，刊於《廈門文史資料》第 13 輯（1988），頁 76-102。

[126] 為後來金門堂會賀友三牧師的父親，曾任中華基督教會閩南大會書記，見年鑑 13，頁 420。

[127] 依照黃雅瓊與黃雅川兩姊妹的敘述和新街堂耆老的說明，他們都認識吳著盍牧師，可惜我未能找到文獻記載他當時牧養的堂會。依照吳炳耀的說明（1988b: 116-132），吳著盍牧師是在光復之後按立的牧者。

[128] 第 164 次會議，議事錄第二冊 39。

[129] 莊丁昌牧師於 1934 年與林川、陳泗治、陳太平、吳永華、柯施恩、鄭鐵、黃六點、李明結、卓輝力等畢業於台灣神學院，見 http://www.taitheo.org.tw/p5-4-2. htm。曾於七星中會擔任傳道會第 15 任部長，見 http://sevenstar.disciple.com.tw/organize_1. htm。依據台北中會的資料，莊牧師於 1939 年 4 月 1 日至 1943 年 5 月 31 日（任職方式不詳）與 1943 年 6 月 1 日至 10 月 31 日以聘任方式任職於台北中會，見 http://acts.pct.org.tw/DataSearch/Pastor.aspx?strHistoryOrgNo=C03000。另據新店教會網頁（http://www.stpc.org.tw/main1.htm），莊牧師於 1934 年 4 月 1 日至 1939 年 3 月 31 日與 1943 年 11 月 1 日至 1946 年 12 月 31 日受聘。

[130] 賴炳烔牧師的事奉經歷可見於 http://acts.pct.org.tw/datasearch/Pastor.aspx?strPAppiont=70879。有菁寮教會（1936 年 4 月 1 日至 1941 年 3 月 31 日）、虎尾教會（1937 年 4 月 1 日至 1938 年 3 月 31 日）、嘉義水上教會首任牧師（1941 年 4 月至 10 月），見 http://www.pctedu.org/~kagipct/church/c16.htm。中華民國聖經公會第一位總幹事，見 http://www.biblesociety-tw.org/intr.htm。

[131] 在議事錄裡日期「念」是「廿」的讀音，是二十的意思，常見於中國古文書，在早

也就是說，兩位牧師並未以會正的身份被記載於正式議事錄之中，而是在會議記錄中當作處理事項（追認）出現。我在金門牧會期間，賴炳炯牧師仍有數次於重要聚會出席，如現任牧者李坤南牧師於 2003 年 6 月 14 日的按牧禮拜，在其中擔任講員勉勵新牧師。

　　關於金門教會的宗派所屬，汪王屏牧師一直認定這四間教會屬於中華基督教會。日後（1999），當沙美教會想要歸屬於台灣基督長老教會的台南中會，因此自認為愧對老牧師，沒將教會守住。實際上，從歷史脈絡看來，金門地區的教會起源背景，實與美國歸正會、英國倫敦會與長老會密切相關。中華基督教會由於 1949 年兩岸分治後不得在大陸運作，金門眾教會所屬的教會群體等於不再存在。台灣基督長老教會的南部大會，由於同樣也是英國長老會開拓的範圍，反而和金門有一點關係：除了閩南教會的西國母會之一──英國長老會，同樣為台灣南部大會的西國母會之外，兩者有互訪的紀錄──台灣基督長老教會的台南長老大會於 1896 年 2 月 24 日台南新樓中學成立[132]，閩南大會派楊懷德牧師作為會使向台南長老大會請安，台南長老大會則派劉茂堃（後改名為俊臣）牧師作為會使答聘 ；南北大會在 1912 年合一為台灣大會時，閩南大會派楊懷德、宛禮文牧師作為大會使參加並上台致詞[133]；1948 年 1 月由莊瀚波、吳炳耀、王宗誠、歐陽侯等諸位牧師作為拜訪台灣教會的會使訪問台灣南北教會，而台灣基督長老教會則在同年 3 月 11 至 17 日召開的二十屆閩南大會，派副議長黃武東、書記陳光輝兩牧師作為會使回訪[134]；1948 年十月，中華基督教會全國總會在蘇州召開第五屆總議會，邀請台灣基督長老教會南部大會派代表作觀察員參與會議，台灣方面派副議長黃武東牧師與常置委員蘇振輝長老為代表參會，中華基督教會全國總會於會後派幹事蔡志澄牧師到訪台灣，鼓勵南北大會參加中華基督教會全國總會，可惜因兩岸分隔而斷絕[135]。而今，盼望藉著兩岸交流，再續歷史前緣。

期議事錄也常見。

[132] 《台灣基督長老教會百年史》，1995:105；Campbell，2004:613。

[133] 《台灣基督長老教會百年史》，1995:214。

[134] 吳炳耀，1988b:117；《台灣基督長老教會百年史》，1995:297。

[135] 《台灣基督長老教會百年史》，1995:297。

第三節　近代金門歷史、社會民俗與教會

金門在近代歷史中與台灣的景況有許多相仿的地方，兩地有許多經歷是相同的：例如鄭成功的登陸與統治、日本的佔領，與光復之後不久即與內地相隔離等等。

金門的歷史與社會民俗，交織成為影響今日金門的最主要元素，這也連帶對於金門的教會產生深遠的影響。這一節便是要透過對於金門近代歷史與社會民俗的鋪陳，呈現出對金門教會甚或金門基督教的影響。

一、近代金門的歷史與教會

金門是所謂的僑鄉，也就是說金門有許多人為生活遠走他鄉，到異地討生活成為海外移民。這當中的原因很多，對於金門來說，主要是因為土地貧瘠，工作機會不多，戰亂、海盜猖獗，再加上西方殖民主義在東南亞的開發，需要大量勞動力所致[136]。現今金門各地仍留有大量相對於台灣、廈門都要完整的閩南建築、洋樓，是一些功成名就的出洋客出資回鄉興築的。

大部分的金門出洋客的目的地與福建移民類似，是以南洋居多，其中又以新加坡為主[137]。在會議記錄當中也常見有出徙居照與會友前往南洋教會的，如[138]：

——議決出徙居照與何迺宣禰屬星洲直落亞逸美以美會

有海外移民，就有熱絡的僑匯經濟。二戰中被日軍拆毀的沙美禮拜堂，戰後由賀友三牧師到南洋募捐興築，當時議事錄有如下記載：

——會正報告彼在六月十六日啣命南渡募捐恰巧南洋各地景氣逆轉以及各教會在戰後修築影響故僅為學校募得叻幣一千零伍元另沙美聖殿

---

[136] 江柏煒，2004:33。
[137] 江柏煒，2004:34。
[138] 第 159 次會議，議事錄第二冊頁 33。

建築費叼幣柒仟壹佰玖拾捌元陸角壹分該款均兌換港匯寄交宣道會司
庫卓金成為保管以備應用眾納之[139]

八二三砲戰所炸毀的烈嶼中華基督教會，也是由第一次建堂（1936 年）
出力最多的移民汶萊會友王文邦，於 1969 年再度呼籲捐獻整建而成的[140]。

金門與台灣相同，曾經被日本佔領，不過相對於台灣的五十年，金門只
有八年。雖然日據時期相對較短，但同樣與台灣有不少抗日志士在當地發動
抗日行動，或到內地參與抗戰。我發現在日據時期的兩次會議（第 162 次[141]、
第 163 次[142]）都是集於鼓浪嶼，而且第一次集於鼓浪嶼的會議正值金門淪陷
初期，有如下記載：

——茲因金門淪陷紀事冊未便帶出故無法讀前會錄[143]

頻繁的戰亂，如日軍佔領、古寧頭戰役、幾次大小如八二三等砲戰，都
對許多金門會友造成不得不遠走他鄉或到台灣的狀況。我在山外牧會時，陳
恩賜、陳恩展兩兄弟表示他們的叔公陳侯賽[144]一家約在二戰時移民新加坡，
八二三砲戰後，當時尚年幼的他們與祖母到台灣投靠親人以避風險。金城教
會（即原本的後浦堂會）的何信德長老告訴我，當時他正讀金門高中，即被
疏散，分配到台灣的高中繼續學業，後來才回金門。

其實八二三只是為期一個多月的砲戰，但是繼之而來的是長達二十多年
的單打雙不打[145]，這樣的結果造成金門的社會、經濟、文化均有極大的影響，
成為反共的前哨、跳板，其實是使得原本就地瘠人貧的海島因著冷戰意識型

---

[139] 第 180 次會議，議事錄第二冊頁 59。

[140] 《金門基督教會九十年宣教特刊》，1990:34。

[141] 時間是 1938 年 2 月 22 日，議事錄第二冊頁 37。

[142] 時間是 1939 年 1 月 10 日，議事錄第二冊頁 38。

[143] 第 162 次會議，議事錄第二冊頁 37。

[144] 陳侯賽，金門山外人，為陳恩賜與恩展的祖父陳侯活的兄弟。議事錄顯示他於 1905
年農曆 12 月 6 日受會正林實德牧師施洗（第 15 次會議），1914 年 11 月 21 日被會
眾直接簽選為長老（第 65 次會議），1914 年 12 月 12 日與王文勇被推舉為正副代議
赴大會總會（第 67 次會議），1917 年 2 月 4 日被聘到竹樹腳堂之支會禮拜堂任
傳道，與其妻吳蔭並子女陳靈活、陳賜安、陳碧雲移出往屬竹樹腳堂會。山外曾在
陳侯賽、吳蔭氏夫婦牧養下興築一禮拜堂，就在山外故居附近，現鄉里仍稱該古
厝為「教堂」（閩南語）。後來陳後賽一家移民新加坡。

[145] 亦即每逢日期單日，中共即對金門地區發射砲彈，雙日則停息。

態而更加雪上加霜。長期處在生死存亡壓力下的金門，加上遠超過台灣戒嚴期間的戰地政務實施，人民並無隨意遷徙出入金門的自由，整個金門地區因而所有人事地物都像處在全控組織（total institution）之下，出入金門都要經過申請與批准[146]，形成迥異於台灣的樣貌，直到現在，部分尚未改建的古厝，仍保留當時軍隊佔用留下來的反共標語標記。只是軍事化的結果，也造就了近五十年來，金門教會的發展有許多台灣官兵投入，加入服事的行列的例子。就我所知的有李順長牧師、士林靈糧堂劉群茂牧師、華神院長賴建國牧師、曾任得勝者桃園辦公室李永義主任等都是曾在金門當兵的信徒。但是軍中弟兄的加入服事也造成部分教會本地信徒服事意願的低落，認為只要由軍中弟兄擔起服事的責任就好了，長久以來對教會的發展影響很大。

　　兩岸分隔之後，後浦教會的牧師樓與原本培德小學校舍被政府軍隊佔用，直至蘇華鐸牧師過世前仍惦念著，他的生平記略有如下文字：

> 在他離世前十五小時，身體雖有疾病，精神仍絲毫未減，談笑自如，切望早日再返金，辦清未完成之事（擴建山外教堂，收回培德小學校址及牧師樓）[147]

最後，這些產權的收回是在汪王屏牧師的任內完成[148]，而這歷史的情境，也造成金門教會在信仰資源上極大的問題：1949 到 2003 年只有蘇、汪兩位前後任牧師單獨牧養金門四間教會的情況下，不僅因為教牧人員流動被迫停滯造成牧養上宗教教育與造就需求嚴重不足，使得信徒流失與世俗化問題嚴重，更因為與中華基督教會的淵源不再，使得教會的走向與制度呈現紊亂的景況[149]。戰地政務解除之後，台金飛航蓬勃發展，繼而金廈通航及小三通之後，交通事務繁榮所帶來兩岸三地：台、金、閩基督教會在新舊關係上的連結與回復，其發展趨勢值得密切觀察。

---

[146] 以內子為例，她國中時要到台灣時得經過申請通過，才能乘坐俗稱「開口笑」的平底軍艦來回，航程多半因為等待合適登陸的潮汐水位需要二十多個小時以上。汪牧師 1970 年初自軍中退役下來想在金門牧養教會，他當時需要五戶作保才得以留下。

[147] 見李含盛，1994:頁首與頁 121。

[148] 第 249 次會議，第三冊議事錄頁 5。

[149] 除了上述滴水禮轉為浸禮這樣無關救恩的改變之外，本文所處理的教會懲戒也呈現出疲軟不振與因為缺乏對新進教牧人員的考察制度，造成進用後又解聘的情事。詳見教會懲戒篇第二章第三節教會行政一項的討論。

二、近代金門的社會民俗與教會

　　一般說來,在金門的百姓非常不容易由原本的信仰改宗至基督教,對於基督教的排斥也顯示在鄉里言談之間。在童謠唸歌有些例子表現出對基督教的戲謔、不友善的態度[150]:

　　ABC,落 教 仔 偷 掠　豬(信教者偷抓豬)
　　ABC,loh⁸ kau³ e⁰ thau¹ liah⁸ tir¹
　　掠 幾 隻? 掠 兩　隻(抓幾隻?抓兩隻)
　　liah⁸ kui² ciah⁴? liah⁸ nng⁷ ciah4
　　落 教 仔 偷 搤 壁(信教者偷挖牆)
　　loh⁸ kau³ e⁰ thau¹ iah⁴ piah⁴
　　搤 幾 孔? 搤 兩 孔(挖幾個洞?挖兩個洞)
　　iah⁴ kui² khang¹? iah⁴ nng⁷ khang¹
　　落 教 仔 偷 嫁 尢(信教者偷嫁了人)
　　loh⁸ kau³ e⁰ thau¹ ke³ ang¹
　　嫁 幾 ㄟ? 嫁 兩 ㄟ(嫁幾個?嫁兩個)
　　ke³ kui² e⁵? ke³ nng⁷ e⁵
　　落 教 仔 偷 食　蝦(信教者偷吃蝦)
　　loh⁸ kau³ e⁰ thau¹ ciah⁸ he⁵

　　這個「逗句」(押韻)唸歌非常高明,從看似無關的 ABC 開始,形成一連串變韻的形式與「批糠」(戲謔貶抑)的意圖結構:
　　ABC 的開頭預示了這首唸歌的內容針對的是「洋教」。ABC……之後順著是 D,金門地方閩南語腔調與台灣不同,台灣是近似 D 而金門在 D 後有展唇音[151]。D 就是閩南語的豬,而唸歌開始形成第一個結構:「落教仔」偷○□,也就是信天主教或基督新教者先被歸入一特定族類──落教仔[152],然後

---

[150] 鄭藩派,2006:127-128。
[151] 即是以注音符號「一」的音來發「ㄨ」。董水應,2004:8。
[152] 鄭藩派,2006:128。

說他們偷偷地○（動詞，做一件事）口（受詞，其數量單位的韻腳作為下一個韻的起始）。接下來一連串與數量有關的問答形成第二個結構：由答案的韻引至問題的韻與關係。從豬的數量單位——隻 ciah[4]，到「偷撽壁」（thau[1] iah[4] piah[4]）；因為與「偷撽壁」相關的數量問題是「孔」（khang[1]），因此唸歌提到「偷嫁尢」（thau[1] ke[3] ang[1]）；最後一個數量問題「幾ㄟ」（kui[2] e[5]），回到「蝦」（he[5]）。動詞一律都用「偷」，而且數量都是兩個，表達「落教仔」的貪心和荒謬[153]。

　　金門現有的信徒多是幾代傳承下來的信仰，或者是因為求學、就業需要到台灣後接觸了教會，接受信仰再回鄉居住的。金門人不容易信仰基督教的箇中原因除了縣志所云與「舊俗不合」外，令百姓躊躇的因素多半是來自於宗族與鄉里的壓力，這樣的壓力特別表現在私下的言語批評議論中，成為一種箝制的力量，以維持民風的安全與平衡。在金門，舉凡獨樹一格、特立獨行，與眾不同的言語行徑，都逃不過輿論的議論與檢視。舉個實例來說，內子回憶她小時候，保鮮膜剛開始上市不久的情景，當時就有鄰居因拜拜時以保鮮膜包裹祭品而招來鄉里冷嘲熱諷的事，認為如此好兄弟與祖先怎麼吃得到？直到保鮮防塵的觀念日漸普及，現在大概找不到不用保鮮模包裹的祭品了，只是在金門，任何一種變革與革命性的作法所需要花費的時間真的很漫長。時至今日，金門青年人口外流，也與上述口舌言語四傳與評論的風氣有很大的關係，而這種民眾性格的型塑，島嶼地理特性、宗族社群網絡及長期軍管言論封閉是關鍵因素。

　　近代金門輿論壓力機制下的基督徒，呈現了幾樣面貌：一、教義上的妥協。二、低調的信仰生活。記得我剛到金門時，與另一即將離開金門的牧者交換意見，他便提及他所牧養的教會中，有長老、執事在家裡屋樑上安了八卦鏡、端午節在門前插艾草等違反信仰原則的行徑，經他規勸不但不聽反而生氣，開始與他作對。我日後在家庭聚會中分享此事，與會者即有人表示：「金門的基督徒已經很少了，我們怎麼可以和鄰里相對抗，採取不同的作法呢？我們不拿香拜拜已經很好了」！充分顯示出社群輿論壓力對於信仰團體的影響力與衝擊！信仰生活的低調則顯示在除了上教會做禮拜之外，日常生活中盡量隱藏其基督徒身份、不談論信仰、不參與週間會務，或者不傳福音等狀況。

---

[153] 如「偷」嫁給「兩個」丈夫。

第一章　教會懲戒的信仰論據與現實

　　對於金門後浦教會的歷史有了基本理解之後，本章我將從信仰的「啟示」（經典）、不被看為啟示但卻密切相關的典外文獻，加上「傳統」（依著啟示而衍生的規範），從中理出與教會懲戒的論據。對信仰群體中的集體與個人而言，這些論據將是他們個人生活的準則，也是決定群體治理模式的關鍵要素。

　　經典方面，我將教會概念往前延伸至希伯來經文中「耶和華的會」、「神的子民」等概念，與所有談論到對罪的處理的相關脈絡，並整理分類為三大類型，以供分析之用。典外文獻方面主要從死海古卷與稱為「拿戈・瑪第文集」（the Nag Hammadi Library）[1]裡汲取相關論據。法規論據上，我不僅使用新教的教會法規，更往前追溯天主教的教會法典，將教會懲戒的相關段落呈現出來。所有這些經典論據、法規論據皆呈現出教會懲戒關鍵而獨特的重要地位：簡言之，教會懲戒正確且嚴謹地執行乃是信仰裡的關鍵行動，反之則意味著信仰的嚴重變質。

---

[1]　自 1945 至 1946 年間在埃及尼羅河上游的城鎮偶然發掘出來的一批古抄本，當中有許多靈知主義（Gnosticism）的作品。

第一節　教會懲戒的信仰論據

一、罪與罪人：懲戒的核心問題

　　基督教神學的權威：啟示、理性、傳統與經驗，最具關鍵性與兼具必須性和充足性的只有啟示一樣了。可以說基督教所有的內容都必須與啟示有關係。這啟示便是指聖經而言。在聖經裡面字面上並無「教會懲戒」的詞語，只能從概念入手。如前所述，儘管教會一詞只在新約出現，其概念卻是在舊約便有的；同時就倫理而言，教會的懲戒在聖經裡的論據包含懲戒的目的、項目、方式與對象。

　　首先，教會的懲戒是一種「信仰上對於罪的處理，對於罪人的挽回」。在這裡，我們先簡略地看罪的意思，以下舊約與新約論據都會再仔細審視罪的聖經含意。希伯來聖經中，「罪」主要以「חָטָא（ḥātā'）」來表示，意思是「不中的、迷失、犯罪與贖罪祭[2]」等意思。在宗教意義上，表示人錯過了神所為其定下的目標或標準、未遵守聖潔生活的要求、沒有達到屬靈上的完全。對以色列人來說，罪就是抗拒神的旨意與自私罔顧他人的行為（TWOT，1995:311-312）。新約聖經裡的「罪」，則主要以「ἁμαρτία（hamartia）表示，意思是指對神或人的義路之遠離，可以指罪行本身與其結果、狀態，或描述為具位格化特質的一種權勢、能力（BAGD，1994:31-32）。無論是希伯來經文或新約經文，都強調罪之影響與作為只能以贖罪祭來止息（BAGD，1994:32）。簡單地說，就是罪必需要經過特定方式、條件的處理與過程，才得以解除其影響與作為。

---

[2]　von Rad，2001: I 262-263, 266。von Rad 舉民數記 32:23：「倘若你們不這樣行，就得罪耶和華，要知道你們的罪必追上你們」，指出此字在脈絡中語義具備多面性。

罪的處理在希伯來經文中可以律法書利未記中「五祭」[3]裡的贖罪祭[4]與贖愆祭[5]做為代表，當中最大的特色在於：從發現罪到對於罪的處理完成，整個過程強調人主動悔改認罪的重要性——所有這些經文均強調罪的存在不在乎犯罪者的知悉或認定、立即處理的必要性[6]與正確處理必得赦免[7]。

其次，教會懲戒的基本意義，就是「教會權柄的一種運用[8]」，也就是由信神的人組合起來的群體所運用的權柄。Grudem（1994:887）對教會權柄的定義為：「……是神所給予的權柄以進行屬靈爭戰（spiritual warfare）、宣揚福音（proclaim the gospel）並執行（exercise）教會懲戒」。最後，「教會懲戒的執行是集體性又是個體性的」。因此教會懲戒作為一種教會權柄的運用，其執行的層次是超乎個人範疇的，是不為個人意志所左右的（不是一種「私刑」）。不僅如此，也不是多數人的意志反應的集合（不是一種「公決」），乃是就基督宗教的特性來說，必須回歸信仰經典來加以規範、看待，需要信仰群體的每一個個體，服膺於經典的精神並願意加以實踐的行動。

這一節我將把聖經中符合上述狀況的經文列出，探究聖經對於教會執行懲戒的論述或記載。在本文裡，我所指的教會懲戒是：「在教會的概念與場域之中，所有因罪而有的懲戒行動」。因此我將教會的意涵以「信神者的群體」擴及整本聖經，並找出所有懲戒的事件、論述或指示，將兩種經文並列出來。

---

[3] 就是燔祭、素祭、平安祭、贖罪祭與贖愆祭，見利未記第 1 至 7 章。

[4] 分別為「為會眾」（利未記 4:13-21）、「為官長」（利未記 4:22-26）與「為庶民」（利未記 4:27-35）。

[5] 分別為「不見證所聞之誓」（利未記 5:1）、「摸不潔之物」（利未記 5:2）、「沾染他人的污穢」（利未記 5:3）、「冒失發誓」（利未記 5:4）、「聖物」（利未記 5:14-16）與「犯罪」（利未記 5:17-19）。

[6] 如「會眾一知道所犯的罪就要獻……贖罪祭」（利未記 4:14）、「所犯的罪自己知道了，就要牽……為供物……是贖罪祭」（利未記 4:23-24）、「所犯的罪自己知道了，就要為所犯的罪牽……為供物」（利未記 4:28）、「……有了罪的時候，就要承認所犯的罪，並要因所犯的罪，把他的贖愆祭牲……牽到耶和華面前為贖罪祭。至於他的罪，祭司要為他贖了」（利未記 5:5-6）。

[7] 如「……祭司要為他們贖罪，他們必蒙赦免」（利未記 4:20）、「至於他的罪，祭司要為他贖了，他必蒙赦免」（利未記 4:26）、「祭司要……為他贖罪，他必蒙赦免」（利未記 4:31）、「至於他所犯的罪，祭司要為他贖了，他必蒙赦免」（利未記 5:10）、「至於他在這幾件事中所犯的罪，祭司要為他贖了，他必蒙赦免」（利未記 5:13）、「祭司要用贖愆祭的公綿羊為他贖罪，他必蒙赦免」（利未記 5:16）、「至於他誤行的那錯事，祭司要為他贖罪，他必蒙赦免」（利未記 5:18）。

[8] Grudem，1994:894。

每一處經文按照「段落事件」、「懲戒執行者」[9]、「受懲戒者」[10]、「懲戒行動依據」[11]、「懲戒處置」等列出詳細總表（見附錄一），再以「段落事件」、「懲戒執行者」與「懲戒行動依據」整理出來分析表格。

在這些與教會懲戒相關的經文當中，意義都不大相同。我分為三大經文脈絡[12]，其分類是：

1. 有實際的歷史事件：實際發生歷程的事件記錄，多半這類經文出現在歷史性的記述經文脈絡裡面，其特色是有實際的懲戒執行者與承受者。這類的經文脈絡的意義是作為懲戒經文的實際範例。例如：約書亞記 7:1-26「亞干連累會眾」的段落，亞干最後依照 6:16-19 的約定被以石頭治死，所取之物盡都燒毀。

2. 先知的預言、警告或作者的自省悔改脈絡：針對特定的情境脈絡，作者出於神意的預言或警告，可能最後懲戒發生的時間點並不在文脈的當下。多半出現在先知傳達神旨的段落。特色是懲戒行動依據的是直接的神旨傳達。這類經文脈絡的意義是令人清楚地理解聖潔的重要性。例如：以賽亞書 1:11-20「神不要祭物要悔改」的脈絡，先知針對當時的社會情況發言譴責當時信仰混亂的狀況，並呼籲悔改而非宗教儀禮具備信仰的關鍵性。

3. 規範性、勸誡性與教導性論述：主要為形成一套規範，多半出現在倫理、律法或書信當中。特色是脈絡中常常缺乏實際的懲戒執行者與承受者。這類經文的意義是形成成文規則。例如摩西五經中相當多的律法條文，利未記 4:13-35「論贖罪祭」的類似段落皆是如此。

---

[9] 依照聖經的觀點，特別是像「……在耶和華眼中看為惡，耶和華就叫他死了……（和合）／……冒犯耶和華，被耶和華取了性命……（馮譯）」這樣的話（創世記 38:7，10；44:9），神事實上是懲戒的終極施行者，所以我所列出的施行懲戒者包括上帝。另外，經文裡也發現有非信徒執行懲戒；同時，論述型的經文因是做依規範性敘述，缺乏實際的執行者與受懲者，我的處理是將其空白：若無實際的懲戒在上下文中發生，將被如此處理。

[10] 或作「懲戒承受者」。因教會懲戒的定義乃是一種教會權柄的施行，所以受懲戒者僅限於信神的人或教會內部之人。例外的情況是懲戒執行者與懲戒行動依據都是源自於神的狀況，我也會列入，此外全不計在內。

[11] 我僅以經文上下文所呈現出來的明確懲戒型的依據，除非脈絡顯示否則不探究、推論終極的依據源頭——神。若無明顯顯示依據為何，則不列入計算。

[12] 我必須說明，在取捨經文脈絡時，會有不可避免的個人主觀差異。但是我認為這仍然能一定程度反映出各經文脈絡的區塊。

二、舊約部分

　　在舊約或者希伯來經文[13]裡雖然新約意義的「教會」還未形成，如前所述若以神的子民的群體作為教會的意義，以色列民作為教會已然存在。這部分我依照希伯來經文的分類次序，區分為摩西五經、先知書（其中何西阿書到瑪垃基書為十二小先知書）與聖卷（其中路得、雅歌、傳道書、耶利米哀歌、以斯帖記為五小卷）。首先是摩西五經，也就是律法書的部分，分為創世記、出埃及記、利未記、民數記、申命記五卷書。

摩西五經懲戒經文脈絡統計表

書卷	段落事件與脈絡				懲戒執行者		懲戒行動依據	
	一	二	三	合	神	其他	神	其他
創世記	12	0	0	12	8	4	8	4
出埃及記	4	0	0	4	1	3	2	2
利未記	2	0	8	10	1	1	10	0
民數記	10	0	4	14	8	6	12	2
申命記	0	0	20	20	0	0	1	19
合計	28	0	32	60	18	13	33	27

　　簡單的圖表如下：

---

[13] 晚近學者不以舊約而以希伯來經文稱新教的 39 卷書，且猶太教的經文演變至新教的舊約雖然內容相同，可是次序與經目已經有所更動，對於相信聖經（包含經目次序）完全啟示的猶太教而言，啟示已被人為破壞而不完全了。舉例而言：希伯來經文的雅歌、路得記、傳道書、耶利米哀歌與以斯帖記（合稱為מגלה／megillat，五小卷）脈絡中的主角皆是陰性主詞，位置在כתובים（kethuvim，聖卷）的箴言之後。而箴言最後一個部分便是在敘述才德的婦人（陰性），五小卷在這原來的位置是合理且可理解的，可是基督宗教所做的改變使得原本合理、可理解的脈絡為之改變——這脈絡被猶太人相信為神的啟示之一。

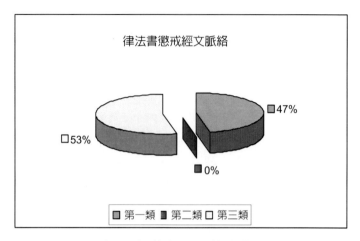

摩西五經懲戒經文脈絡統計圖

　　律法書整體看來，懲戒的執行者與行動依據以神居多，其中利未記由於多是關於規範的制訂論述，上下文中常要以色列民遵令而行，懲戒行動常是神以第一人稱向摩西敘述[14]，因此依據歸類為神；而申命記多是摩西重申神的律法，勸誡警告以色列人，當中的第一人稱多是指著摩西[15]，是最典型的第三類經文脈絡。創世記、出埃及記與民數記則比較多偏向第一類的經文脈絡。第一類經文脈絡佔最多，共有 28 處佔全部 60 段的 47%，第三類經文脈絡有 32 處佔 53%，第二類則完全沒有。這和律法書以歷史記載與規範形成為主的成分相吻合。其中創世記 12 處經文、出埃及記 4 處經文全屬於第一類經文脈絡，申命記的 20 處經文全部都屬於第三類經文脈絡。

　　出埃及記的第一段經文，出埃及記 1:6 到 14:31 這樣的篇幅可說是最大的脈絡區塊了。這一脈絡的懲戒執行者是埃及法老與其埃及相關屬下，承受者是以色列民，我之所以將之列入懲戒脈絡是因為這一連串事件是埃及人對以色列人執行一種懲戒性的行動。相對地申命記 9:1-6 的脈絡雖然具備懲戒性的論述[16]，卻未放入，原因在於雖然懲戒行動依據是源自於神的吩咐，卻是要以

---

[14]　如利未記 4:13-35 這一段落在脈絡上的開頭是該章的起始耶和華對摩西說：「你曉諭以色列人說：若有人⋯⋯」。

[15]　如 13:1-18 這一段落在脈絡上至少可以追遡到 11:32「你們要謹守遵行我今日在你們面前所陳明的一切律例典章」。

[16]　「耶和華──你的神將這些國民從你面前攆出以後，你心裏不可說：『耶和華將我

色列人執行[17]，並未符合於上述懲戒承受者為非信徒時，執行者與依據必須源自於神的原則。

先知書懲戒經文脈絡統計表

書卷	段落事件與脈絡				懲戒執行者		懲戒行動依據	
	一	二	三	合	神	其他	神	其他
約書亞記	1	0	1	2	0	1	0	2
士師記	1	0	0	1	0	1	0	1
撒母耳記	10	0	0	10	6	2	6	3
列王記	29	0	1	30	14	14	21	9
以賽亞書	1	11	0	12	2	2	12	0
耶利米書	2	5	0	7	0	3	4	3
以西結書	0	5	0	5	2	0	5	0
何西阿書	0	2	0	2	0	0	2	0
約珥書	0	1	0	1	0	0	1	0
阿摩司書	0	2	0	2	0	0	2	0
俄巴底亞書	0	1	0	1	1	0	1	0
約拿書	3	0	0	3	3	0	3	0
彌迦書	0	2	0	2	0	0	2	0
那鴻書	0	1	0	1	0	0	1	0
哈巴谷書	0	1	0	1	0	0	1	0
西番雅書	0	1	0	1	0	0	1	0
哈該書	0	1	0	1	0	0	1	0
撒迦利亞書	0	4	0	4	0	0	4	0
瑪垃基書	0	1	0	1	0	0	1	0
合計	47	38	2	87	28	23	68	18

圖表表示如下：

領進來得這地是因我的義。』其實，耶和華將他們從你面前趕出去是因他們的惡。你進去得他們的地，並不是因你的義，也不是因你心裏正直，乃是因這些國民的惡，耶和華——你的神將他們從你面前趕出去，又因耶和華要堅定他向你列祖亞伯拉罕、以撒、雅各起誓所應許的話」（申命記 9:4-5）。

[17] 「……這樣，你就要照耶和華所說的趕出他們，使他們速速滅亡」（申命記 9:3b）。

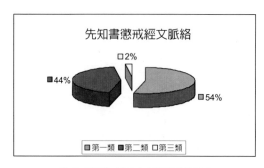

先知書懲戒經文脈絡統計圖

先知書整體來說，懲戒的執行與行動依據仍以神居多。其中第一類經文脈絡佔最多，共有 47 處佔全部 87 段的 54%，第二類經文脈絡有 38 處佔 44%，第二類脈絡經文總共 2 段佔 2%。先知書除去歷史記載性質較強的頭幾卷以及以賽亞、耶利米與約拿書[18]之外，全部都是第二類經文脈絡，和先知書整體的先知論述成分相吻合。不僅如此，先知書的懲戒行動依據以神佔最大部分，這也是與先知書的特性相合。

聖卷懲戒經文脈絡統計表

書卷	段落事件與脈絡				懲戒執行者		懲戒行動依據	
	一	二	三	合	神	其他	神	其他
詩篇	0	18	0	18	14	0	2	12
約伯記	4	0	0	4	1	2	1	0
箴言	0	0	6	6	1	0	1	0
路得記	1	0	0	1	0	0	0	1
雅歌	0	0	0	0	0	0	0	0
傳道書	0	0	0	0	0	0	0	0
耶利米哀歌	0	1	0	1	0	0	1	0
以斯帖記	3	0	0	3	0	1	0	3
但以理書	2	0	0	2	0	0	0	2
以斯拉記	1	0	1	2	0	0	0	2
尼希米記	4	0	0	4	0	2	0	2
歷代志	15	0	1	16	2	4	6	9
合計	30	19	8	57	18	9	11	31

圖表表示如下：

---

[18] 其中以賽亞與耶利米是歷史記載與先知預言、警告的融合。

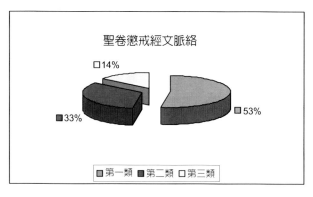

聖卷懲戒經文脈絡統計圖

　　聖卷整體來說，懲戒的執行仍以神居多，而懲戒的行動依據則是以神以外的因素為多。其中仍第一類經文脈絡佔最多，共有 30 處，佔全部 57 段的53%，第二類經文脈絡有 19 處佔 33%，第三類脈絡經文總共 8 段佔 14%。聖卷當中其實有歷史記載成分的經卷很多[19]，我想這是聖卷的第一類經文脈絡仍佔多數的原因之一。而第三經文脈絡的增加，是在於詩篇 18 處經文全屬於這一類經文脈絡所致。這樣看來，聖卷是分佈較為平均的。

　　若以全部希伯來經文來看，簡易圖表為：

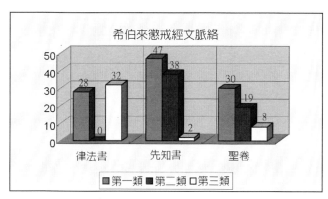

希伯來經文懲戒經文脈絡統計圖

---

[19] 　有路得記、以斯帖記、以斯拉記、尼希米記、與歷代志，而但以理書則是歷史與啟示文學的融合。

在這些經文裡面，特別是第三類經文脈絡的特色是將「罪的處理」的必要性清楚地記載在經文裡面：所有的身份、地位，一旦有了誤失逾犯的情況，沒有人可以置之不理，一定得向耶和華神獻祭贖罪[20]，而遵循指示的誤失逾犯者一定得到赦免——求赦免與蒙赦免的對象都是神，途徑都是悔改與贖罪。

「罪」在希伯來經文多數用以「חָטָא（ḥāṭā'）」這個字來表達，意思是罪惡、悖逆神，以及贖罪祭，主要表示「未遵守神的律法」[21]。另外還有「רָעָה（ra'ah）」，在宗教與道德上的含意指的是「與神的心意相違的行動」，通常是由拒絕神開始的（拜偶像、苦待人民並剝削財產……等）[22]；以及עָוֹן（'āwōn），主要為「罪孽、罪咎感及其刑罰」[23]。「אָשַׁם（'āshem）」則主要繞著罪咎的廣泛含意，從「罪咎的行為、犯罪的情況到懲罰」都包含其中，也有「贖愆祭」的意思[24]。希伯來經文表達罪的這幾個字的多半同時指稱罪行與贖罪法（也就是獻祭）是很大的特性，與「שׁוּב（shûb）」相同有同字反義的現象，意思按照上下文可以是「轉向神」（悔改），或是「轉離神」（悖逆）[25]。

三、兩約之間

Overman[26]與蔡彥仁[27]指出在死海古卷裡有部分文獻反映了懲戒的相關條文，分別是在 1QS[28]〈昆蘭社群條規〉（Rule of Community）與〈大馬士革文件〉（Damascus Document）。其中死海古卷的部分[29]有關於懲戒之確切作法與期間的說明：

---

[20] 特別可見於利未記關於獻祭規範的敘述。
[21] TWOT，1995:312。
[22] TWOT，1995:971。
[23] TWOT，1995:734。
[24] TWOT，1995:90-91。
[25] TWOT，1995:1032-1033。
[26] NRSV，2001:35。
[27] 2001:161-162。
[28] 指發現在死海昆蘭第一窟的文件手稿，學術界以 1QS 代稱。〈昆蘭社群條規〉不僅在此發現，也在 4Q255-64，4Q280, 286-7，4Q502，5Q11, 13 發現相對不完整的片段（DSS，1998:97）
[29] 英文譯文依據 DSS，1997:107-110，因篇幅因素未列出；中文譯文依據黃根春，2004:464-468。

若有人在財產的事上故意撒謊，他就一年不可在會中分享聖潔的餐，還要罰他四分之一的膳食供應。

若有人回答鄰舍時冥頑不靈，或說話無禮，以至於傷害了別人的尊嚴，違背了上級的吩咐，他就等於蔑視律法。按此他要苦行贖罪一年，（並驅逐出會）。

無論基於恐慌或任何理由，若有人在讀經或頌讚的時候不莊重地呼喊至高者，尊貴的名，他就當被驅逐出會，以後永不可回來。

若有人向名字記在冊上的祭司發怒，或說他的壞話，便要罰他苦行贖罪一年，為了他靈魂的好處，他不能在苦行期間到會中分享聖潔的餐。但假如他的說話是無意的，他只須苦行贖罪半年。

故意說謊的，要苦行贖罪六個月。

故意並無理侮辱鄰舍的，要苦行贖罪一年，並要驅逐出會。

故意用言語或行為欺騙鄰舍的，要苦行贖罪六個月。

人如果未能盡心照顧鄰舍，就要苦行贖罪三個月。但他如果未能盡心照顧社群的資產，因而導致損失，就要如數賠償，如果他無法賠償的話，就要苦行贖罪六十天。

無理向鄰舍懷恨的，要苦行贖罪六個月／一年；無論是什麼事，凡自行向鄰舍報復的，同樣要苦行贖罪六個月／一年。

說話愚昧的，要苦行贖罪三個月。

在鄰舍發言時中斷其說話的，要苦行贖罪十天。

在全體會員的集會中躺下睡覺的，要苦行贖罪三十天。在集會期間無故早退三次的，要苦行贖罪十天。若他在會眾仍然站立時離去，就當苦行贖罪三十天。

如非迫不得已而在鄰舍面前赤身露體的，要苦行贖罪六個月。

在集會進行期間吐唾液的，要苦行贖罪三十天。

如果有人沒把衣服穿好，以致從衣服裡伸手出來的時候露出肉體，他就當苦行贖罪三十天。

無端端傻笑的，要苦行贖罪三十天。

在言談時伸出左手作手勢的，要苦行贖罪十天。

若有人毀謗鄰舍，他一年當中不可到會中分享聖潔的餐，並要苦行贖罪。若有人毀謗整個社群，就當被逐出去，從此不能回來。

若有人低聲抱怨社群的權柄，他也要被逐出去，從此不准回來。他若無理抱怨鄰舍，就當苦行贖罪六個月。

假如有人在面對本會的權威時膽戰心驚，以致離棄真理，隨從頑固的心而行，但他後來悔改歸正了，他就當苦行贖罪兩年。在第一年期滿之前，他不能到會中分享聖潔的餐；在第二年期滿之前，他不能分享聖潔的杯，並要坐在全體會員後面。兩年期滿之後，他的個案需要經過全體會員審議。如蒙接納，他的名字便可按級別記在冊上，而他也復得查考律法的權利。

若有人加入公會超過十年的人跌倒了，甚至背棄本會，離開眾弟兄而隨從頑固的心靈而行，他從此不能返回社群的公會。若有會中的其他成員曾享用他的食糧或財物，就是全體會員……，他將承受同樣的懲罰，必被驅〔逐出會〕。

本會的公會（或譯：審議會、議會）由十二名平信徒和三名祭司組成，他們必須精通律法，而本人的行為合乎真理、公義、公正、仁愛和謙卑的準則。他們要用堅定而溫柔的心在地上保存信仰，又要實踐公義，忍受苦難，藉此為眾人贖罪。他們要按照真理的標準和當下的規範與世人同行。

要以色列人中有這樣的人，本會的公會便能在真理中建立起來，成為永生的枝子、以色列聖潔的家、亞倫至聖的聖會。他們要在審判日作真理的見證人，他們是上帝美善旨意所揀選的聖名，他們要為大地贖罪，使罪人受懲罰。他們的公會就是試驗過的石牆，是穩固的根基，寶貴的房角石（以賽亞書 28:16）。這要成為亞倫最聖潔的居所，是公義聖約的永恆知識的所在之處，也是發出馨香之氣的地方。它要成為以色列人真理和完備的

家，讓他們按照永恆的律例典章與上帝立約。以色列要作上帝喜悅的祭，為大地贖罪，向惡人做出審判，以致地上不再有罪惡。公會的成員要就社群的基要信仰接受兩年的培訓，直到他們在完備的道上得以穩固，之後他們便要分別出來，在公會中成為聖潔的。詮釋律法的教師可以把向以色列的平信徒所隱藏的啟示告訴他們，因為他們必不離棄上帝的道。

當他們成為本社群的成員，並按照一切規章而行，他們便要離開罪人的住處，進入曠野預備上帝的路，正如經上記著說：在曠野預備……的路，在沙漠地修平我們上帝的道（以賽亞書 40:3）。這（道）就是學習上帝藉摩西的手所頒佈的律法，以致能按照上帝在歷世歷代所作的啟示而行，正如眾先知藉上帝的聖靈所啟示的。

凡進入社群聖約而成為本會會員的，若有人故意背棄本會的教導，無論是基於什麼樣的理由，都要受懲罰。他也不能到聖潔的會中分享聖潔的餐，也不能到會中聽取意見和教訓，直到他的罪惡得潔淨，而他重新行在完全的道上。經過全體會員的決定，他可以再次加入公會，恢復他的級別。這例適用於所有加入社群的人。

這是完全聖潔的人彼此交往時應遵守的守則

如果有人加入了聖潔的議會（Council of Holiness），即按照上帝的吩咐行走完全道路（之人的議會），後來卻故意或疏忽而違背了摩西律法書中的任何一句話，不論他所違背的是什麼，他都要被逐出社群的公會，從此不能回來。聖潔的人不可與他的財產有任何瓜葛，也不可向他徵詢意見。但如果他的錯誤是無心之失，那麼他只需停止參與公會和分享聖潔的餐，並按照（以下的）規則受處分。在兩年之內，他不能參與判決的事，也不能徵詢公會的意見。但他若在這段時間改過自新，在行為上達至完善的地步，並且兩整年不再犯無心之失，那麼經過全體會員的審裁，{他便可以重新參與}（4Q258）諮詢（的議會）和公會。如果他（只是）無意中犯了一次錯失，他要苦行贖罪兩年。但故意犯罪的人將永遠不能返回社群的公會，只有不是故意犯罪的人才有機會接受兩年試驗期的考驗，好叫他的思想和行為得到矯正，成為完全，正如全體會員所裁決的。兩年期滿，他可以在聖潔的會中恢復從前的級別。

人若遵行這一切的守則，在以色列成為本社群的成員，他們就可以在永恆的真理中培育聖潔的心靈。他們要為大地的叛逆和不忠祈禱贖罪，好叫上帝的仁愛臨到大地，他們的祈禱就是祭，且比燔祭的祭牲和脂油更美。合宜的祈禱好比公義的馨香之氣，完全的樣式好比甘心樂意獻上的祭，都是上帝所喜歡和悅納的。那時，社群的成員要將一個聖潔的居所分別出來，使它與最聖潔的物和以色列人的殿聯合，歸與行走完全道路的人。唯獨亞倫的子孫能掌管公義和財物的事，也只有他們能決定社群成員的一切守則。

至於行走完備道路之聖潔會眾的財產，當然不能與惡人的財物混在一起，因惡人沒有從罪惡中分別出來，他們的生命敗壞，離棄了完全的道路。聖潔的會眾絕不能離開律法的勸誡而隨從頑固的心而行，卻要遵行社群的基本章則和規條，即本社群的成員從起初就學習的，直到以色列興起另一位先知，即從亞倫的子孫而來的彌賽亞。

在這些條規當中，我們可以見到教會懲戒的雛形。整理這些條文，可依照處罰的期間區分，有下列幾種：

一、十天的苦行贖罪：分別是「鄰舍發言時中斷其說話」、「集會期間無故早退三次」、「言談時伸出左手作手勢」；

二、一個月的苦行贖罪[30]：分別是「全體會員的集會中躺下睡覺」、「會眾仍然站立時離去」、「集會進行期間吐唾液」、「從衣服裡伸手出來時露出肉體」、「無端傻笑」；

三、兩個月的苦行贖罪：「未盡心照顧社群資產而致損失而無法賠償」；

四、三個月的苦行贖罪：分別是「說話愚昧」與「未盡心照顧鄰舍」；

五、六個月的苦行贖罪：分別是「說謊」、「用言語或行為欺騙鄰舍」、「無理抱怨鄰舍」、「無意地向祭司發怒、說壞話」、「鄰舍面前赤身露體」；

六、六個月到一年的苦行贖罪：分別是「向鄰舍懷恨」、「自行向鄰舍報復」；

七、一年的苦行贖罪：分別是「在財產的事上故意撒謊」、「回答鄰舍冥頑不靈，或說話無禮，以至傷人尊嚴，違背上級吩咐—等於蔑視律法」、「無理侮辱鄰舍」、「毀謗鄰舍」、「向祭司發怒、說壞話」；

---

30 前三項的類別都是在集會中的脈絡。

八、永遠驅逐不得回來：分別是「妄稱神名」、「毀謗整個社群」、「低聲抱怨社群的權柄」；

九、不牽涉時間：「未盡心照顧社群資產而致損失[31]」。

若是以誤失逾犯的類別來區分，則有：

一、與鄰舍有關：分別是「鄰舍發言時中斷其說話」、「未盡心照顧鄰舍」、「用言語或行為欺騙鄰舍」、無理抱怨鄰舍」、「向鄰舍懷恨」、「自行向鄰舍報復」、「回答鄰舍冥頑不靈，或說話無禮，以至傷人尊嚴，違背上級吩咐──等於蔑視律法」、「毀謗鄰舍」；

二、與社群或集會有關：分別是「未盡心照顧社群資產而致損失而無法賠償」、「毀謗整個社群」、「低聲抱怨社群的權柄」、「未盡心照顧社群資產而致損失」、「集會期間無故早退三次」、「全體會員的集會中躺下睡覺」、「會眾仍然站立時離去」、「集會進行期間吐唾液」；

三、與誠信與姿態有關：分別是「說謊」、「在財產的事上故意撒謊」、「言談時伸出左手作手勢」、「無端傻笑」、「從衣服裡伸手出來時露出肉體」、「鄰舍面前赤身露體」；

四、對神與神職人員的態度：「妄稱神名」、「無意的向祭司發怒、說壞話」、「向祭司發怒、說壞話」；

五、與言語有關：「說話愚昧」。

從以上的規條與分析，可以看出昆蘭社群的內部在彼此的關聯與聖潔的追求上，表現出相當強的動機。

四、新約部分

新約的經文當中，「教會」的現代含意儼然成形。關於懲戒的出處，我簡單區分為「福音書與歷史」（四福音加上使徒行傳）、「書信與其他[32]」兩部分，其經文脈絡依然與希伯來經文的區分一樣：

---

[31] 需要如數賠償。

[32] 或許這一分類不見得所有人都同意，如某些書卷沒有書信格式，以及啟示錄難以歸類等等問題，但我只是要一個大致的區分，並非要精細的類型。

一、有實際的歷史事件：如使徒行傳 5:1-11 亞拿尼亞、撒非喇夫婦「欺哄聖靈」事件，彼得在脈絡中依據神的旨意對此夫婦施行懲戒，兩人先後仆倒而死。

二、先知的預言、警告或作者的自省悔改脈絡：如馬太福音 10:17-20「警戒受懲戒之時」的段落，耶穌要信祂的人將來被帶至公會審問、懲戒時，「不要思慮說什麼」。

三、規範性、勸誡性與教導性論述：如哥林多前書 5:9-13「不要與惡人相交」的段落，保羅要信徒將惡人趕出。

福音書與歷史懲戒經文脈絡統計表

書卷	段落事件與脈絡				懲戒執行者		懲戒行動依據	
	一	二	三	合	神	其他	神	其他
馬太福音	3	3	6	12	2	2	11	1
馬可福音	2	0	0	2	1	1	1	1
路加福音	4	1	0	5	1	1	4	1
約翰福音	8	1	0	9	1	4	4	3
使徒行傳	15	0	0	15	1	11	4	10
合計	32	5	6	43	6	19	24	16

圖表表示如下：

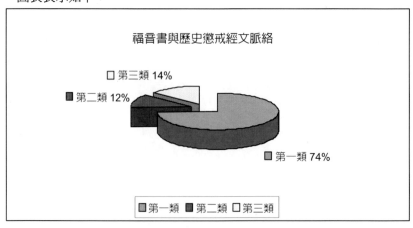

福音書與歷史懲戒經文脈絡統計圖

　　新約經文中的福音書與歷史，第一類經文脈絡在全部 42 處經文中佔了 31 處為 74%，第二類經文脈絡有 5 處佔了 12%，第三類經文脈絡有 6 處為 13%。第一類經文脈絡最多的原因，是因為福音書與歷史的本質本身就有很強烈的歷史紀錄性質在當中。而基督宗教做為猶太教的延續、拓展與更新，在這塊經文段落當中自然也包括了規範論述[33]（第二類經文脈絡）與在初代教會起始斬釘截鐵的危機處理[34]，以澄清、確認整體信仰的核心價值。

書信與其他懲戒經文脈絡統計表

書卷	段落事件與脈絡				懲戒執行者		懲戒行動依據	
	一	二	三	合	神	其他	神	其他
羅馬書	0	3	1	4	2	1	3	0
哥林多前書	0	3	4	7	0	0	1	6
哥林多後書	0	1	2	3	0	0	1	2
加拉太書	1	0	1	2	0	1	1	0
以弗所書	0	0	1	1	0	0	0	1
腓立比書	0	0	0	0	0	0	0	0
歌羅西書	0	0	1	1	0	0	0	1
帖撒羅尼迦前	0	0	2	2	0	0	0	2
帖撒羅尼迦後	0	0	1	1	0	0	0	1
提摩太前書	1	0	3	4	0	0	0	3
提摩太後書	0	0	2	2	0	0	0	2
提多書	0	0	5	5	0	0	0	5
腓利門書	0	0	0	0	0	0	0	0
希伯來書	0	1	4	5	0	0	1	4
雅各書	0	0	5	5	0	0	0	5
彼得前書	0	0	2	2	0	0	1	1
彼得後書	0	0	1	1	0	0	0	1
約翰壹書	0	0	3	3	0	0	0	3
約翰貳書	0	0	1	1	0	0	0	1
約翰參書	1	0	0	1	0	1	0	1
猶大書	0	0	1	1	0	0	0	1
啓示錄	0	5	0	5	5	0	5	0
合計	3	13	41	57	7	3	13	40

---

[33] 如馬太福音 5:1-6:8 的「登山寶訓」段落。
[34] 如使徒行傳 5:1-11 的「欺哄聖靈」段落。

圖表表示如下：

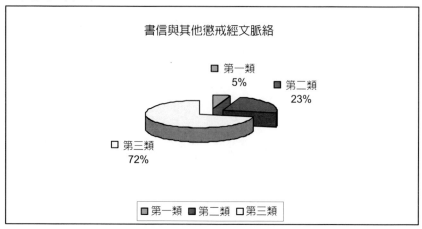

書信與其他懲戒經文脈絡統計圖

　　書信與其他，整體看來和之前所有的經文區塊的脈絡分佈完全不同；第三類經文脈絡的比重大幅超之前第一、二類的經文脈絡，在全部 53 處脈絡中有 38 個佔了 71%。第一類經文脈絡則只有 2 處佔了 4%，在所有的經文區塊的脈絡分佈中唯一居於最低比例。第二類經文脈絡為 13 處佔 25%。整體新約懲戒經文脈絡為：

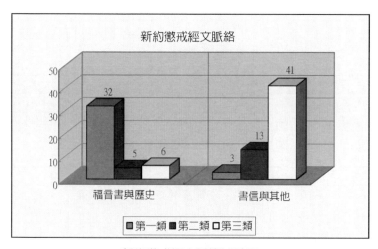

新約懲戒經文脈絡統計圖

在新約希臘文中，「罪」主要就是：「ἁμαρτία（hamartia）」，指「罪本身與其結果」、「迷惑人導致毀滅的能力」[35]。與希伯來經文完全相同，新約懲戒經文將「罪的處理」的必要性在經文裡面記載得非常清楚：所有的身份、地位，一旦有了誤失逾犯的情況，沒有人可以置之不理，一定得向神悔改，而遵循指示的誤失逾犯者一定得到赦免——求赦免與蒙赦免的對象都是神，途徑都是悔改。不同的是贖罪的部分由耶穌基督的救贖行動取代，再不需要再以獻祭贖罪了。

然而新約聖經的教會懲戒論據事實上比希伯來經文更加嚴苛，以現在基督徒非常熟悉的耶穌給的新命令為例，耶穌受難前在最後晚餐中說：

> 我賜給你們一條新命令，乃是叫你們彼此相愛；我怎樣愛你們，你們也要怎樣相愛。你們若有彼此相愛的心，眾人因此就認出你們是我的門徒了[36]。

這新命令在於耶穌要信他名的人「彼此相愛」，且是用耶穌怎樣愛他們的方式，「怎樣相愛」問題在於耶穌愛人的方式，其實是一種：為了人的罪問題之解決，願意走十字架的道路為人付出生命，使信他的人「不致滅亡反得永生」[37]的愛，簡單說便是為了挽回罪人付出代價的愛。約翰壹書 3:16 的脈絡中也是如此顯示：

> 主為我們捨命，我們從此就知道何為愛；我們也當為弟兄捨命。

愛在這裡的含意是主為我們捨命，這裡的我們「也當為……」就是前述新命令的延伸模式。之後的約翰壹書 4:9-10 也說得很清楚：

> 神差他獨生子到世間來，使我們藉著他得生，神愛我們的心在此就顯明了。不是我們愛神，乃是神愛我們，差他的兒子為我們的罪作了挽回祭，這就是愛了。

這裡進一步說主為我們做「挽回祭」就是愛了，而神愛我們的心顯明在於讓耶穌受苦使我們得生這一事上。這樣看來，新命令即使不是照字面來說人只能以這種愛愛一次[38]，至少有為人的罪之挽回付上代價的強烈意味。故此，新命令做

---

[35] BAGD，1994:31-32。
[36] 約翰福音 13:34-35。
[37] 約翰福音 3:16「神愛世人，甚至將他的獨生愛子賜給他們，叫一切信他的不致滅亡反得永生」。
[38] 吳道宗，2007:422，以及該書 417 頁以下的相關討論。

為全體基督徒一同領受的命令,使得最直接實踐新命令的行動─教會懲戒就不僅僅是牧者、長執、教會領袖的責任與義務,而當是所有信徒努力的目標才是。

五、整體的聖經論據

整體希伯來經文與新約經文有關懲戒的經文脈絡如下:

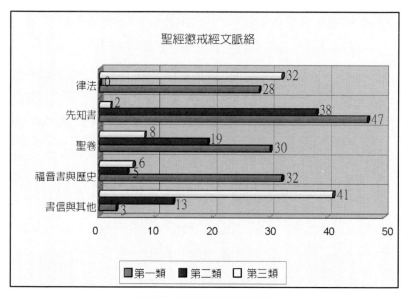

聖經懲戒經文脈絡統計圖

在總共 299 處經文脈絡當中,教會懲戒的處理程序、模式與目標效應最典型的呈現地方便是馬太福音第 18 章整章[39],以下我將對這一段最有代表性的經文詳細詮釋。

在詮釋以先,需要先將幾個事實放在心中以增進理解。首先,新舊約聖經原先都是沒有章節的,現代所見的章節區分都與成書成卷的時間相比相對

---

[39] 我按照聯合聖經公會出版的第四版希臘文聖經(*UBSGNT*,4th Edition)的經文段落分為五段:1-5,6-9,10-14,15-20,21-35,並將節號以上標、粗斜體的阿拉伯數字標明。

晚了許多，並且個別版本的章節不盡相同。因此，實際脈絡的意義大於章節分段的標明意義。其次，印刷聖經加上許多晚近進編者所加上各段落小標題，不必然代表該段落自成一段。

許多的釋經學者都將馬太福音第 18 章分成若干不同的段落來詮釋[40]，然而我認為整個馬太福音第 18 章是一個扣連得相當緊的脈絡，唯有合在一個脈絡之下才較能合理地理解與詮釋這一整段的經文[41]。

> _1_當時，門徒進前來，問耶穌說：「天國裏誰是最大的？」_2_耶穌便叫一個小孩子來，使他站在他們當中，_3_說：「我實在告訴你們，你們若不回轉，變成小孩子的樣式，斷不得進天國。_4_所以，凡自己謙卑像這小孩子的，他在天國就是最大的。_5_凡為我的名接待一個像這小孩子的，就是接待我。」

這一章的經文從一個問題開始，也從一個問題的解答結束。這第一個問題便是：門徒中誰是最大的？在對觀福音當中相應的脈絡有馬可福音 9:33-37 以及路加福音 9:46-48，但都與這裡有些許差異：1.只有這裡是門徒問耶穌問題，馬可與路加都說明白門徒當中起了爭論／議論[42]，被耶穌看出卻不願意說出來；2.除了這裡以外，其他兩處的問題都是關於當下門徒中的大小，而沒有提到天國裡的大小。

耶穌並不單純地針對問題「天國裡哪一個是最大的」回答「這一個」或「那一個」，而是將問題拉得更高：怎樣才能進天國？因為照著門徒的脈絡來說，進得了天國才能比大小吧！耶穌舉了兩個例子，第一個以一個小孩子為例，只要「自己謙卑像這小孩子的」，那人不僅會在天國裡，還會是「最大的」。第二個是把這樣的小孩子和他自己聯繫起來，接待這樣的小孩就是接待耶穌。這一段落由「誰是最大的」引發出後續一連串的論述，其重點便在於「微小者的地位[43]」：人的眼裡看重的是大、重要、傑出，而信仰裡重視的是人的樸素本質，因此即便微小、軟弱如孩子都被看重。

---

[40] 如 Beare（1987:373-383）、Keener（1999:447-461）、Nolland（2005:729-762）等都將馬太福音 18 章的脈絡分開處理，且大多是按照新約希臘文聖經的段落分段詮釋。

[41] 如 Luz（2001:421-483）便將整個馬太福音 18 章放在「信徒團契的論述」（the Community Discourse）；Brown（1997:172; 191-193）則放在「論教會」（Sermon on the Church）；Gundry（1994:358-375）是放在「教會裡的手足之情」（Brotherhood in the Church）。

[42] 馬可福音 9:33-34；路加福音 9:46-47a。

[43] 馬太福音 25:14-30 也是類似的思想脈絡。

6「凡使這信我的一個小子跌倒的,倒不如把大磨石拴在這人的頸項上,沉在深海裏。*7*這世界有禍了,因為將人絆倒;絆倒人的事是免不了的,但那絆倒人的有禍了!*8*倘若你一隻手,或是一隻腳,叫你跌倒,就砍下來丟掉。你缺一隻手,或是一隻腳,進入永生,強如有兩手兩腳被丟在永火裏。*9*倘若你一隻眼叫你跌倒,就把它剜出來丟掉。你只有一隻眼進入永生,強如有兩隻眼被丟在地獄的火裏。」

這一段的脈絡開始清楚地和罪相關,因此此一段的論述需要從與罪相關的概念來理解。上一段講到微小者的地位是重要的,既然是重要的,使這微小者「跌倒」(在脈絡裡便是導致微小者陷入罪的意思)便是「很嚴重」的事。而在信仰裡面正是自己先陷入罪裡,才會/能導致他人陷入罪裡面。

因而 8-9 可以說是同時對「讓人跌倒的」和「被人絆倒的」的訴求:陷入罪唯一的解決之道便是態度果斷地採取行動與罪劃清界限(砍/剜下來丟掉)。

10「你們要小心,不可輕看這小子裏的一個;我告訴你們,他們的使者在天上,常見我天父的面。〔有古卷加[44]:*11*人子來,為要拯救失喪的人。〕*12*一個人若有一百隻羊,一隻走迷了路,你們的意思如何?他豈不撇下這九十九隻,往山裏去找那隻迷路的羊嗎?*13*若是找著了,我實在告訴你們,他為這一隻羊歡喜,比為那沒有迷路的九十九隻歡喜還大呢[45]!*14*你們在天上的父也是這樣,不願意這小子裏失喪一個。」

學者對於 12-14 節的詮釋常常與路加福音 15:4-7 的詮釋一起,被認定對 Q[46](Quelle,為德語根源、起源、出處、來源、原始資料等意思)的採用,認為這一段「迷羊比喻」出於〈多馬福音〉107 語錄[47]或都有出現(Luz,

---

[44] Metzger(2001:36-37)認為 11 節有一點可疑(there can be little doubt),因為許多代表最早的經文證據(witnesses),如亞歷山大(Alexandrian)、Egyptian(埃及)與安提阿(Antiochian)經文類型(textual types)當中,都缺少這一句「遺漏經節」(omit verse),並認為明顯是由路加福音 19:10「人子來,為要尋找,拯救失喪的人」借用,以調和 10 與 12-14 節。

[45] 許多學者如 Nolland(2005:740)認為這段(v.12-14)明顯採用了路加福音(15:3-7)的迷羊比喻脈絡,但新約學者 Brown 認為沒有內在證據顯示路加或馬太孰為較早寫成(1997:273)。

[46] 這是一個假設性的語錄底本,認為對觀福音中有許多類似的記載應該是肇因於有一份原始資料,在寫作的過程中成為作者們的參考。但是這個假設並無法在學者間對 Q 確切的範圍與性質達成共識(馬歇爾,2006:48),部分學者認為就是指《多馬福音》。

[47] Koester 在 Nag Hammadi Codices 裡為〈多馬福音〉寫的導論附有與對觀福音的平行

2001:438）。現存的〈多馬福音〉只有較為完整的科普替文（Coptic）版本與相對不完整的希臘文版本。在 The Coptic Gnostic Library: A Complete Edition of the Nag Hammadi Codices Volume II 書裡可以找到這兩個版本的文本[48]，可惜 107 節不見於希臘文版本，無法與馬太、路加福音的相應段落做直接對照。〈多馬福音〉107 裡的「迷羊比喻」如下[49]：

> 耶穌說：「天國就像一個有一百隻羊的牧人。有一隻羊，就是那最後一隻走迷了，他就撇下那九十九隻去尋找牠，直到找著為止。當他經歷這些艱辛的時候，他對那羊說：『我看顧你甚於其餘的九十九隻』」[50]。

馬太福音 18:10-14 這一段再度強調微小者的重要性，並點出這一章第一個重點：「人子來，為要拯救失喪的人」（11）。從經文艦別的成果來看，第 11 節是後期加入的語句[51]，因此有學者撰寫註釋書僅僅將 UBSGNT 經文艦別的校勘欄資料寫上，此外完全不對這一節做討論而直接略過，或完全不作處理[52]。本段脈絡以「迷羊比喻」來說明強調微小者地位，與之前的「看重小孩／子」的論述相呼應：一隻迷羊與九十九隻安穩在圈中的羊群，其對比是非常強烈的。而且也更加深入地把這對微小者的重視，導引到「不願意一人沉淪[53]」的層面。

> [15]「倘若你的弟兄得罪你[54]，你就去，趁著只有他和你在一處的時候，指出他的錯來。他若聽你，你便得了你的弟兄；[16]他若不聽，你就另外

經文，見羅賓遜等，2000:150；Robinson，2000:48。

[48] 科普替文版包含的語錄 1-114，希臘文版語錄為 1-7，24，26-30，31-33，36-40，77 等，但是許多是殘缺不全。見羅賓遜等，2000:151。

[49] 我所依據的版本是由 James M. Robinson 帶領編輯的 *The Coptic Gnostic Library: A Complete Edition of the Nag Hammadi Codices Volume II*，收錄文集編號 II，頁 91 :Jesus said, "The kingdom is like a shepherd who had a hundred sheep. One of them, the largest, went astray. He left the ninety-nine and looked for that one untile he found it. When he had gone to such trouble, he said to the sheep, 'I care for you more than the ninety-nine.'"

[50] 羅賓遜等，2000:169。

[51] *UBSGNT*，1994:67；Aland，1989:298, 301, 309；Metzger，2001:36-37。

[52] Nolland，2005:739-742；Luomanen，1998:240-242。我並不認同這樣的作法，因為在我分析經文結構的過程中發現，第 11 節的存在有另外的支持性看法，由於需要以整章的結構來說明，稍後即將討論。

[53] 彼得後書 3:9「**主所應許的尚未成就，有人以為他是耽延，其實不是耽延，乃是寬容你們，不願有一人沉淪，乃願人人都悔改**」。

[54] 原來是「犯了罪」，見呂振中譯本、新譯本與 NASB。

帶一兩個人同去，要憑兩三個人的口作見證，句句都可定準。[17]若是不聽他們，就告訴教會；若是不聽教會，就看他像外邦人和稅吏一樣。[18]我實在告訴你們，凡你們在地上所捆綁的，在天上也要捆綁；凡你們在地上所釋放的，在天上也要釋放。[19]我又告訴你們，若是你們中間有兩個人在地上同心合意地求甚麼事，我在天上的父必為他們成全。[20]因為無論在哪裏，有兩三個人奉我的名聚會，那裏就有我在他們中間。」

這一個段落，分為兩個部分。第一個部分可以說是教會懲戒的標準程序與原則[55]的說明[56]，且是以挽回（restoration）為考量所採取的行動[57]。第二個部分常常被與第一部份割裂開來，使得脈絡中的「捆綁……釋放……成全……在中間」獨立出教會懲戒的脈絡[58]，實則第二部分仍應當放在一貫的教會懲戒脈絡來看比較恰當[59]。

之前脈絡中已經暗示：無論令人跌倒的或被人絆跌的，他們唯一的的解決之道便是態度果斷地採取行動與罪劃清界限，而這一段落則是說明其他在信仰群體裡的人可以在這當中扮演適當的角色。從一連串的行動敘述：你「就去……」、「就得了」、「就另外帶……」、「就告訴教會……」、「就看他像……」，與這些行動的先行情境：「若你的弟兄犯罪……」、「若他聽你……」、「若他不聽……」、「若是不聽另外帶人……」、「若不聽教會」，其中的關鍵都指向一個方向：逾失誤犯者是否聽勸？而聽勸的意義在於逾失誤犯者的可／會／得被挽回。

值得注意的是在整個懲戒程序流程當中，一開頭的逾失誤犯者若在流程中一直無法成為被挽回的對象，經文脈絡當中字面上他／她就得成為被隔斷者（待他向外邦人與稅吏一樣），實則在信仰裡兩者都是耶穌救恩預備臨及的對象[60]。我以簡圖表示如下：

---

[55] 在死海古卷裡的的社群規條相關書卷 1QS 5:24-6:1；CD 9:2-8, 16-20 都可見到相似的程序與規則。見 Brown，1997:193；英文翻譯見 DSS，1998:105, 137-138。

[56] Brown，1997:192-193，但是 Brown 的脈絡包含 21-22 節；巴克萊，1996:204-206。

[57] Nolland，2005:743。

[58] 巴克萊，1996:204-206。

[59] Nolland 認為 18 節的「捆綁與釋放」是 16:17-19（耶穌對他說：「西門·巴·約拿，你是有福的！因為這不是屬血肉的指示你的，乃是我在天上的父指示的。我還告訴你，你是彼得，我要把我的教會建造在這磐石上；陰間的權柄，不能勝過他。我要把天國的鑰匙給你，凡你在地上所捆綁的，在天上也要捆綁；凡你在地上所釋放的，在天上也要釋放」）的重覆，對象從單數個人的彼得轉至複數的信仰群體「教會」，脈絡也轉至適用於挽回犯罪的弟兄姊妹。2005: 748-751。

[60] 馬太自己當年就是稅吏，且在仍為稅吏時被耶穌呼召進入門徒群體。Brown，

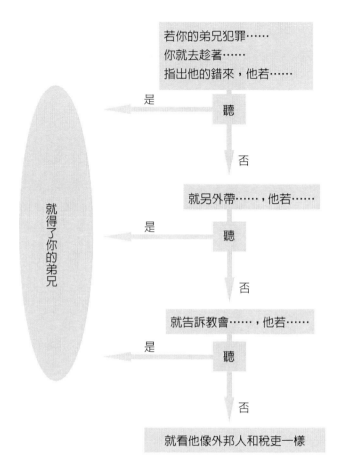

若你的弟兄犯罪……
你就去趁著……
指出他的錯來，他若……

是

聽

否

就另外帶……，他若……

是

聽

否

就告訴教會……，他若……

是

聽

否

就看他像外邦人和稅吏一樣

就得了你的弟兄

馬太福音 18 章 15-17 懲戒程序示意圖

　　這樣看來，教會懲戒程序是一個確立救恩之果的不斷循環的過程：一旦（犯罪的弟兄）被挽回，就得著此人；無法挽回，則當此人為未信者（外邦人與稅吏[61]），讓福音宣教的過程重來一次[62]。

　　[21] 那時，彼得進前來，對耶穌說：「主啊，我弟兄得罪我，我當饒恕他幾次呢？到七次可以嗎？」[22] 耶穌說：「我對你說，不是到七次，乃是到七

1997:193。
[61] 恰恰好這就是屬於福音要拯救的範圍之內。
[62] 巴克萊，1996:206。

85

十個七次。²³ 天國好像一個王要和他僕人算帳。²⁴ 才算的時候，有人帶了一個欠一千萬銀子的來。²⁵ 因為他沒有甚麼償還之物，主人吩咐把他和他妻子兒女，並一切所有的都賣了償還。²⁶ 那僕人就俯伏拜他，說：『主啊，寬容我，將來我都要還清。』²⁷ 那僕人的主人就動了慈心，把他釋放了，並且免了他的債。²⁸「那僕人出來，遇見他的一個同伴欠他十兩銀子，便揪著他，掐住他的喉嚨，說：『你把所欠的還我！』²⁹ 他的同伴就俯伏央求他，說：『寬容我吧，將來我必還清。』³⁰ 他不肯，竟去把他下在監裏，等他還了所欠的債。³¹ 眾同伴看見他所做的事就甚憂愁，去把這事都告訴了主人。³² 於是主人叫了他來，對他說：『你這惡奴才！你央求我，我就把你所欠的都免了，³³ 你不應當憐恤你的同伴，像我憐恤你嗎？』³⁴ 主人就大怒，把他交給掌刑的，等他還清了所欠的債。³⁵ 你們各人若不從心裏饒恕你的弟兄，我天父也要這樣待你們了。」

門徒彼得此時提出這脈絡中結尾的問題。開頭門徒們的問題是：誰「是」天國裡最大的？「是」我嗎？現在的問題：原諒多少次「是」夠的，「是」到七次嗎？

一方面或許彼得是出於求好表現的心理，藉求問以顯示自己超凡絕俗的德行。事實上他問的問題是很關鍵的：這樣循環下去，是不是得有個底線哪？以彼得的嘗試性預設：七次，已經是非常寬厚的作法了。耶穌回答不是七次，是七十個七次，在希伯來人的觀念裡代表無限⁶³。

接著耶穌以一個比喻作為結尾，這比喻中的元素回到一開頭的問題：孰大孰小。比喻中那欠一千萬銀子⁶⁴的人，若純粹就數字來說是天文數字，所欠的是無法還清的，是無限的。這個無限明顯與耶穌所說的七十個七有對照關係。那欠十兩銀子（百萬分之一之於欠一千萬銀子的⁶⁵）相對而言還有可能還清。但是欠一千萬銀子的人被王免了無法還清的債，卻不願意免了同伴相對可能還清的債，最後其餘同伴看不下去告訴王，不願意赦免同伴的被下在監裡直到還清⁶⁶。這強烈暗示若不互相饒恕彼此相對而言可攤還的罪債，將面臨自己對王無可攤還的罪債。

---

⁶³ 許多學者都指出這樣的模式不純然是一個數字遊戲，可以參考創世記 4:24「**人若殺該隱，要遭報七倍；人若殺拉麥，必遭報七十個七倍**」（新譯本）。Brown，1997:193；Nolland，2005:754-755。

⁶⁴ 希臘文原文是「μυρίων ταλάντων」，意思是一萬他連得（10000 Talents）。在當時大約是二十萬人一年的工資，見 Nolland，2005:756。呂振中翻譯本節為「六千萬日工錢」。

⁶⁵ 不過，天文數字的百分之一也是不小的數字。

⁶⁶ 既然被免債之前無法還清，現在被下在監裡更無法還清，意思就是無法出獄了。

這一章以結構分析，更能顯示脈絡中的意思。

重複、交叉、平行、對稱等等文學技巧在近東是相當普遍且長期被使用的文學技巧，學者觀察出通常這種類型的文學技巧的對稱有兩種模式[67]：一為平行模式，即對應的元素以相同的方向平行排列，可以寫成 ABC//A'B'C'。一為同軸模式，即對應元素以相反方向朝中心排列，可以寫成 ABC-C'B'A'。往往中間沒有重複的元素是作者所要表達故事的重心或軸心，可以寫成 ABCXC'B'A'，所謂的 X 就是脈絡中要表達的重心。

希伯來經文裡面，特別是敘事體或敘述文體經文有許多例子，如：路得記、以斯帖記與其他許多個別段落[68]。路得記與以斯帖記這兩卷書可以說是整卷都由上述的同軸模式[69]結構寫成。以路得記第二章為例，其對稱結構如下：

　　　　　　　　　　A　v.2 路得－拿俄米對話「容我……去」！
　　　　　　　　　B　v.3 波阿斯：以利米勒本族
　　　　　　　　　　C　v.4 收割的人賜福波阿斯：「願耶和華賜福與你」！
　　　　　　　　D　v.5 波阿斯問說：「那是誰家的女子」？
　　　　　　　E　v.7 路得從早到晚在田裡拾取麥穗
　　　　　　F　v.8 波阿斯要求路得在他田裏拾取麥穗
　　　　　G　v.9 路得喝屬於波阿斯的水
　　　　H　v.10 路得說：「為何我在你眼前蒙恩」？
　　X　v.12 波阿斯對路得祝福的話
　　　H'　v.13 路得說：「願我繼續在你眼前蒙恩」！
　　　　G'　v.14 路得吃波阿斯的食物
　　　　　F'　v.15 波阿斯吩咐僕人容她在田中拾取麥穗
　　　　　　E'　v.17 路得從早到晚在田裡拾取麥穗
　　　　　　　D'　v.19 拿俄米問題：「你今日在誰的田裏拾取麥穗」？
　　　　　　　　C'　v.20 拿俄米祝福波阿斯：「願耶和華賜福……」
　　　　　　　　　B'　v.20 波阿斯：親戚，至近的親屬：親族救贖者
　　　　　　　　　　A'　v.22 路得－拿俄米對話「妳去，這才為好」

路得記第二章同軸結構圖

---

[67] 福克爾曼，2003:140。
[68] 如撒母耳記下 15-19 章，參福克爾曼，2003:143。
[69] 以 ABCXC'B'A' 的結構呈現。

新約經文也常可見到這樣的技巧，如路加福音 9:51 到 19:11-28[70]。馬太福音 18 章也可以看見這技巧的運用。首先是 1 至 21 節：

           A v.1　門徒進前來問耶穌問題，引發耶穌的講論
         B v.2　小子在門徒中間（作為示範）
      C v.3-5　我告訴你們……
    D v.6-9　對罪的態度
  X1 v.11　人子來為要拯救失喪的人
    D' v.15-17　對罪的處理程序
      C' v.18-19　我告訴你們……
         B' v.20　……我在你們中間（作為應許）
           A' v.21 彼得進前來問耶穌問題，引發耶穌的講論

馬太福音 18:1-21 同軸結構圖

接著是 22 至 35 節：

         A v.22　不是……乃是……
        B v.23　王要和他僕人算帳
      C v.24　王的下屬帶了欠債者到王前
    D v.25　王要採取行動討債
  E v.26　僕人就俯伏拜王求寬容
X2 v.27-28　王動了慈心
  E' v.29　僕人同伴俯伏央求他寬容
    D' v.30　僕人採取行動討債
      C' v.31　王的下屬憂愁，將消息帶給王
        B' v.32 於是……主人就大怒……等他還清了所欠的債
         A' v.35 你們各人若不……天父也要……待你們

馬太福音 18:22-35 同軸結構圖

---

[70] 楊克勤，1995:40-41。

在這緊緊扣連的兩個同軸平行結構所組成的馬太福音 18 章，第一個重點是在第 11 節的「人子來，為要尋找失喪的人」，第二個重點是「王動了慈心，採取行動免了僕人所欠的債」，以脈絡來說，「人子」與「王」形成同位語結構，語意上都是指耶穌，或是在三位一體的理解下，前者指耶穌後者指天父。這樣的觀點使馬太福音 18 章不僅成了一個完整的結構，更使得整個結構在同軸平行架構底下，在脈絡之重點間形成相互強化的關係。

這相互強化的關係是相當重要的。整個脈絡無論在行文、概念、結構都預示並強調了一種「必得合一、無從分立」的風格：對小子的看法、莫當小子的絆腳石、對罪的態度、對罪的處理程序、眾同伴看了就憂愁……，沒有任何一點是在單一個人的層次可以完成的。在分割詮釋的脈絡處理模式中，容易出現將 18-20 節解釋為「論禱告的成就條件或範圍」（巴克萊，1996:207-209）、「教會的權柄與根基」（France，2007:695-696）。比較合適的處理應該是將這段落放在脈絡中來理解：當執行教會懲戒時遇見「釋放」、「綑綁」情事的禱告來加以理解[71]。

按照聖經所呈現出來的脈絡，罪的含義從「不中鵠或目標」到「破壞關係」，到「不敬虔」、「變態」或「反叛」[72]。但每一種聖經的表達均有一個共同的特性，就是說罪描述一種與聖潔之神隔離的狀態，因此按聖經說，罪至終是一種敵對神的狀態[73]，整體來說，所表達的是任何在行動、態度或本質上無法謹守遵行神的道德律（moral law of God）[74]。

這樣的狀態即便在得著救恩之後，其實是終究一生也無法完全擺脫的。希伯來聖經透過一次又一次的獻祭，新約作者一再地呼籲信徒悔改以及使徒本身的例子[75]，顯示出在基督教信仰裡，罪是人與神之間最大的問題：神因此而使耶穌道成肉身以進行贖罪大工程的基礎，人因此而需要救恩。Grudem（1994:504-505）提到基督徒（信之後）仍會犯罪，只不過：在神前的法理地位並未因而改變，但是與神的團契關係破壞了，且基督徒的生命面臨損害。

---

[71] 儘管 Luz（2001:458）指出馬太福音書的作者將兩個脈絡（15-18 節與 19-20 節）視為互相關聯，不過卻沒有如此詮釋處理。我認為整章明顯脈絡互相扣連的狀況下，不可能有忽然跳脫脈絡或離題甚遠的詮釋空間。

[72] NDT，1988:641-642。

[73] 貝爾考韋爾，2006:272。

[74] Grudem，1994:490。

[75] 彼得在與外邦人坐席時作假，被保羅指責，加拉太書 2:11-14。還有保羅在羅馬書第七章的論述，特別是 24 節「**我真是苦啊！誰能救我脫離這取死的身體呢**」的吶喊。

對於自己和他人的罪，新舊約聖經呈現出無可迴避的挽回、指摘之責[76]，說明在罪責個人承擔的前提下，信徒對他人的罪有挽回勸誡的責任[77]。而新約經文中特別是馬太福音 18 章的脈絡，強調挽回與赦免的重要，因為人既蒙神無條件的赦免，當然也得無條件地赦免得罪自己的人。饒恕不在於多少或多深，而是實質上的赦免。只有無限度的赦免、無條件的饒恕，才是教會懲戒應有的態度與應盡的本分（唐崇平，1996:33）。

從聖經的脈絡看來，所呈現的是以挽回誤失逾犯者為出發點，且必須由信仰個體、群體的配合意願下執行的教會懲戒。這種行動的重要性與必須性乃在於福音果實的確立與保護，更是信仰裡愛的誡命的要求。

第二節　教會懲戒的法規論據

在導論的第三節文獻回顧當中，我提到所蒐集的教會法規，包括天主教的教會法典（Cannon Law）、美國歸正教會（the Reformed Church in America，簡稱 RCA）的 *The Book of Church Order 2007 Edition*、美國長老會（the Presbyterian Church in America，簡稱 PCA）的 *The Book of Church Order of the Presbyterian Church in America Sixth Edition*、加拿大長老會（the Presbyterian Church in Canada）的 *The Book of Forms*、台灣基督長老教會的行政法、財團法人基督教台灣信義會地方教會章程、中華基督教浸信會聯會會章等。

我認為之所以需要探究教會法規，特別是從天主教的教規看起，在於教會作為信仰群體，在歷史的進程中形成其信仰的傳統，造成今天任何點滴樣貌的根源。儘管無法取得當年後浦堂會所依據的法規，但是教會歷史與傳統不是一朝一夕形成的，討論這些法規，可以看見教會懲戒議題的些許演進。

以下，我從上述的教會法典、法規之中，挑選天主教的法典、美國歸正會、加拿大長老會與台灣基督長老教會的教會法規加以比較[78]。美國長老會的法規雖然沒有討論，但是內容差異與其他同為英語系的長老宗並不大。

---

[76] 利未記 19:17；以西結書 3:16-21；箴言 27:5；馬太福音 18:15-17；提摩太後書 4:1-5。
[77] 特別是以西結書的脈絡。
[78] 由於許多法規文件為電子檔案，以下不註明頁數，只於上下文顯示條文編號。

一、天主教的教會法規（Cannon Law）

天主教的教會法規，可以在梵諦岡官方網站上[79]找到各種語種的文件翻譯，也可找到天主教教務協進會出版的拉丁文中文對照的《天主教法典——拉丁文中文版》。

天主教自古即有大量由教宗頒佈的的法律條文，而現在教會法典的沿革自1582年教宗認可的《教會法大全》（*Corpus iuris cannonici*），以及1917與1983年兩次頒佈《教會法典》（*Codex iuris canonici*）[80]。現在的天主教的教會法規，總共有1752條，共分為七卷（Book）[81]，各卷底下又分為編（Part）、題（Title）、組（Section）、章（Chapter）、節（Article），內容並未囊括教會法的所有內容，僅簡略討論禮儀法，並未收入教會與世俗國家訂立的宗教協約（concordatum）、教宗選舉特別法與教廷各部運作程序、封聖程序、各國和各主教區的規章、各修會的章程等[82]。教會懲戒相關的部分，集中在第六卷（1311-1399）[83]。

在教會法典當中明文規定，「教會有以刑罰處罰其犯罪信徒的天賦及本有的權力」（1311條），分為列在第1331-1333條的「醫治或懲戒罰」（medicinal penalties or censures）與列在第1336條的「贖罪罰」（expiatory penalties）[84]。此外，還有「預防罰」（Penal remedies）與「補贖[85]」（penances）。

「懲戒罰」的條文（1331-13333）如下：

第1331條

第1項 受絕罰者禁止：

　　1.在彌撒聖祭或其它一切敬禮中，擔任任何職務；

---

[79] 見 http://www.vatican.va/archive/ENG1104/_INDEX.HTM，提供英文版本全文的翻譯。
[80] 彭小瑜，2003:10-11。
[81] 第一卷總則（1-203），第二卷天主子民（204-746），第三卷教會訓導職（747-833），第四卷教會聖化職（834-1253），第五卷教會財產（1254-1310），第六卷教會刑法（1311-1399）與第七卷訴訟法（1400-1752）。彭小瑜，2003:62。
[82] 彭小瑜，2003:63。
[83] 彭小瑜，2003:315。
[84] 懲戒罰與贖罪罰是針對一般逾失誤犯的規定。
[85] 「預防罰」特別在於防止犯罪；「補贖」在於代替或加重罰。

2.舉行聖事或聖儀或領受聖事；

3.擔任教會的任務或職務或行使治理的權力。

第 2 項　絕罰一經科處或認定後，犯者：

1.如違反 1 項 1 款的規定，應禁止或中止其敬禮行為；但有重大理由阻止執行時除外；

2.其治理行為無效；並依 1 項 3 款之規定此行為不合法；

3.禁止享受已得的特恩；

4.不得有效在教會內承受尊位，職務或任務；

5.不得將在教會中由於尊位，職務，任務而得利益及退休金據為己有。

1332 條　受禁罰者，禁止行使 1331 條 1 項 1 及 2 款所列事項；其禁罰已經科處或認定者，應遵守 1331 條 2 項 1 款的規定。

1333 條

第 1 項　停職罰只能加予聖職人員，禁止：

1.全部或某些聖職神權行為；

2.全部或某些治理行為；

3.與職務相連的全部或某些權力的行使。

第 2 項　法律或命令得制定，在科處或認定後，受停職者不得有效行使治理行為。

第 3 項　但不禁止下列事項：

1.凡不屬制定刑罰的上司權下的職務或治權；

2.犯者由於職務而有的居留權；

3.如原職務包括財產管理時，其財產的管理權；但以其罰為自科罰者為限。

第 4 項　停職罰禁止收取利息、獻儀、退休金或其它利益時，應償還一切違法所受的利益；即使是由善意所得的利益，亦同。

　　若以新教的話簡單來說，便是被「禁聖餐」與「黜職務」之任職者的職能行使為無效。

　　至於「贖罪罰」的條文為：

1336 條

第 1 項　用以處分犯罪人的永久或定時或無定時的贖罪罰，除法律制定者外，尚有下列各款：

1. 禁止居留於某地方或地區，或命令居留於某地方或地區；

2. 褫奪權力、任務、職務、權利、特恩、特權、恩寵、名銜及勳章，其為純榮譽者亦同；

3. 禁止行使 2 款所述的事項，或禁止於某地區內，或在某地區外行使之；但此禁令絕無使行為無效之效力；

4. 罰調他職；

5. 撤銷聖職身分。

第 2 項　自科罰只能包括 1 項 3 款所列的贖罪罰。

「預防罰」與「補贖」的相關條文為：

1339 條

第 1 項　教會教長對有趨近犯罪機會的人，或因偵察而知有犯罪重大嫌疑的人，得親自或經由他人予以勸告。

第 2 項　對於其行為足以發生惡表，或使秩序受重大紊亂的人，得於斟酌其人及其事的特別情形後，予以譴責。

第 3 項　對勸告或譴責的事實，應以文書確定之，並應將文書保管於公署的秘密檔案內。

1340 條

第 1 項　於外庭可科處的補贖，為某種宗教、敬禮、或慈善行為。

第 2 項　懲治隱密罪，絕不得處以公開補贖。

第 3 項　教會教長得依其明智於預防罰的勸告或譴責外，另科補贖。

在「懲戒罰」與「贖罪罰」進入法律程序之前，有這樣的規定：

1314 條　罰，通常為待科罰，因此，非經宣判，犯人不受其約束；如法律或命令明言為自科罰時，犯罪成立後，犯人立即受其約束。

也就是說一般為「待科罰」（ferendae sententiae），直到宣判才開始生效，其他為在條文中列明清楚「自科罰」（latae sententiae），有如 Adams 所謂的自我懲戒（self discipline）[86]。

從 1321 條至 1330 條為第三題，名為「刑罰的主體」，清楚列出懲戒刑罰的執行或不執行人的條件，排除「缺乏應有的注意者」（不注意及錯誤以不知論）、「經常心神錯亂者」（視為無犯罪能力）、「未滿十六歲者」、「非因過失而不知違法或背命的事實者」、「其行為出於不可抗力或出於不能預見或不能預防之情形者」、「其行為出於重大，雖為相對重大的畏懼，或急需或重大困難者」、「合理而合法自衛者」等為不罰。

教會法典裡訂定要處罰的範圍，在第六卷第二編「罪罰分則」裡有六樣，分別是：「妨害信仰及教會統一罪」（delects against religion and the unity of the church，第 1364-1369 條）、「妨害教會權力及教會自由罪」（delicts against ecclesiastical authorities and the freedom of the church，第 1370-1377 條）、「侵占及行使教會職權罪」（ussrpation of ecclesiastical functions and delicts in their exercise，第 1378-1389 條）、「誣告及偽造罪」（the crime of falsehood，第 1390- 1391 條）、「違反特殊義務罪」（delicts against special obligations，第 1392-1396 條）、「妨害人生命及自由罪」（delicts against human life and freedom，第 1397- 1398 條），並在第七題註明通則：「除本法或其它法所定的情況外，違反神律或教律的外在行為，惟遇有特別重大的違法，並有急需預防或補救惡表的情形者，方得處以公正之罰[87]」。

《教會法典》畢竟有其相對長久的發展歷程，可以說是最仔細且完備的法規文件，至於其執行成效則需另外的研究才能說明。

二、美國歸正教會（The Book of Order）

第二章當中的資料顯示，後浦教會的源頭可溯至有中華第一聖堂的廈門新街堂——由美國歸正教會所創立的堂會，教會演進過程中也顯示出英國長老會的影響，因此在討論教會法規時，將長老會系統的相關法規納入討論。

---

[86] 作者認為自我懲戒的聖經根據是在加拉太書 5:23「溫柔、節制。這樣的事沒有律法禁止」，是聖靈所結的果子之一。Adams，1986:29。

[87] 為 1399 條。

相對於天主教有彭小瑜（2003）的著作作為歷史與理論的參考，新教部分的教會法規，我目前僅擁有網路下載的條文。我將就條文懲戒的執行對象、範圍與程序部分做比較與討論。

美國歸正教會的法規，名為 *The Book of Church Order*，在網路上有中文、韓文與西班牙文的對照，而中文部分是節譯，其他語種為全文翻譯[88]。全文分為 3 章（chapter），分別為「組織與治會」（The Government）、「懲戒與司法制度」（The Disciplinary and Judicial Procedures）、「行政法與特別規則」（The Bylaws and Special Rules of Order）章下分若干部（part），部下分若干條（article）[89]，最後有附錄，為供參考用的的表格與證書格式。

教會懲戒的部分，在於法規的第二章[90]，詳細的綱目為：

第一部　懲戒（Discipline）
　　　第一條　懲戒的性質（Nature of Discipline）
　　　第二條　違規的性質（Nature of Offences）
　　　第三條　懲戒的執行（Responsiblities for Discipline）
　　　第四條　訴訟的程序（Procedure for Bringing a Charge）
　　　第五條　審理訴訟（Trying a Charge）
　　　第六條　權力與職位的恢復（Restoration and Reinstaement）
第二部　投訴（Complains）
　　　第一條　投訴的性質（Nature of Complains）
　　　第二條　投訴的程序（Procedure for Complains）
第三部　上訴（Appeals）
　　　第一條　上訴的性質（Nature of Appeals）
　　　第二條　上訴的程序（Procedure for Appeals）

懲戒的執行對象在第二章的第三條，分為五組（section）：

第一組　對會員（a Member）的懲戒
　　　　所有成員均由地方堂會的長老會統理，並在其組織治理與懲戒的照護之下為其管照對象（主體）。當會員持續地拒絕其訓

---

[88] 從這裡可以看出歸正教會在宣教層面的貢獻。
[89] 譯名與天主教的教會法典不同。
[90] 中文版本視為一部將教會懲戒相關條文翻譯出來的文件版本。

誡或譴責時,長老會得停止其教會會員權。若會員在停止會員權後無法顯示其悔改的跡象。長老會得以在中會的許可下進行革除(excommunication)。長老會應當公開告示會眾其革除之意圖,而在稍後才進行最後革除行動。倘若不會損及懲戒目的且將對會眾的靈性有益,長老會得以略去此等公開告示。這樣的省略必須得到長老會三分之二的同意。

第二組　對長老或執事(an Elder or Deacon)的懲戒
對長老或執事的訴訟案件中,長老會應當有司法管轄權。若控訴成立,與本條第一組一樣,長老或執事得被停止會員權或黜職。

第三組　對講道及司禮牧者(a Minister of Word and Sacrament)的懲戒
a. 牧者乃在中會的組織治理與懲戒的照護之下,為其管照對象(主體)。
b. 長執會有權對任何因惡名性或醜聞性的違犯而被起訴的牧者(恐導致講台不恰當的觀感)關閉其講台。此等長執會的行徑實屬冒險,但係為避免謗毀之情事。這樣的行動不當被視為一種審判,長執會必須立即向中會報告。
c. 在起訴牧者的案件中,中會當有專門的司法管轄權。若訴訟成立,牧者得被停職或罷黜職分,甚或革除。

第四組　對總會神學教授(a General Synod Professor of Theology)的懲戒
a. 神學教授乃在總會的組織治理與懲戒的照護之下,為其管照對象(主體)。總會應有對神學教授訴訟案件中的司法管轄權。若訴訟成立,神學教授得被停止或廢黜其總會神學教授或講道與司禮牧職,或兩者皆停黜,甚或革除。
b. 當對總會的神學教授之訴訟成立且由總會懲戒之,教授有權要求在下一總會例會中進行新審斷,新審斷的決定將是該案件的最後處理結果。

第五組　對長執會(a Consistory)的懲戒
長執會乃在中會的組織治理與懲戒的照護之下,為其管照對象(主體)。中會於審問之後,有權柄停止被控或瀆職、或不服從中會、或違犯美國歸正教會憲章法律或規定的長執會。若長

執會被停止，其所有成員直到中會移除取消資格之情事，將取消改選資格。中會當履行長執會（包含長老與執事）之權責，直到全新的長執會依法組建（legally constituted）為止。

針對這些懲戒的對象，作法上都是將其會員權停止，或稱為停權，使違犯者喪失會員權利，包含領受聖餐、聖職之選舉、被選舉與授任等權利，也就是天主教所謂的小絕罰[91]

美國歸正教會法規的懲戒範圍列在第二章第一部第二條第一至三節：

第一節　僅有對聖經或美國歸正教會憲章明顯違犯之情事，被視為控訴之違犯主體。

第二節　必須遵照主耶穌基督在馬太福音 18:15-17 顯示的由最少人知悉處理。若這樣的程序失敗，案件需要呈給違犯者所屬群體。

第三節　惡名性與醜聞性之違犯必須立即作停權或其他緊急由適切的責任群體集會或法院[92]審閱決定之行動。

關於訴訟程序，法規裡在第四條裡有七節的規定：

第一節　訴訟是為一由所屬職司具狀載名被告姓名、指控性質與時間地點及罪狀細節的違犯罪行。法院的職司當於三日內提供被告一份控訴副本並收執回條。

第二節　訴訟得由所屬法院之司法管轄權主體之個人提出。若訴訟由個人提出，應當由該個人簽具個人姓名，且該員必須於整個訴訟過程中公開至前以援訴訟。

第三節　由職責所屬法院指派的委員會亦得發起訴訟。

第四節　若由個人告發，訴訟當交付由法院指定的委員會以決定是否有充足的是非曲直以更進一步。若訴訟為法院指派的委員會告發，該委員會當繼續其程序以決定是否有充足的是非曲直以更進一步。無論何者，委員會於決定時：

---

[91] 而「大絕罰」的意思是指開除教籍或革出教會。彭小瑜，2003：308。
[92] 指教會為懲戒所開之法庭。

a. 得以訪問原告、被告或任何證人。

b. 當考量證人的人數與其可靠性，以及據稱違犯的實際發生時間與具狀陳述的日期之間的時間長度。若指稱的違犯事件發生於起訴日期兩年之前，訴訟當被委員會駁回，除非委員會決議有該起訴無法更早被提出之情事。

c. 當決定嘗試縮短訴訟審問之適切性。這些嘗試可為：在被告允許下，訴訟屬實並接受適切懲罰，或任何委員會與被告所能同意的調解。任何黜職、停權或革除需由適切的法院認可。

第五節　委員會當在保密的方式下進行其工作，以保護所有涉入人員之名聲，並在訴訟一旦需要更進一步進行時維護法院的公正性。

第六節　若訴訟別無他法解決，且委員會決議該訴訟有充足之是非曲直，法院當進行審判。若無充足之是非曲直，委員會當駁回訴訟。此駁回當作為由法院對訴訟的最後議決。

第七節　委員會當向法院彙報所採行動。

關於訴訟的規則（Procedural Rules），法規裡在第五條第十一節規定：

a. 審理機關當以其認為適切的條文訂立審訊的管理規則，以確保審訊於公平並無私的狀況下執行。

b. 美國歸正教會的任何會員、團體或任何與案件關連的人，不得有於審訊最後結果（包含上訴）之前以任何書寫、印刷或短箋散播或造成散播相關內容之情事。

c. 審理機關進行審訊的法定人數，當與該會眾之小會例會法定人數相同。

d. 控方有責任以證據進行下去。

e. 控訴必須證明有高度的可能性。

f. 證據的收執不應當以證據的正式規則管控。議長得以排除經其認定任何會造成原則不公平的證據。

g. 唯獨訴訟關係人、其辯護人、審理機關成員與其他審理機關認定合適之人得以參與審訊。

h. 唯獨審理機關的成員與辯護人得出席並評議證據。

在執行懲戒之後，若違犯者有顯明悔意，法規於第六條「復權與復職」（Restoration and Reinstatement）之 1、2 節規定：

第 1 節　被停權或革出的會員，得在對其作停權或革出處分之審理機關前，因表明悔意之狀恢復其會員權利。若革出的判決已曾公告，相應的復權公告也當告知全會眾。

第 2 節　被停職或黜職者，得依其於原處分之審理機關前所表明之悔意與更新誓約，並具備：審理機關同意此等復職不會損及該職位的尊榮且將裨益教會的福祉；此復職獲得出席審理會議三分之二的同意。黜職之後的復職應當重新授職。

美國歸正教會法規中的懲戒條文，與其他長老宗或改革教會的法規精神差距並不大，只有細部規定的多寡不同。至於與美國歸正教會約為同期先後入華宣教的英國長老會，在 1972 年與英格蘭與威爾斯教會的公理會聯合，組成聯合改革教會（the United Reformed Church）[93]。不過，我目前無法找到這一教會的法規，去函電子郵件也無回音。雖然無法取得，我仍在加拿大長老會的法規裡讀到加拿大長老教會的歷史根源蘇格蘭長老會，而蘇格蘭長老會是英國長老會當年的組成部分之一[94]。英國長老會在中國的廣東、福建、廈門與台灣都有宣教據點，加拿大長老會則在廣東、河南與台灣[95]。

三、加拿大長老會（The Book of Forms）

加拿大長老會的教會法規，名為 The Book of Forms，我現有的版本是網路下載的 2007 年版[96]。檔案中並未編上頁碼，乃是以 451 個部分（section）區分並直接在 pdf 檔案之中加上書籤，非常方便使用。檔案的區分如下：

---

[93] 見其網站的介紹：http://www.urc.org.uk/about_the_urc/urc_belief.htm#union。
[94] Johnston，1897:1-2；Band，1947:1-2。
[95] 《年鑑》一，1914:附錄頁 1。
[96] 網址為：http://www.presbyterian.ca/files/webfm/ourfaith/officialdocuments/2007BoF.pdf。

001-003　歷史與認信基礎（Historical and Confessional Base）

004-104　教會會議的一般規則（General Rules for Church Courts）

105-138　小會（The Session）

139-173　會眾與其管理（The Congregation and its Management）

174-175　執事事工的規則（The Order of Diaconal Ministries）

176-258　中會（The Presbytery）

259-276　大會或區會（The Synod）

277-312　總會（The General Assembly）

313-443　法庭審理程序（Judicial Process）

444-451　標準與簽署（Standards and Subscription）

　　此外還有十個附錄，並在最後附有索引。加拿大長老會法規裡與懲戒有關的是 313-443，在懲戒的執行對象方面，法規裡規定：

319.1　小會對其下會員包括長老擁有主要司法權。

319.2　中會對其下牧者，無論主、副牧甚或合格的准按立人（certified candidates for ordination）擁有主要司法權。

320.　在懲戒案中被起訴的會員縱然已轉離教區，直到案件確定前不得被授與徙居照[97]（a certificate of transfer）；同樣地牧者縱然已轉屬新中會，直到案件確定前不得被原中會授與徙居照。

321.　當懲戒案開始於會員得到徙居照轉至另一小會之間，司法權屬於新小會。

322.　至於牧者的案件，若其被控之違犯位於非現屬中會轄區，原提訟之中會有責任寄送被告現屬會員之中會，陳明訴訟原因。現屬中會如獲通知即需以其轄區內呈上之指控進行處理。

　　可見，加拿大長老會的法規不僅對於懲戒對象之審理機關有所說明，並且對於會員、牧者於懲戒中之會籍轉換的處置有所說明。後浦議事錄裡面也有這樣的情況發生，受懲戒者的會籍轉換並不意味懲戒之停止或暫停，乃是由新堂會繼續執行[98]。

---

[97]　現在多稱為「轉會證明」。

[98]　見第四章的內容。

　　加拿大長老會法規裡直陳有四種法院審理程序，分別為非懲戒[99]
（non-disciplinary）、懲戒[100]（disciplinary）、矯正[101]（corrective）與申訴[102]
（appeals）四種。相較於美國歸正會的法規，加拿大長老會的法規是以懲戒
的種類分陳各自的程序，美國歸正會則是列出一般的程序，並無種類之差別。

四、台灣基督長老教會（教會法規）

　　台灣基督長老教會行政法裡關於教會懲戒的條文，全文如下：
第十二章「戒規」

第 120 條　戒規為保持教會信仰及秩序而設。

第 121 條　會員、長老、執事及傳道師、牧師違背聖經或教會法規者，
　　　　　　均應受戒規。

第 122 條　會員、長老及執事之戒規由所屬小會辦理，牧師、傳道師
　　　　　　由中會辦理，擔任總會、中會屬下機構職務者由所屬總會、
　　　　　　中會辦理，總會、中會休會期間由總委會、中委會辦理。

第 123 條　對會員之戒規如下：
　　　　　　一擾亂教會經勸勉三次仍不反悔者，宣告停止會員權。
　　　　　　二犯不名譽之罪者，宣告停止會員權。
　　　　　　三受停權宣告仍不改過者，除名。
　　　　　　四改屬他教派再受洗者，除名。

第 124 條　對長老、執事及擔任總會、中會屬下機構職務者之戒規
　　　　　　如下：

---

[99] 324 部提到：「非懲戒」適用的情況是堂會內或堂會與小會間、堂會與牧者間之關係
不佳，有意見不合、誤解等情事，造成無法有效牧養時為之。

[100] 法規（347）當中提到懲戒程序是：「**對任何在信仰教義或實踐上與聖經或法規裡的
標準與簽署部分違犯者，進行懲戒。分為指控、調查、起訴、審判、指責與申訴等
程序**」。

[101] 矯正懲戒程序是針對非懲戒的案件之處理。

[102] 393 部說明：「**申訴是為較高層級的會議對較低層級會議的決議進行檢討並在發現錯
誤情事時予以更正的手段**」。

長老、執事受前條戒規之懲罰或有下列之一者停職，重者免職。

一違背誓約者。

二無正當理由不參加會議一年，經勸告不遵從者。

三帳項不清楚或不結帳者。

四抗拒或違反總會、中會之法規或決議，經勸誡不聽從者。

五脫離台灣基督長老教會者。

第 125 條　對牧師、傳道師之戒規如下：

牧師、傳道師犯本法第 123 條戒規或有下列之一者停職，重者免職。

一違背誓約者。

二無正當理由不參加中會會議連續四次者。

三帳項不清楚或不結帳者。

四抗拒或違反總會、中會之法規或決議，經勸誡不聽從者。

五擅自轉屬他教派者。

第 126 條　違犯不可洩漏小會、中會或總會會議內容之公約，妨害教會或機構之信譽及事工者，褫奪小會、中會或總會一切公職一年至三年，重者併褫奪教會現職。

第 127 條　戒規之解除或復職，非經執行戒規之小會、中會或總會認可不得辦理。

第十三章「上訴」

第 128 條　長老、執事或會員不服小會之處理，得經小會向中會上訴。小會須在十四日內辦理，小會不准者，應記明理由將上訴狀送還本人，以便其直接向中會提出上訴。

第 129 條　長老、執事、會員或中會議員不服中會之處理，得經中會向總會上訴。中會不准者，應記明理由將上訴狀送還本人，以便其直接向總會提出上訴。

第 130 條　中會或總會接上訴狀，應派委員審查其上訴內容是否合法，不合法者須記明理由予以駁回。

第 131 條　上訴人須對小會、中會或總會繳納規定費用。

第 132 條 　上訴應自裁決日起六個月內為之，逾期則認為服從小會或中會之裁決，不得再上訴。

第 133 條 　各機構受理上訴後，應於三個月內辦理。

第 134 條 　上訴後須服從中會或總會之裁決，不服從者應受戒規。

在台灣基督長老教會行政法裡關於教會懲戒的規定，與上述其餘改革教會體系的法規差異並不大，歷年來也少有更動。我另外找到台灣基督長老教會在大正八年（1919 年）以「白話字」（羅馬拼音的閩南話）刊行的《Tâi-Oân Ki-Tok Tiú"-Ló Káu-Hōe ê Tián-Lé》（台灣基督長老教會的典禮），當中第八章就是「Kek-Chhut」（革出）：

> 若有人犯罪直到受禁，長老督會應常常用道理苦勸勉勵伊，同時通知弟兄姊妹讓他們也如此作，盼望那人悔轉過來。若是伊不悔改，愈來愈硬著心，就當將那人的理由稟中會革出伊。直到中會准，就當通知那人使其仍有機會可顯明反悔的意思。倘若伊仍不願意，就當將伊革出教會。
>
> 在禮拜日就當將這些事通知眾會友知曉，同時以道理苦勸他們不要自誇乃當謙卑，因為教會正遭此等憂悶、煩惱、羞人之事；人以自己為站得穩的就當謹慎，免得跌倒；也勸他們當為那個犯罪的人祈禱，盼望上帝的聖靈會長久呼叫他，知罪，憂悶反悔，再度來親近耶穌，使得罪得赦，再次接納。
>
> 禱告完就說：「現在我奉主的名以及台灣基督長老教會的名，革……出教會，當從我們的姓名簿擦去伊的名。願上帝憐憫那人，長久呼喚他使他知罪，能讓上帝再接納回來。也願上帝教導我們眾人，得受警惕，不要學伊的作為，當更加小心儆醒跟隨主耶穌。阿們[103]」。

從這可以看出「革出」與「擦其名」是前後的順序。而這樣的處理，完全符合聖經的原則：馬太福音 18:15-20 的處理程序中的確包含為罪人與罪的禱告，整個程序包含著許多挽回誤失逾犯者的動機與作法在其中。

---

[103] 原本的內容是相當白話的閩南語寫成的，我在轉譯時保留「伊」（原來是 i，是他或她的意思）。除此以外，轉為普通話的表達。《Tâi-Oân Ki-Tok Tiún-Ló Káu-Hōe ê Tián-Lé》（台灣基督長老教會的典禮），1919:13-14。

只是這些教會法典、法規所擬定的條文都是在願意對誤失逾犯者施行戒規之後的權利義務歸屬與作法的規定，倘若教會當局無意願進行戒規之處置，這些條文便形同虛設，沒有實質的意義與用處。相對於世俗的法律制度運作，有檢察機關、人員會主動針對案件進行偵察與蒐證的動作，教會在執行教會懲戒時，每一件案件其實都變成「告訴乃論」——有人糾舉、提訴才有可能進行。這樣的情況與聖經裡同伴間為他人罪況擔憂的情形差別很大。

第三節　教會懲戒的目標與現實世界裡的教會懲戒

Caswell 認為教會懲戒可分為積極與消極兩個部分[104]：

> 透過宣講教導而給會友忠告，只有在這種工作之後，才有消極的執行教規的要求……教會的秩序要能維持下去，牧者就要用心關顧會友的靈性生活，這是積極的紀律[105]，防止人犯罪；只有在積極紀律的工作之下，教會執行紀律才是有意義的，因此忠心的教導，就成了紀律第一層的根基了。

在這樣的分類之下，積極的教會懲戒就是指著透過講道教導與關顧使信徒明白真理，願意過成聖的生活，而不是在誤失逾犯之情事發生之後，進行停權與革除等消極的懲戒動作。

Adams 引用希伯來書 12:11：「凡管教的事，當時不覺得快樂，反覺得愁苦；後來卻為那經練過的人結出平安的果子，就是義」的觀點，認為教會懲戒的目的為「在教育性過程中結出公義為其果實，此果實當你真正吃它時，嚐起來像平安」（1986:14）。加爾文認為教會懲戒的目的為：「使違犯者離開教會以免羞辱上帝之名、以免好的信徒受影響連累而腐化、使承受悔改之人得以悔改[106]」。這樣的觀點，比較傾向與罪惡斷絕而非對罪人的挽回。Grudem（1994:894-896）提到教會懲戒的目的為：「對於偏離的信徒的恢復與復和」、

---

[104] NTD，1988:199-200。
[105] 所用的字是 discipline，中文是紀律的意思，與教會懲戒的懲戒使用同一個字。
[106] Calvin，1998:455-456。

「不讓罪擴散」與「保護教會的純淨與尊崇基督」等。如此的提法，我認為是回到聖經的原意，以對罪人的挽回為重。因為罪與罪人，分別是教會懲戒的革除與挽回對象。

懲戒與饒恕是相連的。僅僅有懲戒的行動，而沒有饒恕，便是意謂著沒有悔改的發生與再次被接納的可能性，這與聖經所呈現的教會懲戒的目的（以馬太福音 18 章做為代表）是有著極大的差距的。完整的教會懲戒行動，應當包括對於罪與罪人的處置（勸誡、告發、訴訟、審問、執行懲戒等程序），觀察評議違犯者的狀況（以作為懲戒的繼續或終止之據）以及最後的再接納。而再接納之後，其實啟動了另一階段的懲戒過程：因為在信仰裡面，人是免不了犯罪，且一直在罪惡當中的[107]。唯有教會懲戒成為一種活潑而不止息的循環，教會或云福音的果實才不至短少湮滅。

教會懲戒實踐層面的教會法規，皆將教會懲戒的目的載入其中。美國歸正教會的 *The Book of Order* 即說明懲戒的本質（Nature of Discipline）為：

> 第 1 組　紀律是為主耶穌基督給予教會的權柄之施行，以促進教會之聖潔，以裨益違犯者，並維護主耶穌基督的尊榮。
>
> 第 2 組　紀律的執行得依照會眾或審理機關針對違犯之嚴重性，以訓誡、譴責、停權（會員權或授職）、黜職或革出。訓誡與譴責乃為牧養性質，於一般例會之中施行。其餘所有進一步的懲戒——停權、黜職與革出，乃為司法性質，需要正式向審理機關提起訴訟。審理機關得以在司法進程之中採取訓誡或譴責作為懲戒的形式。

加拿大長老會的 *The Book of Forms* 則提到：

> 313.　司法過程乃是教會議會議決需要權威性解決方案時的手段，來預防並矯正教會內個人的違犯，也糾正教會的議會造成的誤失。
>
> 314.　並非所有教會內的衝突都得以司法程序解決。會員與任職者必當嘗試化解差異先於憑藉司法程序解決（馬太福音 18:15-17）。
>
> 314.1　若此等行動無法解決，且在交托於祈禱之後，得考慮著手司法程序。

---

[107] 即便是信了主，重生得救的基督徒仍會犯罪。見 Grudem（1994:504-505）。

315. 司法程序並無意圖干涉純粹民事且不需在教會內處理之事務。

316. 教會之所有宣信會員、任職者、牧者與長執為整個司法程序中懲戒與牧養監督之對象。

　　這兩個教會的法規，都提到了以違犯者的屬靈利益所進行的懲戒是其進行懲戒的目的。然而，現實世界裡的教會懲戒似乎不是如此！

　　一般人常是在教會界爆發醜聞而認識到教會懲戒，教會界也往往在醜聞爆發之後才正視問題與處理。例如 1995 年六月美國聖公會曾有一位負責位於曼哈頓總部財務部門的女士 Ellen Cooke，在長期的優異工作並得到眾人尊敬與信任之後開始盜用公款達兩百二十萬美元，而該年一月份聖公會出版的《教會財物手冊》(*Manual of Business Methods in Church Affairs*) 的序言就是 Ellen Cooke 寫的[108]。教會內的醜聞，最後都以法律行動作為事件的收場，教會方面所採取的都是將誤失逾犯者驅離教會，不再以原本的職務聘任，這恐怕就是現在僅有的教會懲戒執行方式。這樣的現象顯示教會在面對誤失逾犯的人與事所採取的態度偏向於消極、被動，不但與上述經典所呈現出來的教會懲戒特性有很大的差別，更造成誤失逾犯的人未被挽回，而誤失逾犯的事得以留存、擴大或擴散。

　　在寫作期間，我前前後後請教了許多信仰上的前輩或是牧者同工，所得到的回答都是現在（或很久）沒有教會懲戒的執行了，最近一次的教會懲戒應該是幾十年前的事了[109]。另一方面，我得到另一間創立自 1972 年的台北教會的許可，為其議事錄進行掃瞄與研究，結果是所有可得的紀錄中完全沒有懲戒的相關紀錄。這樣的結果不但印證了我之前向前輩同工們詢問的結果，也符合自己牧會過程的體會。

　　以我自己的牧養經歷中的理解來說，教會成員特別是牧者，會對教會懲戒抱持觀望、保留態度的最主要原因，是怕教會懲戒的執行，將造成教會的人數減少，甚至分裂[110]。其次，教會內的長執同工，掌握教會的權力運作，

---

[108] 也就是說事件爆發前快半年，當事人還在發表該領域的典範性文件，待事件爆發時卻成為典範的反面示範。事件內容見 Buddenbaum，1998:185-186。

[109] 保護隱私的想法使得教會面對懲戒時顯得裹足不前。我遇見幾個例子都是如此：誤失逾犯者不但未被以信仰的力量予以幫助、挽回，其誤失逾犯的事項更在不恰當的「給予悔改機會」或「保護隱私」甚至「家醜不外揚」的心理下，未被公開就讓當事人離去，造成同樣的事況在不同教會場域間一再發生。

[110] 我近幾年先後在幾個教會講道時傳講教會懲戒的聖經論據，聚會之後不約而同得到

當執行教會懲戒而違犯者產生不滿情緒有所反彈而展開反制時，有意願進行教會懲戒的牧者或者長執容易變得孤立無援，甚至被要求或在教會採取不合作主義下被迫離開教會[111]。最後，也是最糟糕的狀況，就是牧者或者長執同工本身就是違犯者，導致教會懲戒的執行成為「不可能的任務」[112]。

　　本章第一節新約懲戒論據部分的結尾，我提到教會懲戒當是全體信徒努力施行的目標，配合本節所提到的教會懲戒目的，教會懲戒的執行理當有不錯的風貌才是，但是，現實社會裡的教會懲戒卻是日漸衰微之中，所顯示出來的不是「理想主義」與「社會現實」之間的必然差異這麼簡單的結論而已，而是信仰根砥的搖動了。

　　這些教會的同工的回饋表示：這種道理很好，對教會有好處，但是他們不能講，他們一講大家便認為牧者在趕人；我可以講，因為我不是牧養同工，是外請講員，針對性比較小。

[111] 在我幾年的牧會經驗裡面，便有好幾次目睹或耳聞的例子發生。

[112] 當教會存在這種狀況時，任何教會懲戒被執行的可能性幾乎都因而降至最低，除非有個大規模的悔改、信仰復振運動，或者有極大毅力的信徒才可能帶來更新的契機。

對比於信仰低迷的現代金門，本書的第貳篇「教會懲戒篇」將呈現後浦堂會議事錄所顯示出，金門教會在歷史上曾經有過的獨特鋒芒，也就是教會懲戒的執行。除了百年議事錄歷史的呈現，它將展現出先民在信仰歷程中顯出的謹守與實踐精神，特別俾利社會善良風俗的精神涵義。

第二章　後浦堂會議事錄裡的懲戒

第一節　後浦堂會議事錄的特色

一、議事錄形式

在分析會議記錄之前，先說明議事錄的情況並介紹議事錄的形式。

四冊的會議記錄本中，頭兩冊是用棉線穿過對折的宣紙本，以毛筆直書（在第二冊後半才開始以簽字筆或原子筆書寫）、由左向右翻的形式；後兩冊使用的是一般印刷的筆記本，以簽字筆或原子筆橫式書寫，由右向左翻的形式。1949 年以前大部分會議記錄的筆記格式是一樣的[1]：

在開頭會議資料的部分，一開始是日期，「救主降生○○○○年○○月○○日（西元紀年）即光緒○○年（中國紀年或民國○○年）○○月○○日（農曆日期）」。然後是時間地點，「午／晚○○鐘長老／執會於○○」。最後是參與人員，固定次序為「會正、長老、執事、信徒」，由會正帶領禱告。

---

[1]　這樣的格式與《南部大會議事錄》的紀錄格式相同，見〈導讀〉頁 27-28。

中間議論的程序，大多是從「聽紀事讀前會所紀[2]者」開始，然後進行「議」（討論議題事由）、「舉」（舉薦人事任務）或「查」（查察會務）等議事程序，與台灣基督長老教會的南部大會議事錄和左鎮教會[3]的小會議事錄記錄形式相近。

議事錄中包含了許多當時古文書常用的假借或別字：有內文如上述日期中的「念」，也有草稿紙中帳目簿記的特殊記號[4]。特別值得注意的是，閩南大會到中華基督教會的時期（自設立至 1949 年兩岸分隔為止），有相當頻繁的查察會務與閱畢留印的情形（大部分的留印都是在查察會務之後）。

在頭兩冊議事錄當中，總共可以找到 31 個印鑑、一個簽字批閱與兩個簽名批閱（當中一個為同時簽名、簽字與蓋印），整理如下：

後浦堂會議事錄查察會務印鑑表

時間	頁	會務查察者	印鑑或簽名
19060203	A15	大會使王其賞[5]	「大會閱過」印
19070106	22	益和安、楊懷德	「大會閱過」印
19080113	30	楊懷德	簽「大會閱過」
19081220	38	韋玉振、林寶德	「大會閱過」印[6]
19100129	40		「大會閱過」印
19101225	46	大會使楊懷德、黃植庭	「大會閱過」印[7]
19120128	51	大會使林溫人、林馬可[8]	「大會閱過」印
19130105	54	大會使許聲炎	「大會閱過」印
19131202	59	大會使黃植庭	「大會閱過」印
19141214	65	大會使邵子美[9]	「大會閱過」印

下接 111 頁

---

[2] 我發現早期議事錄裡的「紀」與「記」當時有混用的情形。

[3] 目前我所嘗試聯繫的教會，只有左鎮教會與文林基督教會願意將議事錄借給我，而只有左鎮教會有懲戒紀錄。

[4] 如第一冊附錄 1 與 2，在本文見附錄四圖 3 並對照圖 4。解讀時幸得金門山外大山影印店的老闆吳清邦先生指數，告訴我許多罕用、罕見字的含意，特此致謝。

[5] 《年鑑》1 作王奇賞，與林寶德牧師同為橋頭街牧師。1914:附錄頁 27。吳炳耀（1988a:78）亦作王奇賞，其父親為廈門最早受洗的兩位基督徒（王福貴、劉般舍）之一。

[6] 補印於 1909 年 1 月 17 日之記錄後。

[7] 補印於 1911 年 2 月 12 日之記錄後。

[8] 《年鑑》1 與王奇賞、林寶德牧師同為橋頭街牧師，1914:附錄頁 27；《年鑑》2 為鼓浪嶼牧者，1915:349。

[9] 據吳炳耀（1988a:86），邵子美於 1903 至 1909 年任安溪堂會主任傳道。

上接 110 頁

19151212	68		「大會閱過」印
19161126	73	大會使許憐憫[10]	「廈門大會閱過」印
19171124	80	大會使益和安、施憐得[11]、葉應求	「廈門大會閱過」印
19181209	84	大會使林溫人、楊玉練	「廈門大會閱過」印
19191116	87	大會使黃植庭、楊就是	「廈門大會閱過」印
19201213	92	大會使杜乃文、洪元英	「廈門大會閱過」印
19211123	98	區議會使林朝策[12]	「廈門區議會閱過」印
19221210	103	區議會使杜迺文	「廈門區議會閱過」印
19231211	110	區議會使陳秋卿	「廈門區議會閱過」印
19241109	115	區議會使楊懷德	「廈門區議會閱過」印
19251130	125	區議會使施憐得	「廈門區議會查閱」印
19261114	127	區議會使楊懷德	簽字「莊瀚波[13]、葉應求、顏良成閱過」
19271113	130		「廈門區議會查閱」印
19281117	139	區議會使吳景星[14]	「廈門區議會查閱」印
19290913	145	區議會使陳德修[15]、吳著盔	「廈門區議會查閱」印
19301019	148	區會紀事調查表	「廈門區會查閱」印
19311108	B5		「廈門區會查閱」印
19321204	8	區會調查表	「廈門區會查閱」印
19331105	11	宣道會特派員歐陽侯	「廈門區會查閱」印
19341223	23	區會會使林朝策函	「廈門區會查閱」印
19351020	29	宣道會董事王宗誠[16]、區會會使蔡志澄[17]	「廈門區會查閱」印、簽「廈門區會閱過」與「紀事莊瀚波、黃衛民批[18]」
19360908	36	區會使王宗誠托盧鑄英[19]	「廈門區會查閱」印[20]
19470124	51		「廈門區會查閱」印

---

[10] 《年鑑》2 為溪岸堂會牧者。1915:349。

[11] 《年鑑》2 中顯示為施憐得，另名為仁德，為溪岸堂會牧者。1915:349。

[12] 《年鑑》2 為同安堂會牧者。1915:348。

[13] 《年鑑》10 為石美堂會牧者。1928:伍 182。

[14] 《年鑑》1 為任職於泉州晉江培元中學校。1914:附錄頁 37。

[15] 《年鑑》8 為海滄堂會牧者。1925:315。

[16] 《年鑑》12 為泰山堂會牧者。1933:305。而王牧師於 1958-1966 年與林儀同任新街堂牧師，《廈門市基督教新街堂建堂 150 週年（1848-1998）紀念特刊》，1998:19。

[17] 據吳炳耀（1988b:118-119），蔡牧師於 1948 年閩南大會二十屆中被票選為神學院長，後來因為在上海總會任幹事，由吳炳耀任代理院長至下屆大會為止，但因兩岸分隔，閩南大會從此消失；《台灣基督長老教會百年史》，1995:297。

[18] 同時兩人也簽下各自的英文名字：H. P. Chuang 與 Huang Wei Min。

[19] 《年鑑》13 為鼓浪嶼三一堂牧者。1936:420。

[20] 補印於 1936 年 11 月 22 日之記錄後。

　　從這個表格可以知道自 1906 年至 1936 年幾乎每年一次查察會務與批閱
議事錄並留印，而 1937-1946 年應該是因為金門的日據時期而中斷，且在 1947
年前後都有中斷，可見對日戰爭與國共內戰對教會運作影響甚大。所留存的
印鑑也說明後浦堂會歷經的教會體制轉變：閩南大會（至 1915 年）、廈門大
會（至 1920 年）／區議會（至 1929 年）／區會（至 1947 年）等等。以下以
閩南大會時期統稱 1928 年之前，以中華基督教會時期統稱 1928 年中華基督
教會成立之後，1949 年兩岸分隔之前的期間。

二、議次計算原則

　　我在計算議次時，所依據的原則是聚集開會的次數，用「次」，與《南
部大會議事錄》用「回」不同。2004 年出版的兩卷《南部大會議事錄》，乃
以掃瞄影像經過處理之後以黑白印刷[21]，因此得見當年書記[22]筆記之筆跡。
翻開該書發現目錄當中對會議的回數屢有更正，而內文會議資料部分則有
當時筆記之外的加註文字。舉議事錄中的「另會」為例，許多另會是專門對
於封牧事宜的確認與執行，且並未在一開始即以「回」與「另會」、「特會」
計算議次[23]，導讀中雖簡略交代相關作法，因此令人懷疑這些回、另會與特
會到底是不是後來的人（也就是說，開會當時並未這樣想）加入的想法與作
法[24]。

---

[21] 這個作法以歷史文獻紀錄來說非常可惜！以我的經驗，議事錄部分修改的筆跡與圖
　　樣若純以黑白印出，並不容易分辨如登錄先後的細節，但是以彩色或至少是灰階才
　　能顯示細微處的不同。黑白的處理較難以呈現修改處的狀況（如，同一筆跡與顏色，
　　可為當時修改，若不同色就比較可能是事後添加）。

[22] 原來台灣基督長老教會與後浦堂會相同，稱為「紀事」，後來才改為書記。

[23] 第二冊第一次出現以「回」註明議次為 1918 年 3 月 12 日，第四十回會議，但是上
　　方不同筆跡又寫上「實四十二回」字樣。

[24] 《南部大會議事錄》裡〈導讀〉裡面的介紹是「以開一次會為一回，特會則不
　　列入回次計算，而曰第幾回大會第幾次特會……此外，為了按立本島牧師或其
　　他臨時事務，還開了一些特會（有時稱做另會）」（20-21）。但是以 1923 年 1 月
　　8 日議事錄記載「第四十八回特會」，並在議事錄記載「南部台灣基督長老教會中
　　會特會集於台南教會堂」，1924 年 1 月 8 日議事錄記為「第五十一回特會」並在
　　議事錄裡記「南部台灣基督長老教會中會特會集於屏東禮拜堂」，而其他的另

　　後浦堂會議事錄並未記明議次或回，只記明日期。有幾次的會議是分上、下午或分兩天開，這樣的狀況算兩次。有一個比較特別的是：會議記錄並未登錄，但是在議事錄後方空白紙張間的夾頁[25]發現一次會議記錄的草稿，日期是 1942 年 11 月 8 日[26]，這也算做一次會議，且將該會議案順序納入議次。這樣做的優點是可以計算總共集會次數。其次，分冊按照正式留下的紀錄進行分析與計算，如此可以避免因合併大量資料的過程中計算錯誤，提高正確率。

　　整體來說，四冊會議記錄總共有 534 次會議：分別是第一冊 133 次，第二冊 109 次，第三冊 178 次，第四冊 114 次。如下圖：

議數總計（單位：次）

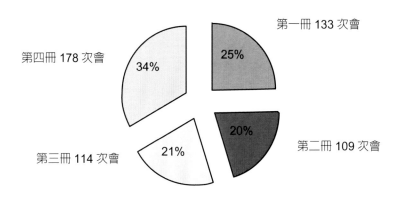

後浦堂會議事錄議次統計圖

　　會只有記載「**中會集於……**」，第一次有另會名稱出現於會議資料處為 1916 年 4
月 17 日，「**台南另中會集於……**」，如此看來，有可能特會與另會具備不同的性質，
將原本記為特會之記錄改為另會，恐不妥當。
[25]　第一、二冊是宣紙對折裝訂成一張兩頁，記錄時中間用畫有格子的紙張做墊底，一
　　方面做對齊之用，一方面防止宣紙在書寫時墨水往下滲透。見附錄四圖 7。
[26]　這個草稿會在「紀錄與不紀錄」的章節再次討論。

第二節　懲戒紀錄概述

　　大多的懲戒記錄是在以「議」為開頭的紀錄中討論的。四大冊、100 年、共 534 次會議中，整理起來共發現懲戒記錄總共有 66 個，分別是第一冊 133 次會議中有 50 個懲戒記錄[27]，第二冊 109 次會議記錄中有 4 個懲戒紀錄，第三冊 114 次會議記錄中有 6 個懲戒記錄，第四冊 178 次會議紀錄中有 6 個懲戒記錄。

　　處理議事錄懲戒記錄時，左方有兩行英文字母與阿拉伯數字。第一行的第一組阿拉伯數字代表第幾次懲戒記錄，第一個英文字母代表出自議事錄冊數（A、B、C、D 分別代表第一、二、三、四冊），其後的阿拉伯數字則代表第幾次會議。第二行的是會議的西元日期。後方則標明冊數與頁數，如圖所示：

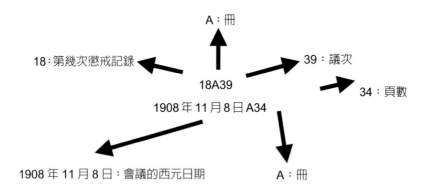

後浦堂會懲戒記錄示意圖

---

[27] 有紀錄懲戒的會議記錄可能不單只一項，而且同一懲戒事項可能在單一會議中出現多次，所以我用「個」而不用「次」作為懲戒記錄的單位。下一節將會以事項來統計。

例如：

18A39

1908 年 11 月 8 日 A34

　　議 LLS 前其妻去世遵教規出葬近日再續絃受迷惑請道士祭墓引魂

　　從俗顯明有犯教規故長老會擬禁之

　　所顯示的便是在 1908 年 11 月 8 日的長執會議裡曾有關於 LLS 的懲戒紀錄是四冊中懲戒紀錄的第十八個，記載在第一冊第 34 頁，是次會議是第一冊所記載的第 39 次會議。下面呈現懲戒記錄時，只會呈現原初的記錄，意思是將第一次發生的紀錄呈現出來，而略去後面確認、悔罪或其他處裡的紀錄。

　　後浦堂會議事錄裡的懲戒記錄呈現的方式，多半會先列舉所觀察到的人與事，然後指派長執同工前往暸解狀況，按狀況再召當事人赴會到堂說明（有些許法庭的味道），最後做出裁決處置。

　　從懲戒記錄可以發現在閩南大會運作的時期，教會懲戒在教會之間是有制度地聯繫在一起的，與今日的「互相獨立、互不干涉」不同：由於現行教會懲戒的實施多以私下、隱密地請當事人離開教會，使得有懲戒需要的當事人可以輕易地到其他教會獲致新的身份地位，重起爐灶，不但使得當事人因為沒有悔改的必要而過失逾犯未得信仰裡與神、教會、人復和的機會，也使得罪惡得以擴散，受害程度增加。閩南大會時期，信徒的遷徙得有教會牧長出徙居照與該信徒，使其交與新參與堂會牧長。在基督徒徙居照上面載明遷徙信徒的基本資料與信仰狀況，幫助新居堂會牧長暸解徙居信徒的狀況以利進行牧養工作。在我掃瞄議事錄的過程中，從宣紙夾層中發現一封內有完整徙居照的信封，見附錄四圖 3。懲戒記錄裡也顯示，別處徙居而來的信徒，若是在被懲戒的狀況下，會通知新居堂會牧長，如第一冊第 32 個懲戒記錄，記載日期是 1911 年 11 月 12 日：

32A54

1911 年 11 月 12 日 A48-49

　　議接坂仔堂會來徙居照 OML 黃賢氏吳長江屬本堂長老會當接納之錄其名於人名冊因 OML 被禁任職者當竭力勸導望得再接主餐

115

徙居信徒被禁，據會議記錄的顯示會登載在徙居照之中，以幫助新居堂會牧養工作能顧及對徙居信徒懲戒的執行與其靈性的需要[28]。這樣的作法顯示教會懲戒在教會堂會之間被充分地貫徹，當事人待挽回與懲戒待矯正事項都會得到照應，當事人無法透過更換堂會而免去懲戒[29]。

第三節　懲戒事項

就懲戒事項而言，從這些記錄裡面，我將之區分為三個大類，在其內又分幾個小項[30]：一是與信仰有關，二是與婚姻、性文化有關，三是其他。

既然是與信仰有關的懲戒事項，便是在世俗世界的法律中不需要被處理的；換句話說，這些事項對人來說只有信仰倫理的約制力能對其發生限制、約束作用，一旦不信，便不再受約制了。後兩大項中，我們可以發現某些事項不但在信仰裡被禁止，同時在世俗法律裡也有罰則。這些事項作為教會長執會執行懲戒的紀錄被記錄下來，代表著該事項同時也觸犯了世俗的法律。另外，有屬社會善良風俗倫理類別的，例如：不孝，在社會風俗中，只寄予輿論撻伐，在議事錄中則顯出教會信仰團體透過實際的懲戒行動，給予犯錯者規訓。在這一個段落當中，我除了為事項作分類之外，也會特別針對這些事項在世俗法律與文化當中的處置、觀感做討論。至於以宗教觀點出發對所違犯事項的處置，則留在下一章做處理。

---

[28] Grenz（1994:719）認為，這屬於教會自治（self-governing）的權力，由每個教會的信徒監管其內部事物，可稱為教會權（church power），包括成員權（power of membership）。

[29] 當然，中國的新教宗派林立，即使中華基督教會曾是最大的教會團體，仍有可能因為轉換到非中華基督教會體系的教會而發生無法控管的現象。

[30] 我本來想要區分為信仰倫理（主要與信仰內容有關如從俗祭等）與非信仰倫理（主要與文化有關如家女嫁與教外之人等）兩大項，經過反覆推敲覺得並不適切：似乎有暗指某些懲戒事項並非在信仰倫理的脈絡裡面。事實上當時的教會懲戒之所以處理這些事項，一定是認定這些皆與信仰倫理有關，不見得會有信仰與非信仰之別，且教會懲戒無理由處理非信仰倫理之議題。最後以現行方式區分為與信仰有關、婚姻與性文化、其他，共三大項。

　　總體來說，四大冊的議事錄裡面，上文（第二節）已經統計了總共有 66 個與教會懲戒相關的議事紀錄，而 66 個之中有些包含兩人（或以上）的受懲者，或是兩項（或以上）的懲戒事項，整理成如下表格：

後浦堂會議事錄懲戒事項表

冊	信仰				婚姻與性文化					其他					計
	俗	守主日	護教	會政	第七誡	妓	先往來	配教外	婚外情	鴉片	不孝	賭博	不受勸	不詳	
一	5	13			8	6	1	11		11	4	4	8	6	77
二	3		3												6
三		1	1	2					1	1					6
四			1	4										1	6
計	8	14	5	6	8	6	1	11	1	11	5	4	8	7	95
合	33				27					35					

●空白處其數值為 0。

　　表格顯示的是記錄下來並經我認定、轉錄的懲戒事項，因為種種的原因[31]可能無法代表真實時空裡在後浦堂會發生的教會懲戒全貌。

　　以下就議事錄裡的懲戒事項各分類與相關世俗法規或文化進行梳理。

一、與信仰有關

1.「俗」

　　既然這一大類是與信仰有關，基本上世俗的法律並沒有管這一區塊，反而以彼此相斥的宗教文化來說，議事錄裡所要懲戒的行為會是值得鼓勵的。故此

---

[31] 如不列入記錄、或記錄遺失。前文提及在宣紙夾層中發現一張會議記錄的草稿，卻未謄錄在正式記錄本中，且會議記錄本身有重複謄寫的現象，可見未予謄錄或記錄遺失是很有可能的原因。

這一大類是一種宗教傳播過程的衝突與融合的過程。在「俗」的這一類來說，有 LLS、LM、TWG 等三個個案在議事錄裡出現。依照議事錄的脈絡來看，這一類主要是離開基督教信仰，隨從教外習俗的情況，而且特別是喪葬的習俗。

金門的喪葬習俗中，只要不是在家裡過世的，會以「凶死」看待，死者一律不得入「莊頭」以避晦氣，喪禮在「莊頭」外的空地搭棚子舉行，且前往參加的親友較少。因此，醫院裡即將斷氣的病人大都會緊急以救護車送回家，使其在家裡「過往」（斷氣），以免麻煩[32]。至於一般喪事，金門人仍習慣在住家附近搭棚舉辦法事，基督徒則是搭棚進行安息禮拜[33]，入殮時棺木入屋則要等待當天下午開始漲潮的時刻才能進行，基督徒也一樣[34]。這樣的現象主要是因為信徒對於教義、教規的理解不正確而隨從風俗所導致的，這點與陳支平等人在福建的研究是相仿的[35]。另外，針對輿論對基督教信徒產生的影響，請見「近代金門的社會民俗與教會」一節的分析。

心理學者的壓力感研究量度發現，喪偶（壓力指數 100）是最具壓力感的生活改變經驗，遠超過離婚（壓力指數 73）、家族親人亡故（壓力指數 63）[36]。金門有俗諺：

中年失妻，親像三歲囡仔沒老爸（中年喪妻如同三歲娃而沒父親一樣）[37]

「從俗」的議事錄前面兩個例子都是發生在妻子喪亡的男性身上：

> 18A39
> 1908 年 11 月 8 日 A34
> 議 LLS 前其妻去世遵教規出葬近日再續絃受迷惑請道士祭墓引魂
> 從俗顯明有犯教規故長老會擬禁之

---

[32] 金門的喪葬習俗是得由鄰里家戶一起出面「出力幫忙」，在喪禮中一起負擔勞力等事務，才合民俗。若要在莊頭外廣場辦理，不僅比較麻煩且在民俗信仰文化裡較為不祥。

[33] 我在金門四年一個月的時間，經歷、參與了八次基督徒的喪禮，當中一次包括一位「牧師媽」（閩南語，意為有子女做牧師的母親）的喪事，皆是如此。

[34] 由於基督徒在金門實在太少，習俗上還是無法免俗地需要配合工作人員的禁忌或限制。我所見過喪禮的狀況均是如此。

[35] 他們的研究發現許多信徒雖然信了一神信仰的基督教，但是原本多神民間信仰的觀念並未排除，且認為兩者會有相互補足的效果，因而特別是喪俗容易見到兩種不同信仰的作法同時施行。陳支平、李少明，1992:67-70。

[36] 張春興，1991:553-554。

[37] 董水應，2004:109。

21A41

1908 年 12 月 20 日 A37

議 LM 妻死從俗祭祀並吃鴉片不守聖日故長老會擬禁之

議事錄載明第一位當事人於喪妻時「遵教規出喪」，表示當事人喪妻時曾依據基督教的儀式辦理妻子的後事，卻在續絃之後請道士祭墓、引魂[38]，議事錄記載這是「從俗」，大概可推知當時有這樣的風俗。陳支平等（1992:76-78）的研究指出，信徒對於單單採用教會的儀式總不是完全放心：

> 因為在中國民間的葬禮觀念上，實際上包含著為死者祝福和為生者避邪兩大方面，而用西方宗教的儀式舉行葬禮，死者得到祝福進天堂是沒有問題的，然而並不能保證死人期間邪氣不在家中作祟……葬禮與婚禮一樣，牽涉到親戚、鄉鄰等一個巨大的社會網，一味用教會的儀式孤行，既傷面子也失親誼友愛……教義教規概念模糊，這就使得教徒們的葬禮，又難免在許多方面與世俗同流了。

再次開始一段婚姻，在珍惜姻緣與面對對方（甚至加上對方家屬）以及鄉里不安全感的安撫需求下，祭墓引魂，安新人的心也與舊人的情有所隔斷。

第二位當事人可能非常悲痛傷心，不僅僅隨俗祭祀，還吃鴉片、不再參與聚會，可見其難過與生氣的程度[39]。這個懲戒主要依據「妻死從俗」分類，雖計算在下一類「不守主日」之中，但屆時便不再呈現。

第三個案例是「還俗」：

54B172

1946 年 9 月 4 日 B48

公決會友 TWG CUD LCS 等還俗多年屢經勸戒未得果效本會應將其禁革以儆效尤

議事錄並未說明這案例中三人實際的行為細節與期間，只有說他們「還俗多年」。然而可以確定的是：「還俗」不是一般宗教上意義指進入神職體系之後的退出，應當是指在生活上隨從世俗，沒有顯出基督徒的樣式而言。

---

[38] 有可能指的是「牽亡魂」。
[39] 許多生老病死或不順遂都會引起對信仰的埋怨：沒有得到庇佑。

2. 不守主日

有 TB、LD、LLS、YDK、NK、CJ、HST、DUY 等八個個案。

「主日」並未出現在聖經之中，聖經中只有安息日[40]，因此聖經只有關於不遵守安息日的誡律規條[41]。早期教會的傳統顯示是同時安息日與主日都有聚集[42]，直到教會開始要與猶太教分別才單單守主日，不過猶太基督徒仍是兩者皆守[43]。後來在基督教裡面便將守主日與守安息日同等看待，視遵守主日的崇拜為守安息日。議事錄裡的狀況有：

5A12

1905 年 5 月 13 日 A10

　　議 TB 不專守主日宜派李清講 OKT 前往勸勉以覆後會

28A51

1911 年 2 月 12 日 A46

　　議 LD 久不守主日亦不受勸故長老會擬禁之

36A63

1914 年 7 月 26 日 A60

　　議 LLS 自四月間至今不守主日召之赴長老會推辭不到長老會議派
　　吳長江往勸之如不反悔即于後會召他議決

30A51

1911 年 2 月 12 日 A46

　　議 YDK 犯七誡自受禁以後仍不悔改並無到堂禮拜故長老會擬候
　　稟大會革出

---

[40] 算法為週日是一週的第一天，第七天週六為安息日，且是從週五的日落至週六的日落。詳細的安息日實踐，見魏道思，2006:203-208。

[41] 十誡的第四誡命，見出埃及記 20:8「當記念安息日，守為聖日」。

[42] 使徒行傳 2:46-47「他們天天同心合意恆切地在殿裏，且在家中擘餅，存著歡喜、誠實的心用飯，讚美神，得眾民的喜愛。主將得救的人天天加給他們」，20:7「七日的第一日，我們聚會擘餅的時候，保羅因為要次日起行，就與他們講論，直講到半夜」。詳細的討論見 Brown 等學者的討論（1990:1340-1341）。

[43] 歌羅西書 2:16「所以，不拘在飲食上，或節期、或月朔、安息日都不可讓人論斷你們」。

42A87

1919 年 5 月 18 日 A85

擬 NK 因許久不守聖日經任職者累次勸勉無效故禁其就主餐

45A100

1923 年 4 月 8 日 A104

議 CJHST 不守主日應派人勸勉之遂派吳長江王顯明往勉 HST 王和祥許琴氏往勉 CJ

56C264

1976 年 9 月 5 日 C13

　　四、報告：

　　　3. DUY 執事無時間請辭。

　　五、討論：

　　　2. DUY 執事無時間參加聚會，請黃執事勤勤挽留。

　　教會似乎只能消極地禁聖餐或者好言規勸，此外無法有效處置的原因，乃在於信仰組織沒有法律的強制性，一旦信仰者不想參與，不管是因為犯罪自覺不配，放棄信仰或者世俗化——信仰失去原本的重要程度，都有可能使信仰者停止其原本的宗教活動或組織義務。

3. 護教

　　相對於其他類別項目，我所分的護教項目在第一冊完全未得見，且時間都比較偏後，間隔都至少 10 年以上。

　　頭三個懲戒事項都是與安息日會有關。根據基督教百年宣教大會的資料（MacGillivray，1907:538-539），安息日會（Seventh Day Adventist）是由美國於 1902 年傳入香港，同年進入廣東，1904 年進入廈門。由於另一個安息日會系統名為「來復會」，於 1897 年入華，僅在安徽與江蘇傳道（1907:540），應該不是議事錄所論及的安息日會。

　　傳入廈門的安息日會與傳入台灣的差會相同，名為基督復臨安息日會，其信仰與福音派信仰有些差異。相同的部分如三位一體、基督的神性、基督的救贖及再來；不同的是對安息日的看法[44]、救贖透過信心之外還要遵守摩西

---

[44] 安息日會認為第七日（即星期六）才是基督徒要守的安息日。問題在於猶太人守安

121

律法完成，終末論主張前千禧年（pre-millennialism）[45]與災後被提（post-tribulationism）[46]的觀點（華爾頓，2001:62）。改革宗則傾向於無千禧年論（amillennialism）[47]，認為千禧年是指真正的一千年，不過已經過去了。在這一千年內，福音大得興旺。在千年結束之後，撒但被釋放出來，那就是中世紀教宗制度的時期。而關於將來，一般認為基督隨時會再來，展開最後審判，而世界亦會解體了（NTD，1988:428-429）。

> 51B159
>
> 1936 年 9 月 8 日 B32
>
>> 西園支會近頗受安息日會煽動對於前途不無大受影響茲蒙盧（鑄英）歐（陽侯）二牧師前來視察會務本會恭請其親臨該處剴切勸勉以免會友誤趨歧途以安教會並派黃衛民侯得偕往勸勉眾通過

之所以對前途大受影響，就是在於對大災難的擔心害怕，以及因此對於生活態度的影響。我之前在台中牧會一段時間，接觸到許多安息日會的信徒，當中有一部份是從長老教會轉過去的。與他們的互動之間可以發現除了對於安息日與飲食的習慣以外，相當接近長老會的形式。我相信對安息日會終末論的看法是當時教會警惕護教的最主要原因：安息日會在美國一些小派教會中與一般教會的神學差異算是最小的[48]。

> 52B160
>
> 1936 年 11 月 22 日 B35
>
>> 會正報告西園支會之風波已平間有一二尚執迷不悟者待相機再勸導之又蒙宣道會派陳來帶先生任該堂傳道機會頗佳情形眾悅納之

息日的方式，與安息日會的安息日在實踐細節上相比複雜許多（魏道思，2006:203-208），絕不是單純崇拜時間自週日換回的替換而已。

[45] 即相信千禧年是在將來，是真實的一千年，在這千禧年來臨之前，啟示錄說到的七年大災難將會一一發生。

[46] 主張教會同樣要經歷災難的煉淨，得勝的才能與主同作王一千年。

[47] 無千禧年論者也相信有大災難，只是新約說到的大災難，全是屬於歷史的一般現象，將來並沒有一個「災難期」，因而沒有（災前／災後）「被提」的問題（郝思，1999:138；般保羅，1991:367-370）。

[48] 依據華爾頓（2001:62）的比較（相比教的有摩門教、基督教科學會、耶和華見證人與安息日會），安息日會在神論、基督論與聖靈論方面的觀點都算正統。

53B172

1946 年 9 月 4 日 B48

　　公決烈嶼支會會友 LCK 參與安息日會應註銷其名

進入第三冊以後，有兩次護教的懲戒紀錄，都是防衛、保護性質的討論。

57C286

1978 年 2 月 12 日 C28

　　四、報告：

　　　1.防備異教侵入本地區傳教。

當時還沒有解除戰地政務，甚至台灣也還沒有解嚴，人民並不能隨意往來金門。加上牧會二十多年的蘇老牧師剛過世幾年，而蘇老牧師要交接給汪牧師時[49]曾經特意交代：

　　為防微杜漸計，萬一汪君[50]不承認中華基督教會，立刻取消其副牧師及長老之名義。以資懲戒。

因對於非中華基督教會系統的教會與組織人員的認定疑慮，為提防有偏離舉措而有此紀錄。

64D513

1998 年 3 月 1 日 D249

　　六、討論及決議事項：

　　　10.本會為基要派信仰按著正意分解真理，哈二：20，「唯耶和華在聖殿中全地的人，都當在他面前肅敬靜默。

　　　辦法：本會信仰告白根據使徒信經，於 97 期恩泉刊出，請本區會友遵行。

　　　決議：照辦法通過。

這一懲戒記錄雖然沒有事件或懲戒的相關記載，其實是有針對性的，容後討論。

---

[49] 1972 年 11 月 12 日 15 時之會議記錄。
[50] 當時汪惠航信主是在吳勇長老的地方教會系統，並非中華基督教會。

4. 教會行政[51]

教會行政相關的懲戒記錄，全部集中在第三、第四冊裡面，性質都相近，可以看出金門地區的教會出現的問題。

> 59C330
>
> 1981 年 7 月 5 日 C56
>
> 　　四、主席報告：
>
> 　　　　6. 黃傳道報告沙美情形：教會有傳道費十幾萬元，現存於 HGT 長老處，而本人自六月份起每月僅沙美教會給 4,000 元，如何解決？
>
> 　　五、討論：
>
> 　　　　3. 黃傳道生活補助費請汪牧師與 HGT 長老洽談，應就該教會傳道費內補助。

記錄中的傳道原本為烈嶼教會牧者，因為與原任沙美傳道之牧者因事互調而到沙美任職，卻發生如記錄呈現之現象：教會費用掌握在某長老手中，對牧者之謝禮[52]在有錢的狀況下卻短發情形。後續的發展是不了了之：金門教會每月補助黃傳道些許費用──

> 60C333
>
> 1981 年 10 月 4 日 C59
>
> 　　一、報告：
>
> 　　　　2. 沙美黃傳道曉初生活費該教會無力補助，應如何解決？
>
> 　　二、討論：
>
> 　　　　2. 沙美黃傳道人黃曉初決定補助 2,000 元，並自十月份起。

記錄顯示處理的過程等於是繞過面對該教會長老的方式，解決該牧者現實問題。以下是一連串相關記錄，也是上文教會行政中最後一個紀錄的初始原因。

---

[51] 這一類事項之所以算入教會懲戒當中，因為當中牽涉到信仰的教義與倫理實踐層面，特別是誠信問題。

[52] 一般教會對於傳道人的薪津稱為謝禮，意思為禮遇與感謝之意。

62D508

1997 年 9 月 7 日 D237

五、報告：

4. 新加坡籍 JSK 牧師，原在台北市辦理神鷹神學院，因居留
證到期，以前是中華基督教會閩南堂黃世百牧師代為申
請。今因為他的教會不是財團法人，不能再申請，故於 85
年三月 6 日來金面商，請本會代為申請，即本會派駐台北宣
教士。所請有理，乃代為申請。後因本會法人登記證書過
期，亦不合規定申請，乃延至 86 年元月，本會財團法人登
記證書核發，乃即為之申請。今查該神學院已停課，未繼
續辦理，而其本人亦不在台北而自由來金，住旅社給其學生
陳敏紋等上課，實與本會原來申請在台宣教不符，應如何
處理？

六、討論及決議事項：

2. JSK 牧師既不在台北服侍，自己違約亦未提出報告，應即向
外交部申請，本會自即日起不再聘用。

63D513

1998 年月 3 月 1 日 D248

六、討論及決議事項：

4. 沙美教會現任傳道僅聘任一年，至本年（87）八月底止改聘
JSK 牧師案：

說明：

1. J 員於去年請求本會去外交部派駐台北宣教士，但他未履行其
任務，乃於去年十月 21 日再去函外交部解聘。

2. J 員個案已分別向沙美教會陳成勉長老及黃安寧弟兄說明。

辦法：本案交由三月 29 日聯合長執同工禱告會決議。

決議：照法通過。

戰地政務仍在施行期間，信徒、牧者必須由金門教會申請才能來金，致
使金門牧者幾乎沒有流動。金門在 1992 年 11 月 7 日年解除戰地政務前，第
一架民航機於 1984 年 3 月 27 日由台北首航金門，開始台金航線。之後，許

多台灣的教會、組織相繼來金門參觀、訪問。當事人願意前進金門擔任牧職，但此事最後因為缺乏互信基礎而終。

上文已提及汪牧師受託管理金門全區之中華基督教會，即為金城（原後浦堂會）、烈嶼、沙美與山外。以下記錄之後開始發生變化：

> 65D524
> 1999 年 4 月 18 日 D269
>> 六、討論及決議事項：
>> 三、案由：沙美基督教會原屬金門堂會之部分，現該會 HAN 弟兄自願將教會隸屬長老會台南中會，要改名長老會，本案應如何處理？
>> 決議：本案於四月 24 日上午 9:30 召開聯合長執會討論辦理。

> 66D525
> 1999 年 4 月 24 日 D271
>> 四、決議方式：
>> （一）為沙美教會復興禱告。

其實從這兩個會議記錄可以看出些許無奈在其中。為沙美的復興禱告其實針對的不是其信仰狀況，而是沙美要脫離中華基督教會這件事。由於最後協商的開會沙美選擇不出席，只好一起為沙美禱告。

二、與婚姻、性文化有關

1. 第七誡

所謂的第七誡在新教裡[53]便是聖經中指稱的性犯罪，議事錄記錄者可能以此為一種對「姦淫」的隱諱。

按照大清律例，關於這部分有這樣的記載：

---

[53] 十誡的內容新、舊教皆相同，但是在條文劃分內容不同，見第五章第二節相關部分的討論。

凡和姦[54]杖八十，有夫者杖九十。刁姦者[55]杖一百。強姦者絞，未成者杖一百流三千里。

——大清律例會通新纂·卷三十一·刑律犯姦·犯姦[56]

按照刑法的認定與規定，所用的是「姦淫」，泛指「違反性倫理規範之性交行為，專指非婚姻關係之性交行為」，在 221 條規定：

對於婦女以強暴、脅迫、藥劑、催眠術或他法，致使不能抗拒而姦淫之者，為強姦罪，處五年以上有期徒刑[57]。

實際上第七誡方面的懲戒，議事錄中並未清楚呈現犯罪的種類、事實與經過，因此我們不得而知詳細內容，多由家人作證告訴教會，如：

19A39

1908 年 11 月 8 日 A34

　　訪聞 YDK 有犯七誡又其母經投其不孝不顧其妻即派長老蔡恆水執事王顯明召他赴後會

20A40

1908 年 12 月 13 日 A35

　　前會所議 YDK 有犯七誡又其父經投他毆打之似此不法已極故長老會擬禁之

25A46

1910 年 6 月 12 日 A41

　　議 HM 有犯七誡以其母陳吻氏到堂證其事屬實故長老會擬禁之

除家人作證之外，也有自行承認的，如：

---

[54] 姚雨薌解釋：「『和姦』謂男女情願和同私姦也。」見姚雨薌，1964(4):3199。以現代的話就是「通姦」，見黃宗樂，1995:883,856。

[55] 姚雨薌解釋：「『刁姦』謂姦夫刁誘姦婦，引至別所通姦，亦和姦也。」見姚雨薌，1964(4):3199。

[56] 姚雨薌，1964(4):3197。但田濤等（1999:521）與張榮錚等（1995:552）均在卷三十三。

[57] 黃宗樂，1995:833。

26A47

1912 年 10 月 14 日 A42

　　議 JAG 自認有犯七誡並其妻到堂證明事果屬實故長老會擬禁之

　　此案例很可能是一個婚外情、外遇事件，原因是當事人之妻「到堂證明」，足見當事人是在婚姻關係裡犯七誡。若是現在，處以一年以下有期徒刑，其相姦者，亦同[58]。

　　自古以來，兩性在淫亂的犯行上被處理的過程與後果、觀感等均有不平等現象。基督教經典在約翰福音 8:3-11 便記載了以行淫時被抓到的婦人質問耶穌的段落，當中只有女性被抓而男性當事人卻不見蹤影。

　　金門有俗諺曰：

　　欲嫁擔蔥賣菜，不嫁和人共翁婿[59]（不與人共夫婿）

　　在第七誡的懲戒記錄中，有一個當事人女性是女性，其丈夫的身份是教會重要同工：

44A92

1921 年 4 月 17 日 A93

　　議○○○嫂即 TT 犯七誡之罪細查確據又 TC TG 犯種煙苗之非故擬俱禁之以就主餐

　　當事人於 1907 年 10 月 21 日領洗，而這件懲戒發生在當事人的丈夫過世之後，也就是領洗後約十三年。由於議事錄並未詳加說明，不得知事實景況到底如何。而早期教會女性在這方面的懲戒比較多的狀況是嫁人作妾，這是早期社會多半女性需依附於男性所致。

2. 妓

金門有俗諺云：

　　儉錢買菜脯，拿錢飼查某[60]（生活省吃儉用，為能在外養女人）

---

[58] 黃宗樂，1995:883。
[59] 董水應，2004:136。

這俗諺所說的「查某」，就是指婚姻關係以外的性關係對象。可以是同居或「妓」。而「妓」[61]的現象由來已久，也成為人類社會問題的根源之一。與一般性犯罪不同，召「妓」者是將「妓」的身體與所發生的性關係客體／物化成為金錢可以換取、獲得、操弄，以供自己性、愉悅或滿足的作法；而「妓」本身則是透過將自己的身體客體／物化成為金錢可以換取、獲得、操弄，以供他人得到性、愉悅或滿足，並在過程中換取金錢或利益。瞿海源在楊國樞、葉啟政編輯的《台灣的社會問題》書裡分析色情與娼妓問題時（1991:531）便指出了，召「妓」者與「妓」均為社會邊緣人的特性：召「妓」者——無法以符合社會一般規範的方式獲得性滿足，「妓」——充當滿足刺激性慾的對象。此種邊緣化的對於性關係滿足，會造成當事人流連忘返、屢次干犯的情形：

22A43

1909 年 5 月 23 日 A39

　　議禁 TB 因入歌妓館遊玩鬧事故長老會擬禁之

39A75

1916 年 11 月 26 日 A73

　　議會友 TB 有犯押妓事長執會召之赴會斥責其非彼以失儆醒陷誘
　　惑對長執會擬禁之並切訓勵

依據〈社會秩序維護法〉第八十條，

有左列各款行為之一者，處三日以下拘留或新台幣三萬元以下罰鍰：
一、意圖得利與人姦、宿者。
二、在公共場所或公眾得出入之場所，意圖賣淫或媒合賣淫而拉客者。
前項之人，一年內曾違反三次以上經裁處確定者，處以拘留，得併宣
告於處罰執行完畢後，送交教養機構予以收容、習藝，期間為六個月
以上一年以下。

---

[60] 董水應，2004:145。
[61] 「妓」字雖為女字旁，但是現實裡確有「妓」為男性，而，召「妓」者亦有女性，甚至，召「妓」與「妓」皆為同性的現象。

以及第八十一條,

> 媒合暗娼賣淫者,處三日以下拘留或新台幣三萬元以下罰鍰。

刑法對於妨害風化的罪責,未見到有對叫、召娼妓的罪責[62],但在第 231 條[63]規定:

> 意圖營利,引誘或容留良家婦女,與他人姦淫者,處三年以下有期徒刑,得併科五百元以下罰金。

記錄中可見到金門有「歌妓」的存在,可惜並不知道詳細情況:

> 13A23
> 1906 年 11 月 6 日 A19
> 議 OKT 有叫歌妓以舞唱大犯教規故長老會擬禁之

3. 作親未成即先往來

伊慶春在《台灣的社會問題》裡的〈家庭問題〉中指出中國文化傳統具有相當強烈的「家庭主義」特徵,其影響為家庭制度成為一切社會制度的核心,增強家庭福祉與名譽成為人社會化過程中最終努力的目標(1991:223)。因此組建新的家庭關係──亦即進入婚姻,在中國來說非常強調原生家庭在婚約關係決定時的關鍵性角色。

《大清律例》卷十裡的戶律・婚姻關於男女婚姻的條例規定[64]:

> ──嫁娶皆由祖父母、父母主婚,祖父母、父母俱無者,從餘親主婚。其夫亡攜女適人者,其女從母主婚。若已定婚未及成親,而男、女或有身故者,不追財禮。

> 2A7
> 1904 年 3 月 24 日 A6

---

[62] 我曾於 2007 年 8 月詢問從事法律事務的李勝雄律師,他直言對於嫖客的法律應是在妨害風化之範圍,但一般並不處理。

[63] 黃宗樂,1995:857。

[64] 田濤等,1999:204;張榮錚等,1995:218。而姚雨薌(1964(2):1018)在卷九。

勸 TB 因作親未成即先往來有犯教規聞之召伊赴會苦勸宜止往來
當候其憑媒說妥彼願受勸

　　這項懲戒記錄在今天看來也許無法理解，但在民國前的中國是普遍被接
受的觀念。婚姻不能光憑自己的喜好進行，需要按照習俗「憑媒說妥」才是
對自己與親家最大的尊重。這個懲戒案例，與新約聖經時代，使徒教導教會
團體尊重地域性與信仰內容不抵觸的習俗（例如，婦女當遵守秩序沈靜學道；
蒙頭的例子）吻合。

4. 將子女許配教外之人

　　以信仰傳布的角度來說，信耶穌的家庭在中國社會將女兒嫁給教外之
人，和讓兒子娶教外之人的含意是不同的。在金門有個俗諺：

入人門、順人意[65]
達家（婆婆）有嘴、新婦無話[66]

　　意思是女子一旦嫁入夫家，要順從夫家人的意識行事（董水應，
2004:104）。一般的中國家庭，至少都有祖先牌位上香、初一十五或初二十六
的拜拜活動，而這些工作的預備與進行恰恰好常常是落在媳婦的肩上。將女
兒嫁給教外之人，便是將女兒推入一個激烈的信仰衝突情境之中，使她在文
化、家庭、鄰里的壓力之下至少需要做一些與基督信仰相違背的行為[67]。而若
將教外之人娶進門，則多半順應家庭的基督信仰不拿香拜拜，但常常會導致
下一代有信仰世俗化，甚或倒退之情形。

　　台灣教會界也有針對「子女許配教外之人」的俗諺[68]：

嫁一個，死一個；娶一個，死整家。

意思是若將女兒嫁與教外之人，在中國社會之中，便容易使女兒在環境中喪
失信仰；而為兒子娶進一門教外媳婦，便容易使新建立的家庭的信仰全部失

---

[65] 董水應，2004:104。
[66] 董水應。2004:106。
[67] 我在金門牧會的期間，有會友告訴我，她的母親將她嫁給教外之人，有先與夫家相
約定只參與祭品的預備與收拾，不參與祭拜。儘管如此，實際上來自親人、鄰里的
口舌壓力還是很大。
[68] 感謝吳道宗博士的提供。

喪。這兩種狀況在基督教人口長久為少數的金門地區，因著同信仰的婚配對象較少而相當常見。

4A12

1905 年 5 月 13 日 A10

議聞 LN 有將其女許配叫外之人長老會甚憂即派楊篤謝李清講往彼查勸以覆後會

6A13

1905 年 9 月 10 日 A11

楊篤謝等覆查 LN 將女許配教外之人其事已定姑候其女嫁出之日即行教規長老會准

8A16

1906 年 1 月 28 日 A12

議 LN 已將其女嫁出教外之人有犯教規故長老會擬禁之

這一事件是所有懲戒記錄中「牽連」最廣的事件，有好多人以說媒的方式參與了這樁婚事，因此也一併被懲戒。

9A16

1906 年 1 月 28 日 A13

議 JM 為 LN 之女作媒亦犯教規長老會擬禁之

10A16

1906 年 1 月 28 日 A13

議 JM 之妻 DJ 亦有為 LN 之女作媒長老會召之因有病阻不得赴會姑候後會議定

11A17

1906 年 2 月 3 日 A15

議 DJ 亦為 LN 之女作媒因時已晚無機召彼赴會再候後會召來赴會議定

12A18

1906 年 3 月 3 日 A15

> 議 DJ 為 LN 之女作媒長老會時被召即遂時赴會責其錯誤彼甚憂悶
> 認錯亦願自今以後不敢復犯且欲盡力引導 LN 之女及其女婿前來
> 聽道長老會聞其所言顯有認罪故憐而赦之

另一個將女兒嫁給教外之人的紀錄中顯示當事人是教會執事：

14A24

1906 年 12 月 16 日 A19

> 議 TDZ LZ 夫婦將其女許配世俗有犯教規故長老會擬禁之並黜
> TDZ 執事之職

兩件懲戒相隔不久，且這一件為長執同工所犯，可見信仰混婚的現實難題在金門基督徒來說是很嚴峻的考驗。

5. 婚外情

以下這類唯一的的懲戒記錄並未詳細記載，因當事人從會議記錄顯示出當時有岳父，故以婚外情稱之。不過，這個事件有個悲慘的背景：當事人為教會牧者，因為妻子與兒子相繼過世，悲痛欲絕而精神發生狀況，實在不是當事人有意識的過失逾犯。

58C309

1980 年 1 月 6 日 C42

> 四、報告：
>
> 　4. 沙美 D 傳道最近生活不檢，追求山外小姐不成反怨牧師不
> 　　幫忙。
>
> 五、討論：
>
> 　3. 各項講台仍由牧師負責，D 傳道最近生活不檢不聖潔，暫不
> 　　請他來本堂講道。`

這個事件最後以悲劇收場──議事錄顯示，在此記錄之後當事人即自願與原任烈嶼教會之牧者對調，卻在隨後精神分裂，由其岳父幫忙申辦手續回台就醫。

三、其他

除了信仰、婚姻與性文化相關,其餘的項目我將之歸為「其他類別」,有「鴉片」、「不孝」、「賭博」、「受禁後仍不受勸」與不知懲戒原因的「不詳」。

1. 鴉片

根據司法行政部犯罪問題研究中心(1966:7)的整理,我國對鴉片的禁制,始於雍正七年(1792 年),因吸食人尚少,僅禁運不禁止吸,嘉慶十八年(1813年)開始禁吸,道光年間嚴定禁種之刑。經歷禁煙、鴉片戰爭⋯⋯一連串的事件,中國終於結束最後王朝,進入共和。可以說影響近代中國最為深廣的就是鴉片問題了。偏偏這一頁的歷史與基督新教的宣教士有很深厚的關係:首先來華的新教宣教士馬禮遜是作為東印度公司的雇員來華,而英國東印度公司就是對華鴉片貿易的最大獲利者與執行者。

在馬禮遜墓碑上刻的銘文寫著:

> 馬禮遜博士 1782 年 1 月 5 日生於諾森伯蘭郡莫珀斯,1807 年受倫敦差會之差遣來華,受雇於東印度公司任中英文翻譯達 25 年之久。1834 年8 月 1 日卒於廣州

——湯森,2002:161;邢福增,2007:48-49

後來在華外國僑民於 1843 年於馬禮遜墓前豎立石碑(李志剛,2007:72-73;顧長聲,2004:27),寫著:

> 嘗聞天地間有萬世不朽之人,端賴其人有萬世不朽之言行。如我英國之羅伯・馬禮遜者,乃萬世不朽之人也。當其於壯年來中國時,勤學力行,以致中華之言語文字,無不精通。迨學成之日,又以所得於己者作為《華英字典》等書,使後之習華文漢語者,皆得借為津梁,力半功倍。故英人仰慕其學不厭、教不倦之心,悉頌為英國賢士。由此不忘其惠,立碑以志之曰:

「羅伯・馬禮遜，英人也。生於乾隆四十六年正月初五日，距終於道光十四年六月二十六日，共享壽五十二歲。溯自嘉慶十一年九月間始來中國，至嘉慶十三年間初為經理公司事務，及道光十四年三月內公司既散後經理國家政事，迨未數月而病遂不能起。幸其子儒翰・馬禮遜者，雖未足繼其徽，亦略能濟其美，故今日學廣所傳，功垂永久，實為近代之所罕睹者焉。」
道光二十三年八月十五日，聖人一八四三年十月初八日。各國眾友等全勒碑。

沈承恩（羅冠宗，2003:11）指出了這當中的弔詭之處：

……石碑，上刻他來華後的主要工作……從他主要從事的工作，看不出他竟是一位傳教士。

這顯示從「授方」來看，雖然馬禮遜當時透過東印度公司來華工作，可以被理解、接受為一種權衡、妥協或不得不為的決定，但從部分「受方」觀點來看，馬禮遜的宣教工作卻有倫理的爭議性：儘管馬禮遜在對華宣教、聖經翻譯、語文研究上有不可抹滅的功績，然而他任職於東印度公司與相當於英國副領事職等的英國大使翻譯官，對鴉片貿易知之甚詳，卻沒有公開為文或行動上盡力反對，使其擁有兩種「授方」角色——一為信仰的「授方」，二為鴉片的「授方」！我認為後來的教會在處理、面對鴉片問題上特別謹慎與嚴厲與此有關。
《大清律例》卷二十「兵律」之「關津」的「私出外境及違禁下海」的條例[69]（張榮錚等，1995:338）：

興販鴉片煙，照收買違禁貨物例，枷號一個月，發近邊充軍；為從杖一百，徒三年。如私開鴉片煙館，引誘良家子弟者，照邪教惑眾律，擬絞監候；為從，杖一百，流三千里[70]。船戶、地保、鄰佑人等，俱杖一百，徒三年。侍衛官員等買食鴉片煙者，革職，照違制律，杖一百，加枷號兩個月。軍民人等買食者，俱杖一百，枷號一個月。內廷太監

---

[69] 亦見田濤等（1999:339），但姚雨薌（1964(3):1727）在卷十九。
[70] 與《大清律例》「禮律」之「祭祀」的「禁止師巫邪術」（張榮錚等，1995:280）刑罰相同，該條例提及「**邪教惑眾照律治罪外，如該地方官不行嚴禁……，一并交與該部議處**」。

買食者，枷號兩個月，發新疆給官兵為奴。如兵役人等，藉端需索，計贓照枉法律治罪。失察之汛口地方文武各官，並不行監察之海關監督，均交部嚴加議處。

由於鴉片的犯罪，是一種當時「新興」的犯罪模式，其刑罰便會按照各種不同的律例處理之。進入民國，民國十八年國民政府頒佈禁煙法，後來修訂為刑法第 256 條[71]：

> 製造鴉片者，處七年以下有期徒刑得併科三千元以下罰金。

在〈台灣日日新報〉1918 年 12 月 18 日有提及金門、同安：

> 罌粟遍地：自閩粵軍興以後。當道者以戰務為重。未遑計及禁煙一事。功令不免廢弛。由是泉屬一帶內地。如金門、同安、安溪等邑。均有發現私種罌粟者。現正屆成熟之期。未知當道者。何以處治之也

同樣是〈台灣日日新報〉1920 年 10 月 31 日：

> 五縣煙禁怪聞：頃聞福建當局。另派辛桂芳團長往漳接防。辛桂芳原擔同安。惠安。晉江。南安。金門等縣。勸種罌粟。征收罌粟稅者……前日廈門有閩南煙苗禁種會出現……舉陳嘉庚為正會長。黃廷元為副會長。其禁種之目的。非欲肅清煙毒。是欲抬高煙價……今臧致平已與禁種會接洽妥協。以煙稅一成給該會。該會自前日通電後。已噤若寒蟬。嗟呼。福建煙毒。何時能肅清也。

可見林則徐禁煙之後許久，沿海內地與離島還是有嚴重的鴉片煙草問題，特別是金門。

關於鴉片的懲戒，在議事錄裡面位居頭三個懲戒記錄的兩個：

1A7
1904 年 3 月 24 日 A5-6

> 擬禁 SA 以其有吸食鴉片經伊胞弟○○○苦勸不聽乃告於長執會前因以路途遠涉不能召伊赴會苦勸但伊胞弟當前明證足據當辦是以長執會禁伊

---

[71] 黃宗樂，1995:927。

3A11

1904 年 12 月 25 日 A9

　　議禁 TDN 以其有吸食鴉片之事故長老會禁之

21A41

1908 年 12 月 20 日 A37

　　議 LM 妻死從俗祭祀並吃鴉片不守聖日故長老會擬禁之

44A92

1921 年 4 月 17 日 A93

　　議……又 TC TG 犯種煙苗之非故擬俱禁之以就主餐`

根據刑法第 260 條[72]：

　　意圖供製造鴉、嗎啡之用，而栽種罌粟者，處五年以下有期徒刑，得
　　併科三千元以下罰金。

議事錄裡也有出現種植鴉片的紀錄：

46A102

1923 年 6 月 12 日 A107

　　議派許琴氏往勉 LYY 吸染鴉片之過……以覆後會

47A105

1924 年 2 月 6 日 A111

　　議前派許琴氏往勉 LYY 吸鴉片……特再派吳長江王和祥往勸
　　LYY……以覆後會

49A118

1926 年 6 月 27 日 A126

　　議 LYY 久吸鴉片應派人勸其悔改即派吳長江許琴氏往勉之以覆後會

50A119

1926 年 11 月 14 日 A127

---

[72] 黃宗樂，1995:929。

許琴氏等覆往勉LYY吃鴉片之事長執會念其係因體病弱所致暫為
寬容

從以上可以看出關於鴉片的犯罪，世俗法律有罰則的，教會的懲戒多半只
有禁聖餐，對於犯罪不具任何嚇阻作用。且教會對吸食者做了寬容的處置，在
世俗法律的觀點來說也不見得適當，隱含有教會法權凌駕國家法權的現象。

2.不孝

許多閩南信徒共有的經驗中，有一句俗諺「信基督教，死沒人哭」成了
對基督徒在孝道上面最大的指責。由於信仰裡「除我以外，你不可有別的神」
的誡命[73]，以及「香」的宗教意涵[74]，使得拿香、燒紙錢、祭拜等對祖先表達
敬意的舉措因為在信仰上有所不妥而被非信徒以不孝非議之。然而，後浦議
事錄裡所記載的不肖卻不是這種「禮儀之爭」意義下的不孝，而是真正對父
母或養父母的不孝。

> 19A39
>
> 1908 年 11 月 8 日 A34
>
> 　　訪聞 YDK 有犯七誡又其母經投其不孝不顧其妻即派長老蔡恆水
> 執事王顯明召他赴後會

> 20A40
>
> 1908 年 12 月 13 日 A35
>
> 　　前會所議 YDK 有犯七誡又其父經投他毆打之似此不法已極故長
> 老會擬禁之

大清律例，有這樣的記載：

> 凡子孫毆打祖父母父母及妻妾毆夫之祖父母父母者皆斬，殺者皆凌遲
> 處死。
>
> 　　　　——大清律例會通新纂・卷二十六・刑律鬥毆下・毆祖父母父母[75]

---

[73] 出埃及記 20:3。

[74] 張珣（2006:19）認為「香」原有的中國含意，加上來自印度佛教的意涵——已由形
容詞增添為可當名詞用，而且是指敬神用的「香」。

[75] 姚雨薌，1964(4):2817。但田濤等（1999:463）與張榮錚等（1995:496）均在卷二

依據清朝《刑案匯覽三編》，「……子毆父母案件，審無別情，無論傷之輕重，即行奏請斬決」[76]，在道光十五、十六年（公元 1835-1836 年）是如此。這個案例除當事人本身有犯第七誡的過失之外，還有不孝之非：按照記錄來說就是毆打父親。記錄裡面提到「似此不法已極」的字眼，當時（1908 年，清光緒 34 年）在世俗法律中是要被斬決的。

在會議記錄裡，當事人的懲戒記錄出現在晚清，若照大清律例，其毆打父親的行為可治其斬首之罪，可見毆打父母在中國是極為嚴重的罪行。但是教會僅僅禁他聖餐，可能沒有任何作用。相同地，這樣的作法在世俗法律的觀點來說不見得適當，也隱含有教會法權凌駕國家法權的現象。

55C251

1975 年 7 月 27 日 C6

　　二、報告：今天討論重點：

　　　2.P 嫂養女 YBG 不孝事

　　三、討論事項：

　　　2.P 嫂與養女不和，請牧師和王長老多加勸導。

到了現代，法律沒有大清律例的嚴峻，只有在法條上規定子女應當盡責奉養父母，教會的相應作法也只能是勸導而已。

3.賭博

依據清朝《刑案匯覽三編》，對於賭博的處置：

　　……賭博不分兵民，俱枷號兩個月，杖一百[77]

在乾隆五十七年（公元 1792 年）與道光二年（公元 1822 年）皆是如此。而議事錄這幾個案子是同一個人在民國時期發生，所適用的是刑法第266 條：

　　在公共場所或公眾得出入之場所賭博財物者，處一千元以下罰金。

十八。

[76] 潘文舫等等，2004:355。

[77] 祝慶祺等，2004:2012-2013。

43A90

1920 年 9 月 19 日 A90

　　議DBS犯賭博之非本會派歐陽侯王文勇勸勉如仍蹈故轍俟後會依
　　法懲辦

46A102

1923 年 6 月 12 日 A107

　　議派許琴氏往勉……之過楊篤謝往勸 DBS 賭博之非以覆後會

47A105

1924 年 2 月 6 日 A111

　　議前派許琴氏往勉……楊篤謝往勉DBS賭博之事據云未有悔改茲
　　因楊篤謝長老逝世特再派吳長江王和祥往勸……許琴氏往勉 DBS
　　以覆後會

4.受禁之後仍不受勸

法律對於屢犯者均有加重刑罰的處置，教會懲戒也是一樣。

31A52

1911 年 10 月 15 日 A47

　　議YDK LM 經稟大會准革出仍不受勸定于九月初一日讀條款革出

　　這個記錄顯示在做出革出決定之後，仍舊給予當事人悔改的機會，不過
由於兩位當事人無動於衷，最後便真正革出。這與法規論據部份所談到長老
宗的作法相合。

5.不詳

　　議事錄裡面有部分的懲戒紀錄由於沒有交代懲戒的事由，或者不甚明
顯，因此我將這種記錄都放到「不詳」類別裡。

　　當信徒需要遷至別處，就必須由長執會發照[78]給信徒，由信徒攜至新居附
近的堂會交與該堂長執會，由新居之堂會照顧信徒往後的靈性生活[79]。若遷徙

---

[78] 指「徙居照」。

的信徒是處於被懲戒的狀況，在徙居照中會加以註明[80]，使新居堂會同工得以照應[81]。

32A54

1911 年 11 月 12 日 A48-49

　　議接坂仔堂會來徙居照OML○○氏○○○屬本堂長老會當接納之錄
　　其名於人名冊因 OML 被禁任職者當竭力勸導望得再接主餐

　　當事人在原本所屬堂會中被禁，議事錄中顯示後浦堂會有責任與義務對當事人進行勸導，以使其再接主餐。

40A77

1917 年 2 月 25 日 A76

　　議會友 OML 受禁已久應查察其守道如何即派王文勇並託歐陽侯
　　同往查問以覆後會

41 A79

1917 年 3 月 25 日 A77

　　議歐陽侯等復往查問 OML 守道之事長老會再召之赴會聆其面陳
　　情節知其有悟前非及守道之據即請楊篤謝歐陽侯代為祈禱並許再
　　就主餐

　　當事人由坂仔堂會[82]於清末[83]徙居至金門，會籍遷入後浦堂會，議事錄並未顯示其受懲戒之因。經過六年已經進入民國時期，長執會悉其受禁已久，查察其守道情形，便派當時的兩位長執同工前往瞭解，於回報情況之後，長老會召之赴會聽當事人自己說明。在當事人有悔改並平時即有守道憑據的狀況下，當場請在座長老（一位是資深長老，自第二次會議即任長老的楊篤謝

---

[79] 如台灣基督長老教會行政法第 42 條「**會員籍遷移，由本人及現屬教會小會向原屬教會小會提出申請，原屬教會小會應發給轉會薦書。小會議長在轉會薦書上蓋章發給後報告小會**」。

[80] 附錄四圖 4。

[81] 如第 43 條「**受戒規之會員，在轉會薦書上應記明其未解除之戒規**」。

[82] 林語堂之父親林至誠牧師所牧養之堂會。

[83] 議事錄有紀錄教會接當事人的徙居照，所以實際徙居日期應當在 1911 年 11 月 12 日之前。

長老，與新受選後來成為第一位於後浦堂會中被圈選出來擔任牧師的歐陽侯長老）為當事人代禱，准他可以再就主餐。

這一個例子，當事人正式被挽回了——不僅僅是他自己的悔改，也透過教會的關懷與正式的處理，當事人再次被接納，整合進信徒團契之中，不用再孤伶伶面對這一切。

以下的紀錄都是單獨的個案，雖有部分當事人曾出現於其他懲戒記錄，不過由於記載不詳，為免不當連結，都歸於此：

23A44

1919 年 10 月 3 日 A39

　　議 THN[84]再就主餐以其顯有悔罪之據

33A55

1912 年 1 月 28 日 A51

　　議 TB[85]JM[86]有悔罪之據准其再就主餐

61D407

1988 年 7 月 3 日 D76

　　五、報告：

　　　6.WQN 如何勸慰、鼓勵他上進為主用？

　　六、討論與決意事項：

　　　2.請莊天信執事就近探訪 WQN 安慰及鼓勵

---

[84] 我認為有可能當事人與 1904 年 12 月 25 日的「議禁 TDN 以其有吸食鴉片之事故長老會禁之」記錄為同一人。

[85] 詳情無法確定，可能為 1909 年當事人的「歌妓」事件。

[86] 詳情無法確定，可能為 1906 年當事人的「為人女嫁與外人作媒」之事。

第四節　懲戒處理與循環

一、懲戒處理

　　教會懲戒與世俗對作奸犯科犯人的懲治，在動機、目的、作法並不相同。世俗的處理並沒有循環可言，一次次的懲治均始於犯案被抓，結束於刑滿或處理結案；而教會懲戒實際上是則使人的心靈、思想與行為透過具有象徵意義的隔離與革除行為，促進當事人深刻地自省、悔罪，更新。就基督宗教的人論來看，教會懲戒幾乎成了無始無終的行動。

　　議事錄裡並未詳細記載如馬太福音十八章所言在初悉誤失逾犯情事即與當事人勸誠的行動，其原因應該是懲戒在進入長執會之前必當已有一段時間，而議事錄只記錄會議論及的內容所致。

　　我們可以見到在議事錄裡面，有對當事人誤失逾犯的情事進行確認的過程——

　　長執會知悉當事人的情事後，便召當事人到長執會中，視情節進行勸說，並按實際情節進行懲戒與再查驗，方式與步驟如下：

　　1.**禁（主餐）**：從所有相關的紀錄看來，這是所有的懲戒之本，實際作法便是禁止該員的聖餐。

　　聖餐是基督宗教七大聖禮之一[87]，耶穌基督受難之前一夜於最後晚餐中示範並要求門徒（跟隨耶穌的人）務必如此行以紀念祂[88]。在經文當中的「不按

---

[87] 基督新教只承認洗禮與聖餐，但其餘基督宗教（東正教與天主教）還有堅振禮、告解禮、按立禮、婚姻禮與抹油禮（布爾加科夫，1995:156）。

[88] 見哥林多前書 11:23-27：「我當日傳給你們的，原是從主領受的，就是主耶穌被賣的那一夜，拿起餅來，祝謝了，就擘開，說：「這是我的身體，為你們捨的，你們應當如此行，為的是記念我。」飯後，也照樣拿起杯來，說：「這杯是用我的血所立的新約，你們每逢喝的時候，要如此行，為的是記念我。」你們每逢吃這餅，喝這杯，是表明主的死，直等到他來。所以，無論何人，不按理吃主的餅，喝主的杯，就是干犯主的身、主的血了」。

理」（ἀναξίως，anaxios）指的是「不相稱」或「不合宜」的意思[89]，這給了基督宗教信徒禮儀施行的動力與緊張：應行與不當行間的謹慎——什麼樣的人可以、不可以；可以的人、不可以的人有沒有去行或不行。

對聖餐這種含有豐富生命連結表徵意涵的聖禮，被拒斥不得施行會呈現出怎樣的表徵呢？豈不是意味著其信仰生命不僅與信仰團體斷絕，更是與信仰生命的源頭斷絕嗎？所以這個懲戒措施對於信徒擁有近乎百分之百的嚇阻作用，對於非信徒或無意留在信仰群體者而言，則完全沒有效力。

2.**黜職**：對於在教會已經當職的同工，如長老、執事，甚至牧者，後浦教會的懲戒措施除了禁止參與聖餐之外，便是將其與所擔負的職務隔斷——黜職。

教會裡面的職務與世俗的職務最大的不同，在於意義與目的的差異——教會職務是羨慕善工的基督徒[90]分攤教會裡的事務，是一種各盡其職[91]的分工（而非不平等的分配），動力的來源均指向神。因此在教會裡當職，對信仰的人來說，理應是一份榮譽。而被罷黜教會職分，少了榮譽不說，正如同兒女在家中被禁止服事雙親一般地彆扭、難受。當然，這仍然是對信仰內的人有效，正如孽子孽女一點也不必，更不會因為不能服事雙親而難受。

3.**懲戒後的評估查驗**：教會對誤失之人進行懲戒後，並非懲戒的完成而不再過問。從議事錄記錄看出，在長執會進行懲戒之後，會進行查驗，如：

40A77

1917 年 2 月 25 日 A76

　　議會友 OML 受禁已久應查察其守道如何即派王文勇並託歐陽侯
　　同往查問以覆後會

---

[89] 見 BAGD，1994: 43。

[90] 見提摩太前書 3:1：「『人若想要得監督的職分，就是羨慕善工』。這話是可信的」與 3:8：「作執事的，也是如此：必須端莊，不一口兩舌，不好喝酒，不貪不義之財」。因此教會當職的條件，在聖經中所呈現的，幾乎完全是倫理性的要求，而鮮少能力的要求。

[91] 以弗所書 4:11-16：「他所賜的，有使徒，有先知，有傳福音的，有牧師和教師，為要成全聖徒，各盡其職，建立基督的身體，直等到我們眾人在真道上同歸於一，認識神的兒子，得以長大成人，滿有基督長成的身量，使我們不再作小孩子，中了人的詭計和欺騙的法術，被一切異教之風搖動，飄來飄去，就隨從各樣的異端；惟用愛心說誠實話，凡事長進，連於元首基督，全身都靠他聯絡得合式，百節各按各職，照著各體的功用彼此相助，便叫身體漸漸增長，在愛中建立自己」。

然後根據其言行是否悔罪，再決定進一步處理：悔罪則接納之，如：

7A13

1905 年 9 月 10 日 A10

　　李清講覆勸 TB 不專守主日據云彼願受勸長老會納之

准其再就主餐，如：

24A44

1919 年 10 月 3 日 A39-40

　　議 TDZ LZ 夫婦前為嫁女受禁今已有痛哭悔罪之據故再接之就主餐

若不願悔罪，則「革出」，如：

30A51

1911 年 2 月 12 日 A46

　　議 YDK 犯七誡自受禁以後仍不悔改並無到堂禮拜故長老會擬候　稟大會革出

31A52

1911 年 10 月 15 日 A47

　　議YDK LM經稟大會准革出仍不受勸定于九月初一日讀條款革出

除了革出，還有「擦其名[92]」，如：

48A118

1926 年 6 月 27 日 A126

　　議NK 久不守主日經長執會派人勸勉之未見悔改應稟區議會擦其名

　　雖然中華基督教會的法規無法尋獲，但後浦堂會的教會懲戒，很有可能也是遵循前述台灣基督長老教會在《*Tâi-Oân Ki-Tok Tiún-Ló Káu-Hōe ê Tián-Lé*》（台灣基督長老教會的典禮），第八章「Kek-Chhut」（革出）相同的作法而行[93]：稟報區會奉准，等待顯明悔據，最後革出、擦其名。但必須注

---

[92] 如議事錄第 126 頁：議 xxx 久不守主日，經長執會派人勸勉之未見悔改，應稟請區議會擦其名。見附錄三 48A118。
[93] 依據當時任後浦堂會之傳道長老黃學哲的說明。

意的是，議事錄裡的懲戒記錄並未對每一位當事人都走完這些過程，也不見得每一個過程走的時程都一樣[94]。

記錄也顯示懲戒的執行不會因為會籍身份轉換而停止或中斷，如：

32A54

1911 年 11 月 12 日 A48-49

議接坂仔堂會來徙居照OML○○氏○○○屬本堂長老會當接納之錄其名於人名冊因 OML 被禁任職者當竭力勸導望得再接主餐

徙居照註明受懲戒的狀況，現在的台灣基督長老教會也有相同的規定與作法：

第 43 條

受戒規之會員，在轉會薦書上應記明其未解除之戒規。

這樣的處理，才算在信仰裡真正處理違犯的問題。

二、懲戒循環

議事錄裡面的懲戒記錄，可以觀察出兩種循環現象。

第一種，有當事人一再出現在不同懲戒事項的紀錄當中，也就是說他犯了許多的罪，而教會都一一採取行動懲戒與挽回當事人，如：

2A7

1904 年 3 月 24 日 A6

勸 TB 因作親未成即先往來有犯教規聞之召伊赴會苦勸宜止往來當候其憑媒說妥彼願受勸

5A12

1905 年 5 月 13 日 A10

議 TB 不專守主日宜派李清講 OKT 前往勸勉以覆後會

---

[94] 關於這一點，容後討論。

7A13

1905 年 9 月 10 日 A11

　　李清講覆勸 TB 不專守主日據云彼願受勸長老會納之

23A43

1909 年 5 月 23 日 A39

　　議禁 TB 因入歌妓館遊玩鬧事故長老會擬禁之

33A55

1912 年 1 月 28 日 A51

　　議 TB JM 有悔罪之據准其再就主餐

39A75

1916 年 11 月 26 日 A73

　　議會友 TB 有犯押妓事長執會召之赴會斥責其非彼以失儆醒陷誘
　　惑對長執會擬禁之並切訓勵

　　幾次的懲戒記錄當中，有兩次的悔據、三種不同的事項，可見對違犯的
挽回與處理是一直循環不斷的過程，必當要有確實的悔據才行。

　　第二種循環現象，便是當事人在懲戒過程中因為犯罪或悔改而在身份上
有變動的循環現象，有四個典型的例子，以下依序展示。

OKT

　　OKT 根據議事錄所顯示出來的跡象，應該是一位早期在後浦堂會新領洗
進教的信徒：

　　議聽道之人俟居 TDN OKT 王顯蔡水等可堪領洗進教

　　　　　　　　　——1902 年 6 月 21 日第一冊第 3 次會議於第 2 頁

不到兩年便被會眾選為執事，可見他領洗之後的表現受到會眾的肯定：

　　於是日會眾同心選舉楊篤謝李清講邵德貞三人為長老又選 OKT 王文勇
　　林水松三人為執事如無所阻當即定於肆月十五主日設立

——1904 年 5 月 15 日第一冊第 9 次會議於第 8 頁

於是日設立前會所議選長老楊篤謝李清講邵德貞執事 OKT 王文勇惟裂嶼林水松為風雨所阻不赴茲定於本念貳主日再行設立

——1904 年 5 月 29 日第一冊第 10 次會議於第 8 頁

擔任執事近兩年便改選卸任：

議長老楊篤謝李清講邵德貞執事王文勇 OKT 林水松任滿茲定于四月初六日再行選舉長老三人執事三人

——1906 年 4 月 22 日第一冊第 19 次會議於第 16 頁

卸任不過半年，OKT 便因故被懲戒了：

13A23

1906 年 11 月 6 日 A19

議 OKT 有叫歌妓以舞唱大犯教規故長老會擬禁之

禁了半年聖餐之後，長執會派員勸告當事人悔改，並在確認悔意之後再次接納當事人就主餐，回復到信徒團體（團契）關係當中：

15A26

1907 年 5 月 4 日 A22

議派王文勇勸 OKT 宜速顯明悔罪

16A27

1907 年 5 月 5 日 A23

王文勇覆勸 OKT 宜顯明悔罪彼願受勸長執會納之

17A28

1907 年 7 月 12 日 A24

議許 OKT 再就主餐以其顯有悔罪之據

之後 OKT 便不再出現於議事錄裡了。

經過這一完整的循環，當事人從新入教的信徒，成為執事擔職服事，卸任犯罪而受懲，在教會明快而積極的處理中總算把當事人挽回。另外，

從此例可以理解為何在新約聖經裡保羅要提醒提摩太：「初入教的不可作監督，恐怕他自高自大，就落在魔鬼所受的刑罰裏」（提摩太前書 3:6）。

TB

TB 從議事錄來看應該不是新領洗入教或自其他堂會徙居而來的信徒，因為議事錄裡沒有這兩樣紀錄，可能他是在地的早期信徒。關於 TB 有好幾個懲戒紀錄，但是從性質來看都是屬於與婚姻、性文化有關係的事項，這表示當事人幾次都在軟弱當中復犯，也在規勸中反悔：

2A7

1904 年 3 月 24 日 A6

勸 TB 因作親未成即先往來有犯教規聞之召伊赴會苦勸宜止往來當候其憑媒說妥彼願受勸

5A12

1905 年 5 月 13 日 A10

議 TB 不專守主日宜派李清講 OKT 前往勸勉以覆後會

7A13

1905 年 9 月 10 日 A11

李清講覆勸 TB 不專守主日據云彼願受勸長老會納之

23A43

1909 年 5 月 23 日 A39

議禁 TB 因入歌妓館遊玩鬧事故長老會擬禁之

33A55

1912 年 1 月 28 日 A51

議 TB JM 有悔罪之據准其再就主餐

大約於第一次出現在議事錄（1904 年 3 月 24 日）的 10 年後，TB 被會眾選為執事：

會正佈告是日為簽選長執事即依簽字之法選舉先選長老三人即李清講
陳侯賽王文勇為長老再選 TB 為執事定唱三禮拜若無所阻即設立之共
任會務

　　　　　──1914 年 11 月 21 日第一冊第 65 次會議於第 62 頁

很可惜在 TB 卸任之後不久，馬上又再陷入以往的過犯當中：

39A75

1916 年 11 月 26 日 A73

　　議會友 TB 有犯押妓事長執會召之赴會斥責其非彼以失儆醒陷誘
　　惑對長執會擬禁之並切訓勵

LLS

LLS 是早期新入教的信徒：

議聽道之人許具氏 TT 氏 LLS 張水奢等若無阻擋即定本二十一主日許
其領洗進教

　　　　　　──1907 年 10 月 11 日第一冊第 30 次會議於第 25 頁

從這懲戒記錄可以看出，可能由於初信，對信仰的理解不夠，加上根基
不深並且遇見極為傷痛的變故，領洗之後經過年餘，當事人因為喪妻續絃時
從俗被懲戒：

18A39

1908 年 11 月 8 日 A34

　　議 LLS 前其妻去世遵教規出葬近日再續絃受迷惑請道士祭墓引魂
　　從俗顯明有犯教規故長老會擬禁之

27A48

1910 年 8 月 7 日 A42

　　議准 LLS 再就主餐以其顯有悔罪之據

被接納就主餐之後又經年餘，當事人被選作執事，並於兩年後任滿卸任：

> 議長老楊篤謝李清講蔡恆水執事王顯明侯得林水松等任滿會眾相議欲
> 添選一長老一執事即依簽字之法先選楊篤謝李清講蔡恆水吳長江為長
> 老又選王顯明侯得林勇 LLS 為執事唱明三禮拜若無阻擋即設立之共任
> 會務
>
> ——1911 年 10 月 22 日第一冊第 53 次會議於第 48 頁

> 前所簽選長老楊篤謝李清講蔡恆水吳長江執事王顯明侯得 LLS 林勇等
> 經于本日設立之共任會務
>
> ——1911 年 11 月 12 日第一冊第 54 次會議於第 48 頁

> 長老楊篤謝吳長江執事 LLS 林勇任滿此時再為簽選僉選楊篤謝吳長江
> 為長老 TDZ 林勇為執事定三禮拜若無所阻即設立之以供會務
>
> ——1913 年 11 月 2 日第一冊第 60 次會議於第 56 頁

卸任之後約半年，當事人因不守主日出現於懲戒記錄中：

36A63

1914 年 7 月 26 日 A60

> 議 LLS 自四月間至今不守主日召之赴長老會推辭不到長老會議派
> 吳長江往勸之如不反悔即于後會召他議決

37A64

1914 年 10 月 18 日 A60

> 議 LLS 自前會至今仍不守主日抗召不赴故長老會擬禁之

之後，LLS 便不再出現於議事錄。再次被接納與受選做執事的期間，若
能在這約一年多裡對受懲戒者信仰再教育，或許延緩他受選的時間，可能可
以幫助當事人信仰能更穩固。

TDZ

TDZ 算是相當早期的新領洗入教的信徒，特別的是他與妻子一同領洗：

議聽道之人 TDZ 王勇侯得 LZ 翁緞氏陳水氏林�氏陳研氏可堪領洗
進教

——1902 年 11 月 2 日第一冊第 4 次會議於第 4 頁

受洗之後三年多，TDZ 被會眾選為執事：

于初六日上午會眾同心選舉楊篤謝李清講蔡恆水為長老又同心選舉王
文勇 TDZ 林水松為執事若無所阻即定本月二十日上午設立

——1906 年 5 月 6 日第一冊第 20 次會議於第 17 頁

之後過四次會議，便因為將女兒嫁與教外之人，與妻子一起被懲戒，「黜」
了執事的職分，隔了快三年，才因痛哭悔罪而再次被接就主餐：

14A24

1906 年 12 月 16 日 A19

　　議 TDZ LZ 夫婦將其女許配世俗有犯教規故長老會擬禁之並黜
　　TDZ 執事之職

24A44

1909 年 10 月 3 日 A39-40

　　議 TDZ LZ 夫婦前為嫁女受禁今已有痛哭悔罪之據故再接之就
　　主餐

再過了四年的時間，當事人被選為執事且於任滿後受會眾肯定，被選連
任兩次：

長老楊篤謝吳長江執事 LLS 林勇任滿此時再為簽選僉選楊篤謝吳長江
為長老 TDZ 林勇為執事定三禮拜若無所阻即設立之以供會務

——1913 年 11 月 2 日第一冊第 60 次會議於 56 頁

議長老楊篤謝陳侯賽執事 TDZ 林勇滿任當再依例簽選先選長老二人即
選楊篤謝陳侯賽仍為長老又選執事二人仍選 TDZ 林勇為執事

——1915 年 11 月 21 日第一冊第 70 次會議於第 67 頁

前定五月首禮拜日選舉長老會正因有事阻故至本主日乃得僉選楊篤謝
王文勇為長老 TDZ 仍為執事惟裂嶼林維勇向會眾面陳恐難稱職故本長
執會為裂嶼未獲妥人繼任當俟後會重行續議

——1919 年 5 月 18 日第一冊第 87 次會議於第 85 頁

當事人被選為開會代表，代表教會到內地開會。之後兩年被選立為長老：

派 TDZ 為本會代表以赴本年傳道董事公會

——1920 年 12 月 13 日第一冊第 91 次會議於第 92 頁

議依前會所定再簽選長老執事各一人經本日會眾同心簽 TDZ 為長老王
媽換為執事候唱三禮拜無阻即設立之共襄會務

——1922 年 4 月 16 日第一冊第 96 次會議於第 99 頁

TDZ 在建立後浦新教堂前，被指派擔任建堂委辦同工[95]：

議派楊篤謝 TDZ 王文勇吳長江侯得王和祥王馬安王顯明何春霖蔡恆水
LYY TC 許琴氏 LZ 蘇兜氏戴戈氏等為建堂委辦男界以王和祥為委辦
長女界以許琴氏為委辦長

——1923 年 6 月 24 日第一冊第 103 次會議於第 108 頁

此後，TDZ 不再出現於議事錄。他可能在 1927 年 12 月 18 日前過世：

接 LZ 即 TDZ 妻書謂其難賃住居無可棲身懇撥旧禮拜堂樓下房間乙以安
其身王和祥舉議應許其所請長執通過並定臨時房租大洋一元

——1927 年 12 月 18 日第一冊第 123 次會議於 131 頁

　　從宗教的角度來看，TDZ 是最具信仰號召力的典範：他從所犯的罪中悔
改，漸漸得到會眾的肯定，不僅被選為執事，且連任數次，受派為教會代表
出席教務會議，更被選為長老，擔任建堂委辦。

　　Michel Foucault 的 *Discipline and Punish*[96]（1979）以歷史的梳理與解構的
意圖方法，論證監獄乃古典慘酷懲罰的人道替代，當中包含尖銳、互斥的權

---

[95] 由於這個職位會經手大量的金錢與事物，通常是最被眾人信任且有能力者辦選派擔任。

[96] 法文原來書名為 *Surveiller et Punir; Naissance de la prison*，經過譯者與 Foucault 本人
反覆推敲，最後 Foucaule 建議以 Discipline 翻譯 Surveiller。見該書 Translator's Note。

力想像與安置手法達成殺雞儆猴的社會化功效且以此為主要考量，維護社會或直接地說當權者的福祉是最後的目標，整個程序儘管有宗教元素，卻是赤裸裸的力量角力與運作過程。嚴謹的教會懲戒卻非如此：透過信仰與信眾的雙重力量，以誤失逾犯者的信仰福祉為終極考量，挽回是最後的目標，從這些循環中清楚地顯示出來。

本章將針對上一章所梳理出來的懲戒記錄，作各別懲戒事項的經典論據的對照整理。其中特別發現了教會懲戒的執行會在教會發展的早期與強盛期出現，以有能力應付教會懲戒所可能引起的人際壓力、衝突等破壞性力量，並解決因罪而衍生的種種問題。本章的最後，將處理關於議事錄此類研究必將碰到的問題——記錄與不記錄的議題，並呈現後浦堂會議事錄相關史料與其意義。

第三章　教會懲戒：紀錄與論據

第一節　議事錄裡的教會懲戒與教會發展

從議事錄的內容，可以相當清楚地看見在歷史進程中，各個時期主事群體不同意念影響下的教會發展方向。上文已經提過，相對於台灣，近代金門社會由於戰亂的緣故，一直相當封閉、保守。然而，後浦堂會在1900年代早期相當認真地執行信仰方面的懲戒，呈現幾個相當值得注意的地方：

首先，我們所見的後浦堂會議事錄裡的教會懲戒，其最為頻繁執行的期間是在第一冊1900年至1930年間，是教會在金門的開始階段，而非在後期。也就是說，後浦堂會在基督新教於金門正式開展之初，相對於二、三、四冊來說，較不被當地社會與民眾理解與接納的時期，在這其中更為認真地執行教會懲戒。倘若教會懲戒將帶來教會人數減少的顧慮，這個時期當然相對比後期的擔憂要來得更大。

金門基督新教穩定在各教會聚會與服事的人口[1]一直無法突破三百人。教會作為一種信仰組織，與一般組織有相同的地方，以組織動態的觀點來看，組織存在的目的之一，就是不斷地尋求規模的拓展與擴張[2]。這樣的要求在聖經裡面也看得到，如耶穌在最後對門徒說：

> 天上地下所有的權柄都賜給我了。所以，你們要去，使萬民作我的門徒，奉父、子、聖靈的名給他們施洗。凡我所吩咐你們的，都教訓他們遵守，我就常與你們同在，直到世界的末了。
>
> ——馬太福音 28:18-20

> 但聖靈降臨在你們身上，你們就必得著能力，並要在耶路撒冷、猶太全地，和撒瑪利亞，直到地極，作我的見證。
>
> ——使徒行傳 1:8

這兩處經文是基督教傳統上定調為所謂「大使命」的脈絡，隱含著許多組織拓展與擴張的要求與暗示。大概也因為如此，教會歷史中教會界求大、求人數增長的呼聲一直壓不下來，給予「昌盛」（פָּרָה／parah，prosper）[3]概念理所當然的滋養土壤，醞釀成為所謂成功神學（theology of prosperity）。若審慎看待這些經文，我們無法只領略可見「度量」的規模，卻略去其中的宗教性「質素」——不光是「權柄」、「去」、「作主門徒」與「施洗」這些有拓展意象的詞語，還有生命意象的詞語如遵守命令、作見證。

從教會發展的角度來說，後浦堂會頻繁執行教會懲戒的期間，恰好就在許聲炎牧師對於閩南教會教會發展的「最優進」期——1903 至 1912 年當中：第一冊 1900 至 1930 年中有 50 個懲戒記錄（佔全部 66 個記錄當中 76%），當中有 34 個在「最優進」期，且從 1904 年至 1912 年每年都有教會懲戒的執行；其餘自 1913 至 1930 年有 16 個教會懲戒記錄，當中 1915 年、1918 年、1922 年、1925 年、1927 年、1928 年、1929 年、1930 年，共有八年沒有教會懲戒的施行。

---

[1]　這是以外在層面評量基督徒的信仰的作法。

[2]　張苙雲，1990:184。

[3]　儘管近來「成功神學」（theology of prosperity）在神學討論中引起一些質疑，「昌盛」對於聖經來說並不見得是一個負面含意的概念。

教會懲戒從信仰實踐中衰退的原因：一、主事者懼怕教會懲戒的執行，將會造成教會的人數減少，甚至分裂；二、有意願執行教會懲戒的牧者或者長執容易因為違犯者產生不滿情緒的反彈、反制而變得孤立無援，甚至被要求或在教會採取不合作主義下被迫離開教會；三、牧者或者長執同工本身就是違犯者。所以，隨著議事錄裡面懲戒的執行與討論面項日漸萎靡與傾向危機處理式，便是意味著教會掌權者對於人數減少分裂、被排擠與力不從心的懼怕所採取的從眾行為。因此，教會懲戒之得以施行不見得發生在教會創立的初期，而是在教會奮興的時期─教會的奮興意味著屬靈的信仰質素，特別是對聖潔之渴望與追求的勃興，從而消化因為教會懲戒所可能帶來的衝突與所需的愛。

第二，教會懲戒的懲戒事項由針對信徒的信德違犯，轉而傾向於教會組織的維繫問題（「護教」與「會政」方面）。第一冊除了「婚外情」事項（所有只有在第三冊有一件）沒有以外，懲戒事項差不多平均分配在信德問題上面，第二冊全都在信仰類別（分別是「俗」與「護教」），第三冊與第四冊則較集中在信仰的「護教」與「會政」方面。

這種懲戒事項區塊的偏移現象，代表了教會發展的重心明顯地由固守個人信仰狀態轉至群體組織的存續之偏移現象。這個變化時間點上是金門歷史上的日據時期、光復以及緊接而來兩岸分隔與冷戰對立當中形成的。換句話說，是金門隨著社會的動盪而失去穩定的教會群體（指中華基督教會）的支持與牽制力量[4]，使得原有的教會體制崩解，教會的生存維繫的關注自然高於對個別信仰者的關照[5]。而在冷戰與動亂結束之後，外在激速的社會文化變遷力量的導入，更加引起金門眾教會在制度與實踐上的紊亂和混淆。

因而，在世俗與教會的文化與法規之外，我認為有必要探討這些懲戒事項的信仰論據，以探究在信仰上這些事情動用教會懲戒處理的必要性。

---

[4] 閩南大會與中華基督教會時期，後浦堂會從屬於廈門區會，這段時間內有相當固定的議事錄查閱與教會使范臨查察會務之情形，每一次都會在議事錄留下官方印信。但是在 1949 年以後，金門眾教會等於是孤立的教會群體，懸在孤島之上。

[5] 這一點在現實上是不得不然！第二章我已經提及蘇、汪兩位牧師前後牧養後浦堂會加起來超過半世紀，是在極度艱難困苦的情況下維持的，因此金門基督徒的造就不夠，對兩位牧者來說，實在是非戰之罪。

第二節　議事錄裡懲戒事項的信仰論據

　　與上一章關於懲戒事項的處理不同，這裡主要是以項目作為分別，呈現這些事項在經文裡面的態度[6]，並依需要對這些論據進行討論。

一、與信仰有關

1.「俗」

「俗」類懲戒論據表

案例	經文論據
18A39 21A41 54B172	歷代志上 28:9「我兒所羅門哪，你當認識耶和華——你父的神，誠心樂意地事奉他；因為他鑒察眾人的心，知道一切心思意念。你若尋求他，他必使你尋見；你若離棄他，他必永遠丟棄你」。
	哥林多前書 10:7「也不要拜偶像，像他們有人拜的……」；10:14「我所親愛的弟兄啊，你們要逃避拜偶像的事」；18-21「你們看屬肉體的以色列人，那吃祭物的豈不是在祭壇上有分嗎？我是怎麼說呢？豈是說祭偶像之物算得甚麼呢？或說偶像算得甚麼呢？我乃是說，外邦人所獻的祭是祭鬼，不是祭神。我不願意你們與鬼相交。你們不能喝主的杯又喝鬼的杯，不能吃主的筵席又吃鬼的筵席」
	希伯來書 6:4-6「論到那些已經蒙了光照、嘗過天恩的滋味、又於聖靈有分，並嘗過神善道的滋味、覺悟來世權能的人，若是離棄道理，就不能叫他們從新懊悔了。因為他們把神的兒子重釘十字架，明明地羞辱他」。
	雅各書 4:4「……豈不知與世俗為友就是與神為敵嗎？所以凡想要與世俗為友的，就是與神為敵了」。
	約翰壹書 5:21「小子們哪，你們要自守，遠避偶像」！

---

[6] 這裡呈現主要代表性經文而非所有的經文論據。

　　基督宗教的上帝在舊約或希伯來聖經和新約聖經裡顯示的是與其他宗教的神有非常大的差異：包山包海——一切對上帝來說都是像被吸納在其全控組織（total institution）[7]之下，現實生活裡的聖與俗並不是可以完全清楚劃分的，往往給人的壓力非常大[8]。議事錄裡牽扯到的部分，是關於在喪葬儀式方面隨從其他信仰的作法，其實是因基督教信仰的根本：出埃及記 20:3「除了我以外，你不可有別的神」而發，要信徒明辨真道。

2. 不守主日

「不守主日」類懲戒論據表

案例	經文論據
5A12 28A51	利未記 23:3「六日要做工，第七日是聖安息日，當有聖會；你們甚麼工都不可做。這是在你們一切的住處向耶和華守的安息日」。
36A63 30A51 42A87 45A100	以賽亞書 58:13「你若在安息日掉轉你的腳步，在我聖日不以操作為喜樂，稱安息日為可喜樂的，稱耶和華的聖日為可尊重的；而且尊敬這日，不辦自己的私事，不隨自己的私意，不說自己的私話，你就以耶和華為樂。……」。
56C264	希伯來書 10:25「你們不可停止聚會，好像那些停止慣了的人，倒要彼此勸勉，既知道那日子臨近，就更當如此」。

　　「主日」在聖經裡面唯一出現的一次是在啟示錄 1:10：

　　當主日（ἐν τῇ κυριακῇ ἡμέρᾳ），我被聖靈感動，聽見在我後面有大聲音如吹號……。

巴克萊（1988:58-59）在其啟示錄註釋提到可能的背景：

　　早期的基督教著作引述到『主日』的地方有三處。在一本稱為十二使徒遺訓（*The Didache*、*The Teaching of the Twelve Apostles*）描寫基督徒崇拜與初信指南的手冊中，記載著一句這樣的話：『在主日我們相聚和擘餅。』（十二使徒遺訓十四章一節）。安提阿的伊格那丟（Ignatius of

---

[7] 信仰裡看時間、空間……都是在神的掌控之下。

[8] 如韋伯（1987）對於加爾文宗預定論所引發禁欲主義的理解，認為加爾文增加了「**必須在世俗活動中證明一個人的信仰**」（93）的要求。

Antioch）曾寫信給馬內夏（Magnesians）的信徒，描寫基督徒『再不是為安息日而是要為主日而活』（伊格那丟致馬內夏人信九1）。此外，撒狄的墨利托（Melito of Sardis）也曾寫過一篇『關於主日的約章』（*Concerning the Lord's Day*）。基督徒到了第二世紀初期的時候，已完全放棄了在安息日崇拜的習慣，於是主日便正式公認為基督徒禮拜的日子了。

有一點我們似乎是可以肯定相信的。這一切早期的佐證，完全是來自小亞西亞，故此守主日的最初習慣一定是從這個地方開始的。但有甚麼特別原因要基督徒每星期一次規定在星期開始的第一日守主日呢？依照東方的習慣，每逢一個月和一個星期當中的某一天，這一天被稱為 *Sebaste*，意思是指『皇帝的日子』（The Emperor's Day）。基督徒守主日一定是從這個習俗蛻變出來的。此後他們便敬虔遵守七日的第一日為他們的主的日子。

在聖經裡面並沒有直接以主日作為安息日的意涵，並要求信徒以守安息日的模式守主日為聖日[9]的經文，有的是對於「不要停止聚會」的要求：

> 你們不可停止聚會，好像那些停止慣了的人，倒要彼此勸勉，既知道那日子臨近，就更當如此。
>
> ——希伯來書 10:25

基督宗教後來將「安息日」的概念移植到「主日」，所以大部分的基督宗教都在每週第一日聚會，作為安息日。然而值得注意的是，即便是如安息日會、真耶穌教會等教派於安息日聚會，其實際內涵仍與猶太教的安息日[10]有所差別。猶太教的安息日不只是一個聚會而已，還有許多特別的儀式與實踐，基督教都沒有，因此以猶太教的眼光來說，不見得會認同基督宗教於安息日聚會就是「守安息日」。

---

[9] 相對的安息日的要求與教導相當多，包括初代教會是同時守安息日與主日。
[10] 詳細的猶太教安息日相關實踐，見魏道思，2006:203-208。

3. 護教

「護教」類懲戒論據表

案例	經文論據
51B159 52B160 53B172 57C286	提摩太前書 6:3-5「若有人傳異教，不服從我們主耶穌基督純正的話與那合乎敬虔的道理，他是自高自大，一無所知，專好問難，爭辯言詞，從此就生出嫉妒、紛爭、毀謗、妄疑，並那壞了心術、失喪真理之人的爭競。他們以敬虔為得利的門路」。
64D513	希伯來書 3:12-14「弟兄們，你們要謹慎，免得你們中間或有人存著不信的惡心，把永生神離棄了。總要趁著還有今日，天天彼此相勸，免得你們中間有人被罪迷惑，心裏就剛硬了。我們若將起初確實的信心堅持到底，就在基督裏有分了」。 彼得前書 3:15b-16「有人問你們心中盼望的緣由，就要常作準備，以溫柔、敬畏的心回答各人；存著無虧的良心，叫你們在何事上被毀謗，就在何事上可以叫那誣賴你們在基督裏有好品行的人自覺羞愧」。 猶大書 3「親愛的弟兄阿、我想盡心寫信給你們、論我們同得救恩的時候、就不得不寫信勸你們、要為從前一次交付聖徒的真道、竭力的爭辯」。

　　議事錄裡的護教懲戒事項主要是以維護金門地區的教會傳統與防止其流失所做的努力，所維護的是中華基督教會做為金門地區教會正統，而預防的對象主要是安息日會[11]。

　　彼得前書 3:15b-16 這段經文所論及的是一種信徒平時即有預備，可以屆時以溫柔、恭敬的態度（相對於不可一世的爭辯）的「答辯」（現代中文譯本作：有人要求你們解釋心裏的盼望，要隨時準備答辯）。

　　議事錄裡面針對安息日教派的信徒進行勸導，希望前往安息日會的會友回頭，或者是以離棄中華基督教會的作法，明示禁令。所表現出來的正是為了自己所信而認定的教會傳統的努力。

---

[11] 近年來真耶穌教會進入金門，並且積極擴展。本文的議事錄由於只到 2000 年前夕，我未能見到新近的發展。

4.教會行政

「教會行政」類懲戒論據表

案例	經文論據
59C330 66C91	瑪垃基書 3:8「人豈可奪取神之物呢？你們竟奪取我的供物。你們卻說：『我們在何事上奪取你的供物呢？』就是你們在當納的十分之一和當獻的供物上」。
62D508 63D513	路加福音 10:7「你們要住在那家，吃喝他們所供給的，因為工人得工價是應當的；不要從這家搬到那家」。
65D524 66D525	哥林多前書 9:13-14「你們豈不知為聖事勞碌的就吃殿中的物嗎？伺候祭壇的就分領壇上的物嗎？主也是這樣命定，叫傳福音的靠福音養生」。 加拉太書 5:15「你們要謹慎，若相咬相吞，只怕要彼此消滅了」。 提摩太前書 5:18「因為經上說：『牛在場上踹穀的時候，不可籠住牠的嘴』；又說：『工人得工價是應當的』」。 提摩太後書 2:24-26「然而主的僕人不可爭競，只要溫溫和和地待眾人，善於教導，存心忍耐，用溫柔勸戒那抵擋的人；或者神給他們悔改的心，可以明白真道，叫他們這已經被魔鬼任意擄去的，可以醒悟，脫離他的網羅」。

　　我發現很難替這一類懲戒事項找經文論據，因為適用的脈絡都不大符合。頭兩個案例是關於另一個教會的長老保有該教會十幾萬元的教會費用，卻不情願支付教會牧者足夠的謝禮[12]。依照議事錄的處理結果，教會的回覆是無力補助，但是處裡的過程中並未觸及該教會長老保有教會十幾萬費用的問題，因此事實有四種可能狀況：

長老握有教會費用

「教會經費事件」示意圖

---

[12] 依據議事錄來看，後來金門教會補助了兩千元予黃傳道，有可能當時（1981）年的謝禮至少應該是加上沙美已經付的四千元，一共是六千元。

　　若該教會有補助能力，而長老手上握有教會經費，及或不及十幾萬，這樣的狀況應當處理該教會與長老不願意供應牧者足額謝禮的問題，然而議事錄顯示並未如此處理。若該教會有補助能力，而長老手上並未握有教會經費，這樣的狀況應當是該傳道認知錯誤[13]，但仍應處理該教會不願意供應牧者足額謝禮的問題，議事錄也顯示未如此處理。若該教會沒有補助能力，而長老手上握有教會經費，及或不及十幾萬，表面上這不大可能，不過在教會實際的運作中卻是可能的：一是長老侵佔了教會公款，二是長老沒有侵佔公款，但是長老以個人的意志主導教會財物的運作，以無法支應為由不供給足額謝禮，這樣的狀況應當處理長老的問題。若該教會沒有補助能力，而長老手上並未握有教會經費，這樣的狀況應該全然是該傳道錯誤的認知，應當處理這錯誤認知造成的因素，如是否牧者與長執之間有嫌隙、誤會？但是，議事錄都未見如此處理。

　　議事錄裡面處理方式，實際上完全未能處理上述的可能問題區塊：既然議事錄載明該教會無力補助與該傳道指稱長老握有十幾萬元教會經費，應當第一至第四區塊中都有可能且必須處理，但是結果卻是在這些區塊之外，直接補助該傳道兩千元。這樣的處理模式說明教會不是在執行教會懲戒，而是在做金錢調度。世俗化過程中的教會懲戒便是如此傾向於以非教會懲戒的作法執行教會懲戒，以避免表面的衝突。

　　中間兩個案例是關於聘用宣教士所生發的問題，與最後兩個案例引發金門地區教會內部最大的危機。以行動與金錢支應宣教行動是教會界樂意而為的事工，連地處離島的金門也不例外。然而這事卻在缺乏諮詢體系與慣例的金門地區演變成為一樁鬧劇。這一連串記錄的當事人離開居住地而來台並輾轉來金門，教會為其申辦相關手續，但後來兩方卻不歡而散，當事人最後與金門教會關係弄僵了。

二、與婚姻、性文化有關

　　這一類的違犯，很明顯具有文化多樣性，不見得每一個單項在今日仍然必須是懲戒的標的。不但如此，特別與性有關的違犯，會呈現明顯的再犯趨勢。

---

[13] 例如，教會經費並非該長老經手掌理。

1. 第七誡

「第七誡」類懲戒論據表

案例	經文論據
19A39	出埃及記 20:14「不可姦淫」。
20A40	利未記 18:20「不可與鄰舍的妻行淫，玷污自己」。
25A46	馬可福音 10:19「誡命你是曉得的：不可殺人；不可姦淫；不可偷盜；不可作假見證；不可虧負人；當孝敬父母」。
26A47	
44A92	使徒行傳 15:19-21「所以據我的意見，不可難為那歸服神的外邦人；只要寫信，吩咐他們禁戒偶像的污穢和姦淫，並勒死的牲畜和血。因為從古以來，摩西的書在各城有人傳講，每逢安息日，在會堂裏誦讀」。 哥林多前書 6:15-18「豈不知你們的身子是基督的肢體嗎？我可以將基督的肢體作為娼妓的肢體嗎？斷乎不可！豈不知與娼妓聯合的，便是與他成為一體嗎？因為主說：『二人要成為一體。』但與主聯合的，便是與主成為一靈。你們要逃避淫行。人所犯的，無論是甚麼罪，都在身子以外，惟有行淫的，是得罪自己的身子」。 哥林多前書 7:2「但要免淫亂的事，男子當各有自己的妻子；女子也當各有自己的丈夫」。

　　和別人的配偶發生性行為在聖經中被視為是得罪神大罪[14]，神本身也是「忌邪」的神，且神與他的子民的關係以夫妻的關係來比擬，也充足反應聖經裡神對這樣關係的混亂有強烈的不悅。需要注意的是，猶太教、基督宗教（天主教、東正教與新教）和伊斯蘭對於十誡的區分方式並非完全相同，整理為下表：

---

[14] 約瑟面對主母的引誘時說：「看哪，一切家務，我主人都不知道；他把所有的都交在我手裏。在這家裏沒有比我大的；並且他沒有留下一樣不交給我，只留下了你，因為你是他的妻子。我怎能作這大惡，得罪神呢」（創世紀 39:8-9）？

十誡區分差異表

誡命經文（和合本）	猶太教	東正教	天主教與路德宗	其他基督新教
我是耶和華——你的神	1	1	1	前言
除了我以外，你不可有別的神	2			1
不可為自己雕刻偶像		2		2
不可妄稱耶和華——你神的名	3	3	2	3
當記念安息日，守為聖日	4	4	3	4
當孝敬父母	5	5	4	5
不可殺人	6	6	5	6
不可姦淫	7	7	6	7
不可偷盜	8	8	7	8
不可作假見證陷害人	9	9	8	9
不可貪戀人的房屋	10	10	9	10
也不可貪戀人的妻子			10	

因此在天主教的《法典》裡，姦淫的違犯是所謂第六誡，如在第六卷〈教會刑法〉第二編〈罪罰分則〉的第三題〈侵佔及行使教會職權罪〉裡：

1387 條

　　司鐸，因聽告解或藉聽告解的機會或借口，引誘告解人犯第六誡的罪者，按罪過的輕重，處停職罰，禁止罰或褫奪罰；於較重的案情，應撤銷其聖職身份。

所以天主教的第六誡所指稱的便不是基督新教的「不可殺人」而是「不可姦淫」了。

2. 妓

「妓」類懲戒論據表

案例	經文論據
22A43	申命記 23:17「以色列的女子中不可有妓女；以色列的男子中不可有變童」。
38A75	箴言 6:26「我兒，要謹守你父親的誡命；不可離棄你母親的法則，要常繫在
13A23	你心上，掛在你項上。你行走，它必引導你；你躺臥，它必保守你；你睡醒，它必與你談論。因為誡命是燈，法則是光，訓誨的責備是生命的道，能保你遠離惡婦，遠離外女諂媚的舌頭。你心中不要戀慕她的美色，也不要被她眼皮勾引。因為，妓女能使人只剩一塊餅；淫婦獵取人寶貴的生命」。

下接 166 頁

上接 165 頁

	哥林多前書 6:15-18「豈不知你們的身子是基督的肢體嗎？我可以將基督的肢體作為娼妓的肢體嗎？斷乎不可！豈不知與娼妓聯合的，便是與他成為一體嗎？因為主說：『二人要成為一體。』但與主聯合的，便是與主成為一靈。你們要逃避淫行。人所犯的，無論是甚麼罪，都在身子以外，惟有行淫的，是得罪自己的身子」。

古代以色列允許妓女的存在（但必須不是以色列女子），且並不贊同男性召妓[15]。近代隨著女性主義、同志運動與性解放，「妓」已經開始轉換成為「性工作者」且不盡然為女性了。儘管如此，信仰內部的對此之看法依然未變。

3. 作親未成即先往來

「作親未成即先行往來」類懲戒論據表

案例	經文論據
2A7	哥林多前書 10:23「凡事都可行，但不都有益處。凡事都可行，但不都造就人」。

這一樣懲戒事項並無聖經的直接論據，因為這是歷史、文化性的問題，亦即在今日也不見得適用這一規定。這主要是因為怕教外人士因而對教內有不好觀感所致——前述《大清律例》以規定婚姻需由祖父母或父母或餘親主婚，沒有個人主婚之例，一旦由個人主婚，在當時，是會令教外人士聯想信徒在性道德上有問題。因此，現在的社會已經多數自由戀愛或介紹的狀況下，只要沒有違犯第七誡（婚前性行為），在相互尊重與愛的前提下可以交往。

4. 將子女許配教外之人

「將子女許配教外之人」類懲戒論據表

案例	經文論據
4A12 6A13	出埃及記 34:11-16「我今天所吩咐你的，你要謹守。我要從你面前攆出亞摩利人、迦南人、赫人、比利洗人、希未人、耶布斯人。你要謹慎，不可與你

下接 167 頁

---

[15] 申命記 23:17-18：「以色列的女子中不可有妓女；以色列的男子中不可有變童。娼妓所得的錢，或變童所得的價，你不可帶入耶和華——你 神的殿還願，因為這兩樣都是耶和華——你神所憎惡的」。

上接 166 頁

8A16 9A16 10A16 11A17 12A18 14A24	所去那地的居民立約，恐怕成為你們中間的網羅；卻要拆毀他們的祭壇，打碎他們的柱像，砍下他們的木偶。不可敬拜別神；因為耶和華是忌邪的神，名為忌邪者。只怕你與那地的居民立約，百姓隨從他們的神，就行邪淫，祭祀他們的神，有人叫你，你便吃他的祭物，又為你的兒子娶他們的女兒為妻，他們的女兒隨從他們的神，就行邪淫，使你的兒子也隨從他們的神行邪淫」。 申命記 7:1-6「耶和華──你神領你進入要得為業之地，從你面前趕出許多國民，就是赫人、革迦撒人、亞摩利人、迦南人、比利洗人、希末人、耶布斯人，共七國的民，都比你強大。耶和華──你神將他們交給你擊殺，那時你要把他們滅絕淨盡，不可與他們立約，也不可憐恤他們。不可與他們結親。不可將你的女兒嫁他們的兒子，也不可叫你的兒子娶他們的女兒；因為他必使你兒子轉離不跟從主，去事奉別神，以致耶和華的怒氣向你們發作，就速速地將你們滅絕。你們卻要這樣待他們：拆毀他們的祭壇，打碎他們的柱像，砍下他們的木偶，用火焚燒他們雕刻的偶像。因為你歸耶和華──你神為聖潔的民；耶和華──你神從地上的萬民中揀選你，特作自己的子民」。 哥林多後書 6:14「你們和不信的原不相配，不要同負一軛。義和不義有甚麼相交呢？光明和黑暗有甚麼相通呢」？

　　上一章已經提到，這個懲戒事項主要是針對將女兒嫁給未信者。同是一神信仰的伊斯蘭也有對勿將子女許配教外之人的規定，只是其規定更加嚴格：

> 你們不要娶以物配主[16]的婦女，直到他們信道。已信道的奴婢，的確勝過以物配主的婦女，即使她使你們愛慕她。你們不要將自己的女兒嫁給以物配主的男人，直到他們信道。已信道的奴僕，勝過以物配主的男人，即使他使你們愛慕他。這等人叫你們入火獄，安拉卻隨意叫你們入樂園，得到赦宥。他為世人闡明他的跡象，以便他們覺悟。
>
> ──古蘭經・第二章黃牛・221

　　雖然我以列出聖經裡的論據，不過這些論據在應用脈絡上有幾處需要注意的地方。出埃及記與申命記的脈絡，教外之人不僅是要防止效法的對象，更是要除滅淨盡的敵人；金門地區或其他地區的教外之人，僅是禁止效法的對象，卻是福音歸正的對象。因此這項論據並非可以全然應用而沒有問題。

---

[16] Ali（1989:89）的翻譯為「不信者」，而其註釋說明字面意思是 pagan，即「異教徒、不信者」之意。

至於哥林多後書的段落，則是被基督徒用來作為反對不同信仰婚姻的論據[17]，然而該段落的脈絡並非專指婚姻，而是泛指所有阻礙「我要在他們中間居住，在他們中間來往；我要作他們的神；他們要作我的子民。我要作你們的父；你們要作我的兒女」（6:16b; 18a）的事物，因此要信祂的人「你們務要從他們中間出來，與他們分別；不要沾不潔淨的物，我就收納你們」（6:17b）。文義所指的主要是明顯違反神的之風俗、習慣、思想等，信神的人應該與之分別。然而因為婚姻在文化上是兩個人、家族的聯合，很容易使人認為這一段聖經專門針對婚姻雙方的信仰差異而發的。巴克萊提到：

> 整段的經文是叫信的人不要與不信的人有甚麼交往。這是向哥林多人的挑戰，不受世界的玷污。以色列歷史的基本要素就是「分別出來」。上帝對亞伯拉罕說，「你要離開本地，本族，父家。」（創十二 1）。這也是在所多瑪、蛾摩拉被毀以前，上帝對羅得的警告（創十九 12-14）。世界上有好些事是基督徒不許與它們相連的[18]。

將這段經文全然指稱不信的人則會造成福音傳播的不可能，而這類婚姻中仍不乏有將先生帶入教會的。總之在基督徒為數不多的金門這是迫切要解決的問題。

5. 婚外情

「婚外情」類懲戒論據表

案例	經文論據
58C309	同第七誡

這是懲戒記錄裡的唯一紀錄，且是傳道人，議事錄在極保守而隱晦的筆法下記載下來。在寫作接近尾聲之時，有機會訪問當時的牧者汪王屏牧師。據他的說法，該傳道人當時由於其子與夫人相繼過世，太過悲傷而導致精神錯亂，直到今日仍未康復，因而並非有意識地違犯。

---

[17] 陳終道，1978:137。
[18] 巴克萊，1994:247。

三、其他

1. 鴉片

「鴉片」類懲戒論據表

案例	經文論據
1A7 3A11 21A41 44A92 46A102 47A105 48A118 50A119	羅馬書 13:13-14「行事為人要端正，好像行在白晝。不可荒宴醉酒，不可好色邪蕩，不可爭競嫉妒；總要披戴主耶穌基督，不要為肉體安排，去放縱私慾」。 加拉太 5:16-21「我說，你當順著聖靈而行，就不放縱肉體的情慾了。因為情慾和聖靈相爭，聖靈和情慾相爭，這兩個是彼此相敵，使你們不能做所願意做的。但你們若被聖靈引導，就不在律法以下。情慾的事都是顯而易見的，就如姦淫、污穢、邪蕩、拜偶像、邪術、仇恨、爭競、忌恨、惱怒、結黨、紛爭、異端、嫉妒、醉酒、荒宴等類。我從前告訴你們，現在又告訴你們，行這樣事的人必不能承受神的國」。 以弗所書 5:29「從來沒有人恨惡自己的身子，總要保養顧惜，正像基督待教會一樣」。 約翰參書 2「親愛的兄弟啊，願你凡事興盛，身體健壯，正如你的靈魂興盛一樣」。

聖經裡並沒有「鴉片」這個辭，但是這不成為缺乏論據的理由——鴉片的吸食成癮的特質，是所有陷入毒癮之人無法自拔的原因，最主要便是因為心裡苦悶或其餘原因而放縱、滿足自己。

相對於加拉太書的論據，22-25 節指出對的處事原則：

> 聖靈所結的果子，就是仁愛、喜樂、和平、忍耐、恩慈、良善、信實、溫柔、節制。這樣的事沒有律法禁止。凡屬基督耶穌的人，是已經把肉體連肉體的邪情私慾同釘在十字架上了。我們若是靠聖靈得生，就當靠聖靈行事。

這是值得吸食者深思的。李少平（1999:64）在〈建國前福建基督教的社會活動〉指出：

光緒九年（1883 年），閩南基督教漳泉長老大會把禁煙定為教會三件大事之一，嚴禁教會內部人員買賣鴉片及種植罌粟之事。在教會的嚴禁之下，無一信徒吸毒、販毒或種毒。光緒十八年（1892 年），倫敦會派華人牧師周之德率佈道團到閩西汀州佈道後，即於光緒二十年（1894 年）在連城設立戒煙所。

2.不孝

「不孝」類懲戒論據表

案例	經文論據
19A39 20A40	出埃及記 20:12「當孝敬父母，使你的日子在耶和華——你神所賜你的地上得以長久」。
55C251	出埃及記 21:15「打父母的，必要把他治死」。

保羅在以弗所書 6:3 詮釋十誡裡的「當孝敬父母，使你的日子在耶和華——你神所賜你的地上得以長久」（出埃及記 20:12），指出「這是第一條帶應許的誡命」：

「除了我以外，你不可有別的神。

「不可為自己雕刻偶像，也不可做甚麼形像彷彿上天、下地，和地底下、水中的百物。不可跪拜那些像，也不可事奉它，因為我耶和華——你的神是忌邪的神。恨我的，我必追討他的罪，自父及子，直到三四代；愛我、守我誡命的，我必向他們發慈愛，直到千代。

「不可妄稱耶和華——你神的名；因為妄稱耶和華名的，耶和華必不以他為無罪。

「當記念安息日，守為聖日。六日要勞碌做你一切的工，但第七日是向耶和華——你神當守的安息日。這一日你和你的兒女、僕婢、牲畜，並你城裏寄居的客旅，無論何工都不可做；因為六日之內，耶和華造天、地、海，和其中的萬物，第七日便安息，所以耶和華賜福與安息日，定為聖日。

「當孝敬父母，使你的日子在耶和華──你神所賜你的地上得以
長久。
「不可殺人。
「不可姦淫。
「不可偷盜。
「不可作假見證陷害人。
「不可貪戀人的房屋；也不可貪戀人的妻子、僕婢、牛驢，並他
一切所有的。」

──出埃及記 20:3-17

　　的確，這樣看來不僅這一條誡命是第一條帶應許的誡命，更是十誡之中
唯一一條誡命在條文與解釋中均沒有消極、否定、禁制性的「לֹא」(lo)表達[19]。
但是或許也因為如此，孝順只有積極鼓勵而缺乏消極禁窒的結果便是沒有客
觀標準評量，只有對極為不法的行為給予罰則。而出埃及記 21:15「打父母的，
必要把他治死」其實與當時的世俗法律相合：依清朝《刑案匯覽三編》，「……
子毆父案件，審無別情，無論傷之輕重，即行奏請斬決」[20]，此等毆打父親
的案例，當時（1908 年，清光緒 34 年）是在世俗法律中要被斬決的。當然教
會不能如此做，也未將此人送官究辦。

3.賭博

　　在聖經裡面沒有「賭博」的字眼，但仍可找到相關的論據。

「賭博」類懲戒論據表

案例	經文論據
43A90 46A102 47A105	詩篇 10:3「因為惡人以心願自誇；貪財的背棄耶和華，並且輕慢他」。 提摩太前書 6:10「貪財是萬惡之根。有人貪戀錢財，就被引誘離了真道，用許多愁苦把自己刺透了」。

　　賭博在世俗的刑法中皆列入刑法當中，信徒當然也有遵循法律而不違犯
的必要。

---

[19]　整個十誡的希伯來經文都以לֹא作為開頭
[20]　潘文舫等等，2004:355。

4.受禁之後仍不受勸

「受禁之後仍不受勸」類懲戒論據表

案例	經文論據
31A52	詩篇 7:11-13「神是公義的審判者，又是天天向惡人發怒的神。若有人不回頭，他的刀必磨快，弓必上弦，預備妥當了。他也預備了殺人的器械；他所射的是火箭」。 馬太福音 18:3 說：「我實在告訴你們，你們若不回轉，變成小孩子的樣式，斷不得進天國」。 希伯來書 6:6「如果偏離了正道，就不可能再使他們重新悔改了。因為他們親自把上帝的兒子再釘在十字架上，公然羞辱他」（新譯本）。 啟示錄 2:5「所以，應當回想你是從哪裏墜落的，並要悔改，行起初所行的事。你若不悔改，我就臨到你那裏，把你的燈臺從原處挪去」。

　　相信神的兒子、耶穌基督的福音而悔改認罪是信仰裡拯救的要件，那麼在相信之後，違犯而不悔改則是再一次羞辱耶穌所付出的贖罪功效。

第三節　紀錄與不紀錄

　　所有的議事錄與實際會議的發生過程，都存在著或多或少的差距。如之前在文獻回顧當中提到 Judith Pollmann（2002:423-438）專文討論教會懲戒的紀錄或不紀錄的問題，她發現：1.從文獻的證據證明，多數處理的教會懲戒事項是不被列入議事記錄的；2.議事錄顯示出教會與權威之間，牧者、長老與執事之間的關係；3.當時許多的懲戒行動並不是被整個長執會所討論，而比較是以非正式的型態進行。

　　後浦堂會前後一百年的議事錄當中，是不是將所有的所處理／應處理的懲戒事項都記錄下來，值得探討。

一、列入記錄與未列入記錄的教會懲戒

我們可以從現在整理出來的懲戒記錄當中發現，並非所有的違犯者皆經歷從發現、勸誡、確認、禁、考察、挽回或革出、擦名等過程。上一章懲戒循環中的四位違犯者，相對於其他的違犯者有比較完整的過程，但是主要的原因在於這幾個違犯者在懲戒與懲戒之間仍留在教會內部當中，有被挽回的情況，但是當他們或任何人執意不願意悔改，離開教會與信仰，議事錄就不會再有關於他們的紀錄了。

列入議事錄的懲戒記錄除了上述幾位以外，不少只有出現一次，而且出現時便已經直接是懲戒的執行或執行確認，並無懲戒執行之前的程序記錄，也沒有懲戒執行之後的程序，然後就在記錄裡不再出現。固然有可能是因為生、老、病、死與遷離而不再見到這些人，但至少在閩南大會與中華基督教會時期，遷移需要出具徙居照給離去的會友，使其在新堂會落籍生戶。我不禁推想：若是後浦堂會的教會懲戒以更嚴謹、完整並長期的施行，不知會對今日的金門教會有什麼影響？當然，這假設性的問題不可能由生活在今日的我回答。

從後浦堂會早期的議事錄來看（主要是指閩南大會與中華基督教會時期），每次會議都有「聽讀所記許登於冊」，表示列入議事錄都是在長執同意下慎重為之。然而這不代表所有的會議細節都得以列入議事錄。今日教會界教會懲戒執行紀錄短少的可能因素之一，也在於將教會懲戒案例列入議事錄的顧慮。例如因隱私權的考量，即使有進行教會懲戒，也只維持在牧者或核心同工知悉情況，而多半不予以記載[21]。從 Pollmann 的論述，以及實際狀況來看，想必有許多情況不見得會被記錄下來。只是以一個外來且非當時的傳道者的我來說，除非有適當的管道，否則不容易得知未列入記錄的教會懲戒。

---

[21] 長年於海外工作，曾擔任世界歸正教會聯盟主席的宋泉盛牧師，於 2007 年擔任政治大學宗教研究所客座教授，該年 10 月 16 日回答我的提問時，他表示這現象即便在美國也是如此。事實上，在我個人的教會生活經驗中，也親自遇見了幾樁這樣的案例。

二、後浦堂會不列入記錄的紀錄與歷史

　　雖然未列入記錄的教會懲戒無法找到證據，但是我的確在議事錄當中發現不列入議事錄卻確實存在的會議記錄。

　　在第二章我提到日據金門時期，特別簡略提到兩位牧者：莊丁昌與賴炳烔牧師，他們在第二次世界大戰期間，由日本的東亞傳道會分別派往廈門與金門工作：莊丁昌於 1937 年 2 月 25 日為北部中會設立為教師[22]、4 月 16 日被新店教會聘為牧師[23]，1939 年 5 月 24 日被派往廈門[24]；賴炳烔於 1941 年 2 月 11 日由嘉義中會設立為教師[25]，曾於菁寮教會、虎尾教會、嘉義水上教會任牧者，於 1941 年 10 月 20 日奉派至金門，24 日出發[26]。

　　兩位牧師也先後回到台灣：賴炳烔牧師於 1943 年 6 月辭任回台[27]，莊丁昌牧師則於 1943 年 11 月 10 日辭任廈門中華基督教會後回台，並仍由新店教會聘為牧師[28]，直至光復後轉為和平教會第一任牧師[29]。根據台灣基督長老教會的文獻，莊丁昌牧師實際並非擔任金門的牧師，而是廈門的教會，但是金門教會後來卻依據議事錄推定莊丁昌牧師也是金門教會的牧師，在議事錄正文中，僅存 1946 年 9 月 4 日第二冊 47 頁追認：

> 追認於民國廿九年六月十五日在莊丁昌牧師經手所施洗之會友歐陽盤姑黃李杯姑等為本堂正式會友

---

[22] 《台灣基督長老教會歷史年譜》，1995:295。

[23] 《台灣基督長老教會歷史年譜》，1995:299；《北部教會大觀：北部設教百週年紀念刊》，1972:451。

[24] 《台灣基督長老教會歷史年譜》，1995:313；《北部教會大觀：北部設教百週年紀念刊》，1972:451。

[25] 《台灣基督長老教會歷史年譜》，1995:325。

[26] 《台灣基督長老教會歷史年譜》，1995:330。

[27] 《台灣基督長老教會歷史年譜》，1995:340。

[28] 《台灣基督長老教會歷史年譜》，1995:342；《北部教會大觀：北部設教百週年紀念刊》，1972:451

[29] 《北部教會大觀：北部設教百週年紀念刊》，1972:451。

　　我想這應當是誤會：實際的情形應當是莊丁昌牧師被派到日本佔領下的廈門牧養教會，在賴炳烱牧師於 1941 年 10 月 24 日出發至金門之前兼程到金門幫忙會務才是。

　　另外同是 1946 年 9 月 4 日第二冊 47 頁追認：

> 追認於民國卅一年二月十五日賴炳烱牧師經手所施洗會友莊朝恭蔡清泉侯文攀顏薛麗珍等
>
> 追認於民國卅二年十二月念七日台灣賴炳烱牧師經手施洗會友侯恩福王佑添並接納幼洗侯文良

　　這些在第一章都已經呈現出來，但我在掃瞄過程中發現一張夾在第二冊議事錄宣紙夾縫之中的筆記，上面寫著

> 降生千九百四十二年民國卅一年十一月八日長執會集於長老吳長江住宅在會會正賴炳烱長老吳長江與侯得唐玉璋等集會會正祈禱開會
>
> ——讀前會
>
> ——賴炳烱牧師陳述近向東亞傳道會請命要往他處傳道工作本會聞言之下特為預備挽留
>
> ——讀所記上冊吳長江祈禱散會

　　我將這一紙筆記掃瞄後編排在第二冊影印本的附錄中。值得探討的是這一紙記錄是金門八年日據時期（1937 年 10 月 26 日－1945 年 8 月 15 日）會議記錄中的三次[30]之一，卻是唯一未列入正式紀錄的。前面兩次的會正為原任黃衛民牧師，與黃衛民牧師被迫離開金門後整個長執會移到廈門召開時（且不帶議事錄前往）的楊懷德牧師。

　　未見於議事錄有兩種可能：一是無開會便無記錄；二是有會議且有記錄，但最後未予登錄。這一紙筆記的重要意涵，在於日本東亞傳道會派任牧師賴炳烱（1941 年 10 月 24 日至 1943 年 6 月）卻完全未見於議事錄記錄之原因，原來是「未予登錄」。雖然這不見得是針對賴炳烱牧師，但明顯是針對反對日本與東亞傳道會驅逐原本牧者的作法。從筆記記錄當中顯示，開會地點不在堂會之中，且筆記中的確規格與其他議事錄無異（至少具備「上冊」的議決要項），將東亞傳道會的牧者排除在正式會議記錄之外。

---

[30] 分別是 1938 年 2 月 22 日、1939 年 1 月 10 日與此筆記。

從以上的議事錄史料可以看出：後浦堂會議事錄當中所存留的紀錄，使我們得以一窺當時信徒的各種面貌，並體會基督新教早期進入廈門、閩南……擴展至金門的艱辛歷程，以及信仰質素在早期的關鍵作用。本書的結尾，將總結研究金門教會百年史過程中所發現的意義與思考。

第四章　意義與思考

第一節　議事錄在教會史研究的重要性

一、受方觀點的管窺

教會歷史的研究，常常以「授方[1]」為主體，作為一種教勢動態消長的呈現，因而什麼時間達成了怎樣的效果……的紀錄往往成了一貫的敘述或分析論述模式，無怪乎類似像是基督新教對中國教勢分佈的詳細考察，*The Christian Occupation of China: A General Survey of the Numerical Strength and Geographical Distribution of the Christian Forces in China Made by the Special Committee on Survey and Occupation China Continuation Committee 1918-1921* 一書給當時，甚至現在的基督徒很不舒服的感受。

---

[1] 這個「授方」可以是個別的宣教士，或組織的堂會、教派、差會、宗派。

一方面由於 occupation[2]一字實在事涉敏感──這個字儘管在上下文中可以很中性地被理解為基督教作為信仰企業在中國的「分佈狀況」，但在列強自晚清以來，在中國甚或整個第三世界利用宣教士的研究與報告進行侵略的歷史脈絡之下[3]，使得這樣的標題在當時讓基督教與中國的關係更加雪上加霜。成為激化「非基運動」[4]的導火線之一[5]。另一方面，在尚未完全準備好面對西方文化的中國，此書無異於讓整個中國像是被丟到高顯像度檢視機器前給完完整整地照了一次，完全沒有隱私了，而這樣的狀況對於一個國家而言，是很令人痛苦的──中國各省分的人口分佈、社會情況與經濟條件在書中均有詳細分析。

葉仁昌（1992:116）總結晚清以來中國官紳反教的原因，有三大類：第一類是將基督教當作正統思想或儒家傳統文化的敵對體。第二類為將基督教當作秘密結社之類的政治安全敵對體。第三類則是將基督教當作外國強權，為要亡中國、滅華種的敵對體。*The Christian Occupation of China* 該書的出版作為的第四次全國傳教會議[6]的成果，與之前世界基督教學生同盟第十一屆大會在北京清華大學召開[7]，成為 1922 年到 1927 年波瀾壯闊的非基運動的導火線，我想最大的因素除了這幾乎完全符合葉仁昌所歸因的三種因素之外，當時國人已經無法容忍這種侵入性的授方觀點下組織起來的文獻。

---

[2]　這個字一般理解為佔領、擁有與佔有。

[3]　人類學者基辛（Keesing，1986:617-618）寫道：「要獲致西方擴張和其衝擊的全盤性瞭解，我們必須對西方神聖不可侵犯的制度重加分析，最明顯的例子就是基督教。它原本是一個被壓迫者的宗教，到了十字軍東征，尤其是西班牙人和葡萄牙人地理大發現的時代，變成了征服者的宗教。從歷史的觀點，基督教本身就是帝國主義者，同時又是帝國的忠僕：壓制被征服的民族，組織他們遷入社區以方便勞力的榨取……」。新教傳入中國的第一位宣教士馬禮遜（Robert Morrison）到中國傳教之後，除了傳教士的身份之外，更有鴉片貿易的英國東印度公司的中文譯員（湯森，2002:61）與英國國王任命的中文秘書與譯員之職，相當於副領事的職位（湯森，2002:156），使得對中國宣教極有貢獻的馬禮遜因為與惡名昭彰的東印度公司有關係而在倫理上備受批評（羅冠宗，2003:10-11）。我認為基督教作為一個宗教的指稱被如此批判是合理的、應當的，也反映了歷史事實，但是基督教作為一種信仰內涵的指稱則不在這批判之內：宗教作為一個整體仍會有誤失犯的情形發生，往往信仰（以本文為例）反而會是帶領誤失逾犯者（包括宗教）歸回的重要力量。

[4]　即「非基督教運動」。相關研究可參考葉仁昌（1992）特別是第二章與第三章；與楊天宏（2005）第一至三章。

[5]　楊天宏，2005:98-99。

[6]　之前為 1877 年、1890 年、1907 年

[7]　楊天宏，2005:101-103；葉仁昌，1992:80。

　　理解中國基督教的發展與情勢，除了前述的授方觀點以外，另外一種實際且關鍵的進路就是「受方」觀點。受方觀點所呈現的點點滴滴，是基督宗教在傳入中國之後，經過信徒們不斷的消化、回應過程的反映，不僅可與授方觀點相互補充，更有自己的獨特性。本文即是一個例子。議事錄作為教會治理進程中討論與決策的過程記錄，不僅僅反應「授方」的成果，更是「受方」如何承受、取捨、消化、活化——將所受的信仰實踐出來的紀錄。

　　不過，受方觀點與授方觀點有相同的限制：在物換星移之後，無論授方或受方，我們不可能對已經逝去久遠的任何一方進行直接的訪問、澄清。這一點在本研究過程中特別是資料有出入不一的情況時，特別明顯。

二、實際理解信仰深化之脈絡與歷程

　　回溯至中國第一個區會的建立，我們從宣教士所留下的紀錄可以見到對於當時情景的種種敘述，不過這些敘述都會是宣教士以自己感興趣、有力（或利）的觀點出發的敘述，本地的信徒與同工似乎都成了一個個無聲的道具，在書信、報告與會議記錄的文字間才得以出現。這些記錄往往對於事情發生的人事物記載簡略，加上往往譯名並未對照漢字，且未註明口音，以致後來研究上反而不易證實所出現的實狀為何[8]，如「Amoy 今為 Xiamen」，其實兩者的差異不在歷史時空而在方言與普通話的差別，但特別是英文的史料常會誤認兩者為今昔不同的地名[9]，而議事錄便不會有這樣的困擾。

　　不僅如此，議事錄裡面可以看出信仰群體的決策過程與思路、好惡，這些資料都可以成為授方觀點文字的佐證，也可以幫助我們更深入地理解授方傳遞傳遞至受方的信仰是在怎樣的脈絡下得以深化與所經歷的過程。

---

[8]　以第一批被按牧的羅嘉漁牧師為例，因為他的壽命不長，不像同時被按牧的葉漢章牧師到 1912 年才過世，因此在事蹟與貢獻上留下的資料不多，連正確中英文姓名都難以確定：英文譯名為 Lo Tau（Cheung，2004:253）、Lo Ka-Gu（De Jong，1992:69）湯清（1987:323）做盧棠，其餘中文資料為羅肇。從 Lo Ka-Gu 閩南發音來說 Lo 的確有可能是「盧」，Ka 除了「嘉」還有「家」、「加」等漢字的可能，而 Gu 則除了「漁」還有「愚」的可能。

[9]　如美國歸正教會史家 De Jone（1992: xi）就在導論中寫道：Amoy city (now called Xiamen)。

三、為信仰實踐提供反省與再前進的論據

　　議事錄所提供、呈現的行動與價值觀紀錄，不僅僅只是一種靜態的文字記錄而已，更能為後輩信徒提供信仰反省與再前進（實踐）的論據。

　　當我把初步研究成果，特別是羅嘉漁牧師的金門身世，金門教會與中華第一聖堂新街堂的關係等呈現與金門山外基督教會的信徒時，當時他們眼神中散發的驕傲與自信的神采是我無法忘懷的經驗。許多人告訴我他們驚訝於金門教會早期曾經非常有制度地運作著，盼望這些歷程能幫助今日的教會。

　　早期宣教地點的開設，授方陣營能懂得受方文字與文化的人員不多，且多為第一線的宣教士本身，他們的態度與意見往往會是授方差會唯一的參考依據。舉例來說，林信堅在《巴克禮作品集》的導讀中指出：早期英國長老會宣教士以嚴格的教會懲戒[10]與對入教者進行審核[11]，雙管齊下的努力造成台灣教會史空前絕後的成長記錄[12]。

　　我認為正如宣教士所留下的資訊可以提供差會日後宣教策略的參考，議事錄則能提供本地信仰群體進行整個福音策略的反省與再出發的借鏡和依據。例如在閩南大會與中華基督教會時期，常有大會或區會派遣使者蒞會查察會務，並在議事錄蓋章，顯示有互相監督、查核、幫補與勉勵的作用，這樣的作法在離島金門教會，應當有不少幫助，值得教會參考與採行。

---

[10] 林信堅在註釋中引用資料指出：1880 年有 83 位成人加入教會（據 Campbell 的資料，該年的信徒總數為 1113 人，前一年與後一年分別為 1056 人與 1248 人，見 Campbell，2004:84），但是當中有 34 人受禁（據 Campbell 的資料，該年的受禁為 90 人，見 Campbell，2004:84。這代表該年受禁人數三分之一是新近入教信徒）；1882 年有 71 人加入教會，受禁 33 人（據 Campbell 的資料，該年的信徒總數為 1269 人，受禁總數為 95 人，見 Campbell，2004:84）；1891 年入教 67 人，其中受禁者高達 50 人，這 50 人中有 13 人被革出教籍。

[11] 林信堅指出 1883 年一整年只有 28 人受接納，卻禁了 23 人；1889 與 1890 年各接受 27、30 人，卻各禁了 30、37 人。另外，林信堅也引資料指出有人在十二年間三次審核，第一次與第二次間隔十一年最後一年才通過，也有人在三年間分別被三位宣教士審核（間隔一年到兩年），接不通過。從以上敘述可見進教審核的嚴格。

[12] 見 Barclay，2005:53-54。

第二節　教會懲戒在教會史研究的重要性

一、反映教會信仰的深化程度

　　以授方觀點的教會史來說，多半是反應信仰歸正的地域範圍、時間進度、從事人員與其間發生的大事之社會文化分析。而議事錄作為受方觀點的重要研究素材，以本書所處理教會懲戒的施行記錄為例，深刻地反映了基督教信仰作為外來信仰在當地信徒群體中深化的程度。這個深化程度，相當可以反映出信仰價值觀在信徒中的份量。

　　對於華人好面子的文化習性來說，原本「面質」就是需要很大勇氣的：一不注意就會被當事人解讀為挑剔、有偏見等負面的意涵。然而教會懲戒不是一般社會化過程中的改正或恢復而已，而是有深厚的信仰裡對人論、神論、救恩、終末……的質素在其中[13]。教會懲戒的得以認真施行，特別金門在信仰毫無強制力的近、現、當代來說[14]，必當代表著信仰價值觀不僅得強過受方自然內蘊的社會、文化性格，還需要在信仰群體中產生動力形成共識才行：因為教會懲戒從聖經、神學的定義來看，都無法也不應該由單獨的個人執行完成。

　　以「將子女許配教外之人」為例，這件事在今天看來也許沒什麼，也根本不會到動用教會懲戒的地步。然而今日金門基督徒適婚男性仍少於適婚女性，加上傳統因素，對於嫁入非基督徒家庭之女性尚且頗具壓力，早期金門

---

[13] 舉例來說，教會懲戒牽涉到人論中對人的看法（罪性、需要救恩與悔改得贖……），又因而牽涉到神論中神的特性（聖潔、唯一救贖者與審判者……）……，我認為可以說是基督信仰裡最重要的實踐力量。

[14] 在任何宗教為國教的地區與時空下，宗教因為宰制著一切，教會懲戒的執行不僅因為本身宗教的強制力而令人生畏，更因為複雜的利益、權力的因素滲入，使得教會懲戒不見得在信仰真理上有其正當性。但這樣的強制力在近、現、當代的西方世界發展中已然消逝，更何況作為受方的金門。

教會多次對此做出懲戒，且受懲戒之人還痛哭悔改，從這裡可以看出信徒在當中的為難與信仰在當時的深化程度。

二、呈現教會的價值觀

教會懲戒的施行，反映出教會的價值取向。

今日大部分教會不或少採行教會懲戒，上文已指出不僅僅是在信仰的行動力上的頹廢，更是明顯忽視聖經對於教會懲戒施行的必然要求，與耶穌新的誡命相違背。這違背主要是和聖經中所顯示的價值觀相悖：耶穌說「有病的人，才需要醫生」[15]以及祂來是「為要尋找、拯救失喪的人」[16]，加上要求信祂的人以祂愛人的方式[17]「彼此相愛」[18]，和「為找回迷羊或浪子歡喜快樂」[19]，這樣看來，人的悔改歸正，在耶穌的看法中是最為要緊的價值。

今日教會界，不管是因為對離失會眾或「得失」[20]人的畏懼與顧慮，而不或少對誤失逾犯者進行教會懲戒，是明顯將群體或一己之利擺在聖經與信仰價值之上，失去可供世人辨識之標記。教會懲戒在施行與否之間，做為一種價值的取捨，金門教會先民著實為自己的信仰和價值為社會提供了先驅者的榜樣！

三、考驗教會的內部關係與問題處理能力

教會懲戒的施行，需要信仰群體的共識與決心之外，也考驗教會內部的關係以及處理問題的能力。

---

[15] 馬太福音 9:12，耶穌聽見，就說：「康健的人用不著醫生，有病的才用得著。」另見馬可福音 2:17 與路加福音 5:31。

[16] 路加福音 19:10，「人子來，為要尋找，拯救失喪的人」。

[17] 耶穌愛人的方式，最好的總結會是「為了人的罪而生、而服事、而死、而復活」。

[18] 約翰福音 13:34-35：「我賜給你們一條新命令，乃是叫你們彼此相愛；我怎樣愛你們，你們也要怎樣相愛。你們若有彼此相愛的心，眾人因此就認出你們是我的門徒了」。

[19] 馬太福音 18:13「若是找著了，我實在告訴你們，他為這一隻羊歡喜，比為那沒有迷路的九十九隻歡喜還大呢」！

[20] 閩南語，得罪的意思。

　　由於教會懲戒給予人指正、規勸以及懲戒處置，在信徒群體的人際關係當中會造成一定程度的緊張與壓力，若是沒有內部完好的共識與信仰基礎，不僅僅很難有效地施行教會懲戒，更容易在教會懲戒的施行之後造成可能的敵對與仇恨情緒，在教會群體間彼此攪擾與糾結，因而真正導致教會信徒散失、教會分裂或驅趕牧者之情形。

　　除此之外，教會懲戒的施行往往會牽動問題所蘊含的文化或社會問題，不光光是單純執行懲戒便能將問題解決。例如吸食鴉片的問題與婚俗和性文化的問題，由於鴉片使用的成癮性與婚俗和性文化的社會結構性因素，光是施行懲戒恐怕不能完全解決問題，必須有相應的配套措施才能幫助誤失逾犯者與其餘信徒，有能力與有意願在這些事上明瞭且能堅持原則。

第三節　後浦堂會議事錄在教會史研究的意義

一、堂會議事錄的完整性

　　因著世界的冷戰情勢與國共內戰的後果使得原本頻繁的金廈水路交通[21]被迫停滯進而分隔，金門長久在政治、經濟、文化、教育……諸多方面被忽略，原來文風鼎盛的島嶼[22]，因著戰亂而幾乎成為文化孤島。真正浸淫在資料搜尋之前，我實在不看好除了四大冊的議事錄以外，還會在書籍資料上看到多少有關金門教會歷史的資料，畢竟我只是擁有幾本破舊、長時間無人聞問被閒置一旁複製的文書檔案罷了。

　　然而隨著資料的深入發覺與思想的開展，金門的教會史逐漸在文書檔案與其他文獻的勾聯之下逐漸交織成網，一個個人物與事件慢慢顯現其歷史與

---

[21] 據我岳父的說法，他已過世的父親在兩岸隔絕的 1949 年之前，常常自己划小船到廈門做生意，幾天後返金。

[22] 南宋朱熹曾到金門講學，歷來進士百出。

信仰的意義，我得以在一次次驚喜地發現相關資料的當中振臂歡呼。完整的
教會史料保存，其意義在此未言可喻。

　　完整的教會史料，以後浦堂會議事錄為例，自從其設立至今的完整議事
錄，提供給研究者極為寬闊豐饒的土壤脈絡基礎，得以在其中將所專注研究
的議題梳理清楚並進一步擴大，而不至於有脈絡中斷之憾。

二、教會懲戒的施行對信仰的影響

　　教會懲戒在金門的施行，從本書的鋪陳可以知道是相當不易的：金門保
守的民風再加上人性對於懲戒之事的自然排斥，很難令人想像在教會建立的
早期會如此認真地執行教會懲戒。

　　在我分享我的研究發現時，大多數信徒對於早期教會的教會懲戒感到稀
奇，不是因為教會懲戒執行得嚴謹，而是因為執行教會懲戒的動機——愛的
深厚情誼。我想這至少有一種鼓勵作用，使大家思考教會懲戒的重要性包含
著讓教會群體間愛的腱結更加緊密地落實在實際信仰生活裡面。

　　既然教會懲戒的施行，既要在價值取捨間作正確抉擇，又得在內部關係
與處理問題上的智慧與歷練，那麼教會懲戒得以正確而認真地執行，便意味
著信仰的精髓已然深深內化在信徒群體的意念之中，並在實際實踐行動中表
現出來。

三、地區教會史的建構裨益教會史之充實

　　回想我進行研究之初，對於議事錄以外所需要的相關資料的存在與取得
抱著存疑的態度，幸好在過程中陸續發現一些有價值的相關資料。即使金門、
後浦等詞彙未見於如《中國基督教百年史》之類重要教會史的著作，我認為
金門地區的教會史建構仍有其自存的必要性與重要性。果然，金門地區的教
會史，不僅只牽涉金門一地而已，其實在整個中國近代基督新教的發展史綿
密的網絡當中，扮演重要角色。

　　由於金門地區的新教宣教事工之濫觴乃美國歸正教會與英國長老會的工作，以及後來中華基督教會的影響，因而與台灣有英國長老會的共同母會關係，與香港、內地（特別是廈門）有中華基督教會、美國歸正教會的共同連結關係，而且金門不像香港中華基督教會是 1949 年以後從廣東大會移植過去的，是原本自始即在的道地中華基督教會。也因著以上這些因素，本書得以拓展原本的史料範圍，進入更為廣闊的歷史脈絡取得所需資料。因此，地區教會史的建構本身就很重要且有意義，我認為唯有精確的地區教會史建構，才能得詳實之地域甚至國域教會史全貌。

　　純粹以議事錄來說，起初會議記錄裡的人名似乎感覺非常遙遠，但是將這些人名放進歷史脈絡以後來看，這些來來去去的牧者當中竟一個個是一時之選，而不是隨便被派到離島巡視或駐堂牧會的傳道者。當中有宣教士如施和力牧師、內地與台灣互訪的大會使如楊懷德牧師與歐陽侯牧師，以及執行大部分懲戒的楊篤謝與李清講兩位長老等等。這些人物所交織出來的歷史與信仰面貌，逐漸在歷史史料的耙梳過程中顯像，對我們開顯一個關鍵且勁辣的主題──教會懲戒。

　　小島教會先民的未揚之聲，透過史料無言地陳述了時間的流，並一種價值的興衰過程。

參考書目

一、聖經與典外文獻版本

縮寫	出版資料
BHS	Rudolph, Wilhelm ed.
	1997, *Biblia Hebraica Stuttgartensia* (5th Edition), Stuttgart: Deutsche Bibelgesellschaft.
DSS	Vermes, Geza
	1998, *The Complete Dead Sea Scrolls in English*, NY: Penguin Books.
Gos. Thom.	Robinson, J. M. ed.
	2000, *The Coptic Gnostic Library: A Complete Edition of the Nag Hammadi Codices* (vol. II), Leiden: Brill.
NRSV	Coogan, Michael ed.
	2001, *The New Oxford Annotated Bible: An Ecumenical Study Bible* (New Revised Standard Version with the Apocrypha), NY: Oxford University Press.
NTA	Schneemelcher, W. ed.；Wilson, R. trans.
	2003, *New Testament Apocrypha vol.2: Writings Relating to the Apostles; Apocalypses and Related Subjects*, Louisville: Westminster John Knox Press.
UBSGNT	Aland, Kurt et al ed.
	1994, *The Greek New Testament* (Fourth Revised Edition), Stuttgart: Deutsche Bibelgesellschaft.
多馬福音	羅賓遜（Robinson and Smith）等編，楊克勤譯
	2000 年，〈多馬福音〉，自《靈知派經書》卷上，148-170 頁，香港：漢語基督教文化研究所。
和合	1996 年，《聖經：新標點和合本》，台北：中華民國聖經公會。
馮譯	馮象譯註
	2006 年，《摩西五經》，香港：Oxford University Press.
典外	黃根春編
	2003 年，《基督教典外文獻——舊約篇》第四冊，香港：基督教文藝。
	2004 年，《基督教典外文獻——舊約篇》第六冊，香港：基督教文藝。
古蘭經	Pickthall, Mohammed M. tr.
	The Meaning of the Glorious Koran, New York: New American Library, date unknown.

二、工具書

NDT   Ferguson and Wright ed.

        1988, *New Dictionary of Theology*, Leicester: Inter-Varsity press.

TWOT   Harris, R. L 等編

        1995 年,《舊約神學辭典》(原 *Theological Wordbook of Old Testament*),台北:華神。

BAGD   包爾(Bauer, Ardnt, Gingrich, Danker)編

        1994 年,《新約希臘文中文辭典》二版(原 BAGD,*A Greek-English Lexicon of the New Testament and Other Early Christian Literature*),台中:浸宣。

三、原始文獻

1. 中文部分

中華續行委辦會編訂

      1914/1983 年,《中華基督教會年鑑》1,台北:橄欖。

      1915/1983 年,《中華基督教會年鑑》2,台北:橄欖。

      1916/1983 年,《中華基督教會年鑑》3,台北:橄欖。

      1917/1983 年,《中華基督教會年鑑》4,台北:橄欖。

      1918/1983 年,《中華基督教會年鑑》5,台北:橄欖。

      1921/1983 年,《中華基督教會年鑑》6,台北:橄欖。

      1924/1983 年,《中華基督教會年鑑》7,台北:橄欖。

      1925/1983 年,《中華基督教會年鑑》8,台北:橄欖。

      1927/1983 年,《中華基督教會年鑑》9,台北:橄欖。

      1928/1983 年,《中華基督教會年鑑》10,台北:橄欖。

      1929-1930/1983 年,《中華基督教會年鑑》11 上,台北:橄欖。

      1929-1930/1983 年,《中華基督教會年鑑》11 下,台北:橄欖。

      1933/1983 年,《中華基督教會年鑑》12,台北:橄欖。

      1934-1936/1983 年,《中華基督教會年鑑》13,台北:橄欖。

賈玉銘

      1914 年,〈中華全國長老會聯合總會之成立〉,《中華基督教會年鑑》1,頁 22-25。

周之德

      1914 年,〈閩南倫敦會自養之歷史〉,《中華基督教會年鑑》1,頁 34-36。

陳秋卿

　　1914 年，〈閩南長老倫敦兩會合一之進步〉，《中華基督教會年鑑》1，頁 25-26。

許聲炎

　　1914 年，〈閩南長老會自立自養歷史〉，《中華基督教會年鑑》1，頁 31-34。

　　1916 年，〈閩南長老會傳道公會〉，《中華基督教會年鑑》3，續 38-44。

　　1933 年，〈附閩南中華基督教會推進自立自養的概況〉，《中華基督教會年鑑》12，頁 79-83。

李含盛編

　　1994 年，《主僕蘇華鐸（堤柳）牧師陳玫瑰牧師娘安息廿、廿二週年紀念專輯》，台北：旅台金門基督徒聯誼會。

台灣日日新報

　　1918 年 12 月 18 日；1920 年 10 月 31 日，《台灣日日新報》。

台灣基督長老教會編

　　1919 年，《Tâi-Oân Ki-Tok Tiúⁿ-Ló Káu-Hōe ê Tián-Lé》（台灣基督長老教會的典禮），台南：新樓聚珍堂印。

台灣基督長老教會歷史委員會

　　2004 年，《南部大會議事錄一》（1896-1913），台南：教會公報出版社。

　　2004 年，《南部大會議事錄二》（1914-1927），台南：教會公報出版社。

台灣基督長老教會總會歷史委員會

　　1965/95 年，《台灣基督長老教會百年史》，台南：台灣基督長老教會。

林焜熿等

　　1956 年，《金門志》，台北：台灣書店。

金門基督教會長執會

　　1900 年 1 月-1930 年 10 月，《後浦堂會紀事簿》第一本，金門：金門基督教會。

　　1930 年 11 月-1974 年 11 月，《中華基督教會金門堂會會議記錄》第二本，金門：金門基督教會。

　　1975-1983 年 12 月，《金門基督教會會議記錄》第三本，金門：金門基督教會。

　　1984-1999 年 12 月，《金門基督教會會議記錄》第四本，金門：金門基督教會。

金門縣政府

　　1992 年，《金門縣志》第一冊，金門：金門縣政府。

田濤、鄭秦點校

　　1999 年，《中華傳世法典：大清律例》，北京：法律出版社。

姚雨薌等編

　　1964 年，《大清律例會通新纂》，全五冊，台北：文海出版社。

張榮錚、劉勇強、金懋初點校

　　1995 年，《大清律例》，天津：天津古籍出版社。

祝慶祺等編

　　2004 年，《刑案匯覽三編》三冊，北京：北京古籍出版社。

陳世聰編

　　1990 年，《金門基督教會宣教 90 週年特刊（1900-1990）》，金門：金門基督教會。

　　2004 年，《金門基督教會建堂八十週年紀念特刊 1924-2004》，金門：金門基督教會。

新街堂紀念特刊編寫組

　　1998 年，《廈門市基督教新街堂建堂 150 週年（1848-1998）紀念特刊》，廈門：新街堂。

潘文舫等編

　　2004 年，《續增、新增刑案匯覽》，北京：北京古籍出版社。

黃六點編

　　1972 年，《北部教會大觀：北部設教百週年紀念刊》，台北：北大百週年慶典籌委會。

黃武東、徐謙信合編，賴永祥增訂

　　1995 年，《台灣基督長老教會歷史年譜》，增訂版，台南：人光。

2. 西文部分

Band, Edward

　　1972, *Working His Purpose Out: The Story of the English Presbyterian Mission 1847-1947*, London: Publishing Office of the Presbyterian Church of England. Reprinted by Ch'eng Wen Publishing Company, Taipei.

Barclay, Thomas

　　2005, 《巴克禮作品集》，台南：教會公報社。

Campbell, William

　　2004, *Handbook of the English Presbyterian Mission in South Formosa*, 台南：教會公報社。.

De Jong, Gerald F.

　　1992, *The Reformed Church in China 1842-1951*, Grand Rapids: Wm. B Eerdmans.

Gasero, Russell L.

　　2001, *Historical Directory of the Reformed Church in America 1628-2000*, Grand Rapids: Wm. B. Eerdmans Publishing Co.

Johnston, Jas

　　1897, *China and Formosa: the Story of the Presbyterian Church of England*, New York: Fleming H. Revell Company.

MacGillivray, D. ed.

　　1907, *A Century of Protestant Mission in China (1807-1907)—Being the Centenary Conference Historical Volume*, Shanghai: American Presbyterian Mission Press.

Moffett, S. H.

　　2003, *A History of Christianity in Asia vol.1: Beginning to 1500*, NY: Orbis Books.

　　2005, *A History of Christianity in Asia vol.2: 1500-1900*, NY: Orbis Books.

Stauffer, Milton T.

　　1922, *The Christian Occupation of China: A General Survey of the Numerical Strength and Geographical Distribution of the Christian Forces in China Made by the Special Committee on Survey and Occupation China Continuation Committee 1918-1921*, Shanghai: China Continuation Committee.

Yates, M. T. and Nelson, R. with Barrett, E. R. ed.

　　1878, *Records of the General Conference of the Protestant Missionaries of China, Held at Shanghai, May 10-24, 1877*, Shanghai: Presbyterian Mission Press. Reprinted by Ch'eng Wen Publishing Company, Taipei, 1973.

四、教會法規與法典

1. 中文部分

縮寫	出版資料
行政法	台灣基督長老教會法規委員會（47 屆） 《台灣基督長老教會行政法》「第十二章戒規」，取自： http://acts.pct.org.tw/laws/bylaws_result.asp?key=1012
法典	天主教法典翻譯小組（1985 年） 《天主教法典——拉丁文中文本》，台北：天主教教務協進會。
章程	財團法人基督教台灣信義會總議會（1990 年 5 月 21 日） 〈財團法人基督教台灣信義會地方教會章程〉，取自： http://www.twlutheran.org.tw/Portal/UpLoads/%e5%9c%b0%e6%96%b9%e6%95%99 %e6%9c%83%e7%ab%a0%e7%a8%8b.pdf
會章	中華基督教浸信會聯會會員大會（2005 年，第 21 次修訂） 〈中華基督教浸信會聯會會章〉，取自：http://www.twbap.org.tw/PDF/a1/1-1.pdf

2. 西文部分

縮寫	出版資料
BOF	The Presbyterian Church in Canada (2007) *The Book of Forms*, Toronto: The General Assembly of The Presbyterian Church in Canada. Retrieved May 29, 2007, from the World Wide Web: http://www.presbyterian.ca/files/webfm/ourfaith/officialdocuments/ 2007BoF.pdf
BCO	The Reformed Church in America (2007) *The Book of Church Order 2007 Edition* (includeing The Government, the Disciplinary and Judicial Procedures, the Bylaws and special Rules of Order of the General Synod, the Formularies). Retrieved May 25, 2007, from the World Wide Web: http://images.rca.org/docs/bco/2007BCO.pdf

Canon   Canon Law Society of America (1998)
         Code of Cannon Law. Retrieved May 25, 2007, from the World Wide Web:
         http://www.vatican.va/archive/ENG1104/_INDEX.HTM

五、報刊、期刊、論文／論文集

1. 中文部分

王成勉（1998 年），〈台灣基督教史料之研究〉，《台灣基督教史——史料與研究回顧國際學術研討會論文集》，頁 237-261。

李少平（1999 年），〈建國前福建基督教的社會活動〉，《南平師專學報》第 18 卷第 3 期，頁 64-68。

李天綱（2007 年），〈中文文獻與中國基督教史研究〉，《史料與視界——中國基督教史研究》，頁 1-27。

李志剛（2007 年），〈石頭說話：馬禮遜牧師碑銘考釋〉，出自《中國神學研究院期刊》，42 期，頁 53-78。

《台灣文學評論》編輯部（2005 年），〈李春生先生年譜〉，《台灣文學評論》5 卷 1 期，頁 81-86。

朱柔若（1986 年），《社會學世俗化理論的回顧、溯源、與台灣民間宗教的世俗化》，台灣大學社會學研究所碩士論文，台北市。

邢福增（2007 年）〈大門口的傳道者：馬禮遜傳教思想探討〉，《中國神學研究院期刊》，42 期，頁 13-50。

何錦山（2002 年），〈閩台基督教源流探論〉，《福建宗教》28 期，頁 32-33。

林金水、張先清（2000 年），〈福建基督教史的研究回顧與展望〉，《基督宗教研究》第二輯，頁 416-435。

吳炳耀（1988 年），〈百年來的閩南基督教會〉，《廈門文史資料》第 13 輯，頁 76-102。

———（1988 年），〈基督教閩南大會的一次盛會〉，《廈門文史資料》第 14 輯，頁 116-132。

張妙娟（2001 年），《臺灣府城教會報與清季臺灣的基督徒教育》，國立台灣示範大學歷史研究所博士論文。

張珣（2006 年），〈馨香禱祝：香氣的儀式力量〉，《考古人類學刊》65 期，頁 9-33。

陳俊宏（2005 年），〈重新解讀李春生〉，《台灣文學評論》5 卷 1 期，頁 67-73。

鍾鳴旦（Standaert, N.）著，馬琳譯（1999 年），〈基督教在華傳播史的新趨勢〉，《基督教文化學刊》第 2 輯，頁 243-285。

2. 西文部分

Arac, Jonathan (1999). *Foucault and Central Europe: A Polemical speculation*. From Racevskis ed. Critical Essays on Michel Foucault, NY: G. K. Hall & Co.

Pollmann, Judith (2002). *Off the Record: Problems in the Quantification of Calvinist Church Discipline*. Sixteenth Century Journal, 33(2), 423-38.

Pitcher, Phillip. W. (1903). *Rev. Iap Han-Cheong, for Forty Years a Pastor in Amoy China*, Chinese Recorder, vol. 34, Sept., 438-442.

六、一般文獻

1. 中文部分

司法行政部編
　　1966 年,《煙毒犯問題之研究》,台北:司法行政部。
王立新
　　1997 年,《美國傳教士與晚清中國現代化》,天津:天津人民。
王治心
　　1940/1979 年,《中國基督教史綱》,香港:基督教文藝。
　　1940/2007 年,《中國基督教史綱》,上海:上海世紀出版集團。
巴克萊
　　1988 年,《啟示錄註釋》上冊,香港:基督教文藝。
　　1994 年,《哥林多前後書註釋》,香港:基督教文藝。
　　1996 年,《馬太福音註釋》下冊,香港:基督教文藝。
台灣基督長老教會總會
　　1986 年,《認識台灣基督長老教會》,台南:人光。
尼科斯(Nichols, James Hastings)
　　1986 年,《歷代基督教信條》(Confessions, Catechisms and Church Councils),香港:基督教文藝。
江柏煒
　　2004 年,《閩粵僑鄉的社會與文化變遷》,金門:內政部營建署金門國家公園管理處。
艾伯林(Ebeling, Gerhard)著,李秋零譯
　　1999 年,《神學研究:一種百科全書式的定位》,香港:漢語基督教文化研究所。
甘為霖(Campbell, W)著,陳復國譯
　　2007 年,《台灣佈教之成功》(Missionary Success in the Island of Formosa),台南:教會公報出版社。

布爾加科夫（Bilgakov, Sergej Nikolaevic.）著，董友譯
　　1995 年，《東正教──東正教教義綱要》，香港：三聯書店。
貝爾考韋爾（Berkouwer, Gerrit C.）著，劉宗坤、朱東華、黃應全譯
　　2006 年，《罪》，香港：道風書社。
李志剛
　　1992，《基督教與近代中國文化論文集》，台北：宇宙光。
　　1994，《基督教與近代中國文化論文集》二，台北：宇宙光。
李寬淑
　　1998 年，《中國基督教史略》，北京：社會科學文獻。
沈介山
　　1984 年，《今日教會的淵源》，台北：橄欖。
　　1997 年，《信徒神學》，台北：華神。
吳道宗
　　2007 年，《約翰壹貳參書》卷上，香港：天道書樓。
吳猛、和新鳳
　　2003 年，《文化權力的終結：與福科對話》，成都：四川人民。
林太乙
　　1994 年，《林語堂傳》，北京：中國戲劇。
林美玫
　　2005 年，《婦女與差傳：十九世紀美國聖公會女傳教士在華差傳研究》，台北：里仁。
　　2006 年，《追尋差傳足跡：美國聖公會在華差傳探析（1835-1920）》，台北：宇宙光。
林治平編
　　1994 年初版五刷，《近代中國與基督教論文集》，台北：宇宙光。
林榮洪
　　1998 年，《中華神學五十年：1900-1949》，香港：中國神學研究院。
卓新平
　　1998 年，《基督教猶太教志》，上海：上海人民出版社。
韋伯（Weber, Max）著，于曉、陳維綱譯
　　1987 年，《新教倫理與資本主義精神》，北京：三聯書店。
馬歇爾（Marshall, I. Howard）著，潘秋松、林秀娟、蔡蓓等譯
　　2006 年，《馬歇爾新約神學》（New Testament Theology: Many Witness, One Gospel），
　　加州：美國麥種傳道會。
唐逸
　　1993 年，《基督徒史》，北京：中國社會科學院出版社。
唐崇平
　　1996 年，《基督徒的彼此與互相》，台北：真道之聲。
殷保羅（Enns, P. P.）
　　1991 年，《慕迪神學手冊》，香港：福音證主協會。
陳支平、李少明
　　1992 年，《基督教與福建民間社會》，廈門：廈門大學出版社。

陳南州

　　1991 年，《台灣基督長老教會的社會、政治倫理：從台灣基督長老教會三個聲明、宣言之研究來建構台灣教會的社會、政治倫理》，台北：永望。

米歇爾‧福柯（Foucault, Michel）著，林志明譯

　　2005 年，《古典時代瘋狂史》，北京：三聯書店。

陳終道

　　1978 年，《新約書信講義：哥林多後書》，香港：宣道。

章力生

　　1991 年，《教會論》（系統神學卷七），香港：宣道。

莫南（Molland, Einar）

　　1966 年，《基督教會概覽》（*Christendom*），香港：道聲。

黃武東

　　1990 年，《黃武東回憶錄》，台北：前衛。

黃宗樂

　　1995 年，《六法全書：刑法》，台北：保成文化。

黃彩蓮

　　2005 年，《香港閩南教會研究》，香港：建道神學院。

湯清

　　1987 年，《中國基督教百年史》，香港：道聲。

湯森（William John Townsend）

　　2002 年，《馬禮遜：在華傳教士的先驅》，鄭州：大象。

張綏

　　1987 年，《上帝的文化：中世紀基督教會史》，杭州：浙江人民。

張苙雲

　　1990 年，《組織社會學》，台北：三民書局。

張春興

　　1991 年，《現代心理學：現代人研究自身問題的科學》，台北：東華書局。

許志偉

　　2001 年，《基督教神學思想導論》，北京，中國社會科學出版社。

渡邊信夫著，蘇慶輝譯

　　2002 年，《亞洲宣教史》，台北，永望文化。

彭小瑜

　　2003，《教會法研究：歷史與理論》，北京：商務印書館。

奧特與奧托（Ott, Heinrich with Otte, Klaus）

　　2005 年，《信仰的問答：系統神學五十題》，香港：漢語基督教文化研究所。

董水應

　　2004 年，《金門傳統民情集》，金門：金門縣文化局。

楊天宏

　　2005 年，《基督教與民國知識份子：1922 年－1927 年中國非基督教運動研究》，北京：人民出版社。

葉鈞培

　　1997 年，《金門姓氏分佈研究》，金門：金門縣政府。

楊克勤

　　1995 年，《路加的智慧》，香港：基道。

楊森富

　　1968/1978 年，《中國基督教史》，台北：台灣商務印書館。

楊慶球

　　2001 年，《會遇系統神學：真理與信仰體驗的整理》二版，香港：中國神學研究院。

福克爾曼（Fokkelman, J. P.）著，胡玉藩、伍美詩、陳寶嬋譯

　　2003 年，《聖經敘述文體導讀》（Reading Biblical Narratives），香港：天道書樓。

郝思著，華神出版社譯

　　1999 年，《基督教神學與教義圖表》，台北：華神。

華爾頓著，潘鳳娟譯

　　2001 年，《教會歷史背景與年代圖表》，台北：華神。

蔡彥仁

　　2001 年，《天啟與救贖：西洋上古的末世思想》，台北：立緒。

賴永祥

　　1995 年，《教會史話》第二輯，台南：人光。

羅竹風編

　　1991 年，《中國社會主義時期的宗教問題》，上海：上海社會科學院。

羅念生等編

　　2004 年，《古希臘語漢語辭典》，北京：商務印書館。

羅冠宗編

　　2003 年，《前事不忘後事之師：帝國主義利用基督教侵略中國史實述評》，北京：宗教文化。

魏道思著，劉幸枝譯

　　2006 年，《猶太信仰之旅》，台北：華宣。

鄭藩派編著

　　2006 年，《童謠心　念戀情》，金門：金門縣文化局。

顧長聲

　　2004 年，《傳教士與近代中國》，上海：上海人民。

　　2005 年，《從馬禮遜到司徒雷登：來華新教傳教士評傳》，上海：上海書店。

顧衛民

　　1996 年，《基督教與近代中國社會》，上海：上海人民。

路德（Luther, Martin）

　　1986 年，《路德選集》下冊，香港：基督教文藝出版社。

楊國樞、葉啓政編

　　1991 年，《台灣的社會問題》，台北：巨流。

基辛（Keesing, R.）

　　1986 年，《當代文化人類學》（下冊），台北：巨流。

葉仁昌

　　1992 年，《五四以後的反對基督教運動》，台北：久大。

2. 西文部分

Adams, Jay E.
　　1986, *Handbook of Church Discipline.*, Grand Rapids: Zondervan Publishing House.
Aland, Kurt et al.
　　1989, *The Text of the New Testament: An Introduction to the Critical Editions and to the Theory and Practice of Modern Textual Criticism*, 2nd edition, Revised and Enlarged, Grand Rapids: Eerdmans.
Ali, Abdullah Yusuf
　　1989, *The Holy Quran: Text, Translation and Commentary*, New Revised Edition, Brentwood: Amana Corporation.
Beare, Francis W.
　　1987, *The Gospel According to Matthew: Translation*, Introduction and Commentary, Peabody: Hendrickson.
Berger, Peter L. ed.
　　1999, *The Desecularization of the World*, Grand Rapids: Wm. B Eerdmans.
Brown, E. Raymond
　　1997, *An Introduction to the New Testament*, NY: Doubleday.
Brown, E. Raymond., Fitzmyer, J., Murphy, R. ed.
　　1990, *The New Jerome Biblical Commentary*, NJ: Prentice Hall.
Buddenbaum, Judith Mitchell
　　1998, *Reporting News about Religion: An Introduction for Journalists* , Iowa : Iowa State University Press.
Calvin, John
　　1998, *Institutes of the Christian Religion* , Grand Rapids: Wm. B Eerdmans.
Carrette, J. R. ed.
　　1999, *Religion and Culture: Michel Foucault,* NY: Routldge.
Cheung, David
　　2004, *Christianity in modern China: the making of the first native Protestant church*, Leiden: Brill.
Childs, Brevard S.
　　1979/1982, *Introduction to the Old Testament as Scripture*, Minneapolis: Fortress Press.
France, R. T.
　　2007, *The Gospel of Matthew*, Tübingen: Mohr Siebeck.
Glasner, P.
　　1977, *The Sociology of Secularisation: A Critique of a Concept*, London: Routledge.
Grenz, Stanley J.
　　1994, *Theology for the Community of God*, Nashville: Broadman & Holman Publishers.

Grudem, Wayne

　　1994, *Systematic Theology: An Introduction to Biblical Doctrine*, Grand Rapids: Zondervan Publishing House.

Gundry, Robert H.

　　1994, Matthew: *A Commentary on His Handbook for a Mixed Church under Persecution*, Second Edition, Grand Rapids: Wm. B Eerdmans.

Keener, Craig S.

　　1999, *A Commentary on the Gospel of Matthew*, Grand Rapids: Wm. B Eerdmans.

Latourette, K. S.

　　1917, *The History of Early Relations between the United States and China*, New Heaven: Yale University Press.

　　1932, *A History of Christian Missions to China*, NY: Macmillan.

　　1970, *Christianity in a revolutionary age: A history of Christianity in the 19th and 20th centuries* (vol. 3), Grand Rapids: Zondervan.

Luomanen, Petri

　　1998, *Entering the Kingdom of Heaven*, Tübingen: Mohr Siebeck.

Luz, Ulrich

　　2001, *Matthew 8-20: A Commentary*, MN: Augsburg Fortress.

McGrath, Alister E.

　　2001, *Historical Theology: An Introduction to the History of Christian Thought*, Oxford: Blackwell.

　　2001/2003, *Christian Theology: An Introduction*, Oxford: Blackwell.

Metzger, Bruce

　　2001, *A Textual Commentary on the New Testament* (2nd Edition), Stuttgart: Deutsche Bibelgesellschaft.

Mills, Sara

　　2003, *Michel Foucault*, London: Routledge.

Nolland, John

　　2005, *The Gospel of Matthew: A Commentary on the Greek Text* (NIGTC Series), Grand Rapids: Wm. B Eerdmans.

Pannenberg, Wolfhart trans. By Bromiley,

　　1994, *Systematic Theology (vol. 2)*, Grand Rapids: Wm. B Eerdmans.

Tov, Emanuel

　　1992/2001, *Textual Criticism of the Hebrew Bible*, Minneapolis: Fortress Press.

von Rad, Gerhard

　　2001, *Old Testament Theology (vol. I & II)*, Louisville: Westminster John Knox Press.

Wills, Gregory A.

　　1997, *Democratic Religion: Freedom, Authority, and Church Discipline in the Baptist South*, New York: Oxford University Press.

White, John & Blue, Ken
    1985, *Healing the Wounded: The Costly Love of Church Discipline*, Downers Grove:
    InterVasity Press.
Würthwein, Ernst
    1995, *The Text of the Old Testament*, Grand Rapids: Wm. B Eerdmans.

附錄一　教會懲戒聖經論據總表

希伯來經文部分

律法書懲戒經文論據總表

律法書					
創世記					
段落	事件	施懲	受懲戒	依據	處置
3:1-24	始祖犯罪	神	亞當等	神旨	審問發令
4:3-15	該隱殺弟	神	該隱	神旨	審問發令施恩
11:1-9	巴別塔	神	天下人	神旨	察看變亂
12:14-20	亞伯蘭在埃及	神	法老	神旨	降災
18:20-19:29	所多瑪蛾摩拉	神	城民	神旨	察看毀滅
19:24-26	羅得之妻	神	羅得之妻	神旨	警告毀滅
20:1-18	亞伯拉罕在基拉耳	神	亞比米勒	神旨	警告攔阻
26:7-11	以撒在基拉耳	神	亞比米勒	所見	警告
34:1-31	底拿受辱	雅各子	示劍城民	忿恨	詭詐殺掠
38:1-26	猶大與他瑪	猶大	他瑪	人言	承認
39:7-23	約瑟被誣陷	波提乏	約瑟	人言	下監
44:1-45:15	約瑟計試其兄	約瑟	眾弟兄	證物	留置相認
出埃及記					
段落	事件	施懲	受懲戒	依據	處置
1:6-14:31	法老苦待以色列	法老	以色列民	不安	苦工殺害追趕
2:11-15	摩西逃亡	法老	摩西	所見	欲殺之
7:14-12:36	十災	神	法老與民	神旨	十災
32:15-33:23	怒碎法版	利未人	百姓	神言	殺
利未記					
段落	事件	施懲	受懲戒	依據	處置
4:13-35	贖罪祭			神言	獻祭蒙赦
5:1-6:7	贖愆祭			神言	獻祭蒙赦
7:1-10	贖祭之例			神言	祭司得祭物
10:1-20	凡火事件	神	拿達等	神言	燒滅
16:29-34	贖罪日			神言	潔淨脫盡罪愆
18:1-29	勿隨外族之惡俗			神言	剪除
19:15-17	審判			神言	公義指摘
20:1-27	分別為聖			神言	剪除治死

下接 202 頁

上接 201 頁

22:1-3	吃聖物			神言	剪除
24:10-23	咒詛聖名	民	示羅密子	神言	營外會眾石殺

民數記					
段落	事件	施懲	受懲戒	依據	處置
5:11-31	不貞疑恨之例			神言	苦水素祭
6:1-21	拿細耳人之例			神言	分別
11:1-35	怨言食鵪鶉	神	民	神言	選長老擊殺
12:1-16	摩西遭謗	神	米利暗	神言	大痲瘋
13:1-14:45	窺探與違逆	神	民	神言	被殺退與漂流
15:22-29	誤犯			神言	獻祭蒙赦
15:30-31	擅敢行事			神言	剪除
15:32-36	犯安息日	民	以色列人	神言	營外會眾石殺
16:1-40	可拉黨叛逆	神	可拉黨人	摩西	地開口火燒滅
16:41-17:13	民發怨言	神	民	神旨	瘟疫
20:1-13	摩西擊石出水	神	摩西	神言	不能入迦南
21:4-9	火蛇與銅蛇	神	民	神旨	被咬者仰望癒
22:21-35	巴蘭受阻	使者	巴蘭	神旨	刀攔驢護主
25:1-18	什亭淫行	非尼哈	心利與民	忌邪	拿槍刺透

申命記					
段落	事件	施懲	受懲戒	依據	處置
13:1-18	不受先知等誘另拜			摩西	治死除掉石打
17:1-7	拜假神			摩西	石擊見證先丟
17:8-13	難斷之案不從神			摩西	治死
17:14-20	立王準繩依神			摩西	避免偏頗
18:20-22	假先知			神言	治死
19:1-13	逃城			摩西	除流無辜血罪
19:15-21	查證罪惡			摩西	除陷害之罪
21:18-21	治死頑梗悖逆子			摩西	拿至城門石擊
22:13-20	誣陷女子貞潔憑據			摩西	懲治罰銀
22:21-21	沒有女子貞潔憑據			摩西	父家門口治死
22:22	姦夫淫婦			摩西	一併治死
22:23-24	城裡行淫			摩西	一起石頭打死
22:25-27	田野強淫			摩西	治死男子
22:28-29	強淫處女			摩西	罰銀娶妻禁休
24:7	禁奴役以色列人			摩西	治死
24:16	莫因子殺父或殺子			摩西	
24:17	留意孤苦者的正義			摩西	
25:11-12	妻抓鄰人下體			摩西	砍斷手
25:13-16	公平法碼升斗			摩西	日子長久
27:13-26	咒詛			摩西	受咒詛之行為

先知書懲戒經文論據總表

先知書					
約書亞記					
段落	事件	施懲	受懲戒	依據	處置
1:10-18	自覺支持約書亞			百姓	治死
7:1-26	亞干連累會眾	百姓	亞干	約	石頭治死燒毀
士師記					
段落	事件	施懲	受懲戒	依據	處置
19:1-21:23	利未人與基比亞	會眾	便雅憫族	眾意	征戰搶妻
撒母耳記					
段落	事件	施懲	受懲戒	依據	處置
A2:12-36	何弗尼非尼哈	神	何等	神言	同日死
5:1-7:1	約櫃被擄	神	非利士人	神旨	生痔瘡
8:1-19	約珥與亞比雅			眾意	要求立王
10:17-11:15	百姓自覺擁掃羅			眾意	要殺死貌視者
14:23-46	約拿單誤違父誓	掃羅	約拿單	掃羅	民救之
15:1-35	掃羅悖逆	神	掃羅	神言	厭棄斷絕
B6:1-11	烏撒扶約櫃	神	烏撒	神言	擊殺闖殺
11:1-23	大衛犯罪	神	大衛	神言	刀劍不離
21:1-10	基遍人殺掃羅家	基遍人	掃羅家	約定	七人被殺
24:1-25	大衛數點百姓	神	以色列民	神言	七萬死於瘟疫
列王記					
段落	事件	施懲	受懲戒	依據	處置
A3:16-28	妓女搶子			王智	刀嚇
8:31-51	所羅門獻殿禱告			禱告	請神轉回
11:1-13	所羅門拜假神	神	國	神言	國被奪
13:1-10	耶羅波安受警告	神	耶羅波安	神旨	手枯乾壇破裂
13:11-32	神人受誘惑	神	神人	神言	被獅子咬死
14:1-18	耶羅波安家要遭災	巴沙	耶羅波安	神言	家被除盡 15:29
15:9-15	亞撒復興	亞撒	瑪迦太后	王意	除像貶位
16:1-13	巴沙一家被滅	心利	巴沙	神言	家被心利除盡
16:15-19	心利被圍城自焚	神	心利	神旨	暗利圍城自焚
16:29-17:1	亞哈得罪神	神	國民	神言	以利亞預言
18:1-40	450 巴力先知被殺	民	巴力先知	以言	獻祭殺先知
19:1-18	耶洗別欲殺以利亞	耶洗別	以利亞	耶言	欲殺以利亞
20:35-36	被獅子咬死的門徒	獅子	門徒	神言	不順服被咬死
21:1-16	拿伯被害	眾人	拿伯	人言	被石打死
21:17-29	譴責亞哈	以利亞	亞哈	神言	悔改
22:1-28	米該雅被擄	西底家	米該雅	人意	掌摑監禁
22:1-37	亞哈陣亡	有一人	亞哈	神言	隨便開弓
B1:1-17	亞哈謝病死	神	亞哈謝	神言	以利亞預言
5:1-27	基哈西得大痲瘋	神	基哈西	先知	以利沙責備
9:1-28	耶戶滅巴力	耶戶	約蘭等	神言	亞哈謝耶洗別..

下接 204 頁

上接 203 頁

9:29-31	耶戶拜金牛讀	神	耶戶家	神言	四代後丟國
11:1-20	亞他利雅被殺	眾人	亞他利雅	神旨	耶何大幫助
15:1-5	亞撒利雅長大痲瘋	神	烏西雅	神旨	長大痲瘋
17:5-23	以色列的淫行	神	以色列	神旨	以色列被擄
17:24-26	亞述不敬獅子咬人	獅子	亞述人	神旨	獅子咬死人
18:13-19:37	西拿基立的藐視	神使者	亞述軍營	神言	18 萬 5 千人死
20:12-21	希西家展示財寶	神	猶大國	神言	被擄至巴比倫
21:1-24	瑪拿西與亞捫	神	猶大國	神言	神要降禍
22:1-20	約西亞發現約書	神	這地與民	神言	神要降禍
23:1-27	約西亞復興	約西亞	別神祭司	王意	宣讀打碎廢除

以賽亞書

段落	事件	施懲	受懲戒	依據	處置
1:11-20	神不要祭物要悔改			神言	遮眼不看不聽
3:13-15	神與眾民辯論審判			神言	質問
9:13-10:4	手仍深不縮與怒氣			神言	頭尾被滅除
10:5-11	亞述為杖打以色列	亞述	以色列	神言	攻擊
11:1-16	耶西之根不憑眼見	他	世界	神言	不憑耳聞審判
30:8-17	民不聽訓言			神言	奔走逃跑
36:1-37:38	西拿基立侮慢神	神使者	亞述營	神言	18 萬 5 千死
42:18-25	責民不信			神言	擄掠火燒
55:1-13	接受白白赦恩	神	民	神言	除意念歸向神
56:9-12	求自身利益的牧人			神言	野獸吞吃
58:1-14	顯明真禁食公義			神言	要求公義
59:1-21	罪使人與神隔離			神言	唯神能拯救

耶利米書

段落	事件	施懲	受懲戒	依據	處置
2:9-19	悖逆犯罪招災禍	惡	你	神言	懲治責備
5:1-31	崇拜言語行為詭詐	遠國	民	神言	聲討報復
7:1-34	警戒猶大			神言	不蒙悅納滅絕
14:7-16:14	為民認罪			耶利	神棄絕猶大
26:20-24	先知烏利亞被殺	眾人	烏利亞	王意	先知被殺
31:18-20	回轉			直言	雖責備卻顧念
38:14-28	耶利米勸誡西底家			神言	歸降巴比倫

以西結書

段落	事件	施懲	受懲戒	依據	處置
3:16-21	警戒為守望者之責	神	義或惡	神言	必得警戒勸誡
18:1-32	犯罪必死主道公平	神	惡者	神言	只究善
33:1-33	主愛人轉離惡道			神言	口顯愛情心利
34:1-31	責民牧主必親牧			神言	與牧人為敵
44:10-31	利未人與祭司之責			神言	聖別

十二小先知書之何西阿書

段落	事件	施懲	受懲戒	依據	處置
4:4-14	祭司忘記神的律法			神言	被棄

下接 205 頁

204

上接 204 頁

9:1-17	背棄神必遭懲罰			神言	被棄絕漂流

十二小先知書之約珥書

段落	事件	施懲	受懲戒	依據	處置
1:13-2:32	勸民禁食哀求主			神言	嚴肅會自潔

十二小先知書之阿摩司書

段落	事件	施懲	受懲戒	依據	處置
3:14-4:13	警戒雅各家			神言	重罰仍不悔改
5:4-27	尋求主必得生			神言	怨恨責備人的

十二小先知書之俄巴底亞書

段落	事件	施懲	受懲戒	依據	處置
8-16	神報應以東	神	以東	神言	照以東對雅各

十二小先知書之約拿書

段落	事件	施懲	受懲戒	依據	處置
1:1-2:10	約拿逃避神	神	約拿	神旨	大風浪大魚
3:1-10	遣約拿警戒尼尼微	神	尼尼微	神言	悔改
4:1-11	約拿生氣	神	約拿	神旨	麻樹與蟲

十二小先知書之彌迦書

段落	事件	施懲	受懲戒	依據	處置
3:1-12	肆行邪惡必受災			神言	田亂堆高處
6:1-16	神愛公義憐憫等			神言	不義被神擊打

十二小先知書之那鴻書

段落	事件	施懲	受懲戒	依據	處置
1:1-15	主不以有罪為無罪			神言	勢力充足剪除

十二小先知書之哈巴谷書

段落	事件	施懲	受懲戒	依據	處置
1:5-11	迦勒底人為主討罰			神言	佔不屬己住處

十二小先知書之西番雅書

段落	事件	施懲	受懲戒	依據	處置
3:18-20	罰辦苦待錫安者			神言	罰辦拯救聚集

十二小先知書之哈該書

段落	事件	施懲	受懲戒	依據	處置
2:10-23	傾覆列國的寶座			神言	除滅列邦勢力

十二小先知書之撒迦利亞書

段落	事件	施懲	受懲戒	依據	處置
1:2-6	規勸轉向神			神言	回頭
7:8-14	分散外邦乃因其惡			神言	荒涼
8:14-23	勸勉行善知主所惡			神言	神同在
11:15-17	無用牧者			神言	膀臂枯乾眼昏

十二小先知書之瑪垃基書

段落	事件	施懲	受懲戒	依據	處置
3:5-4:6	責備違法背道			神言	心互相轉向

聖卷懲戒經文論據總表

聖卷					
詩篇					
段落	事件	施懲	受懲戒	依據	處置
2:7-12	應當受管教	神	王審判官	神言	投靠他
5:8-12	求神定罪	神	大衛仇敵	請求	跌倒逐出
7:6-17	神施行審判	神	敵人	請求	惡斷絕
9:3-20	神坐寶座審判	神	外邦惡人	事實	滅絕塗抹毀壞
22:22-31	會中讚美				
26:1-12	恨惡惡人的會	神	罪人	請求	除掉
35:18-28	求神按公義判斷	神	啊哈	請求	抱愧蒙羞
40:1-17	開恩搭救	神	啊哈	請求	抱愧蒙羞受辱
51:1-19	責備時顯為公義	神	大衛	求赦	造清潔的心
58:1-11	質問世人公義	神	惡人	請求	敲碎
74:1-23	求神紀念顧念	神	你的敵人	請求	起來為己申訴
82:1-8	神質問公義	神	有權力者	請求	死仆倒
89:1-18	在聖會中讚美神	神	你的仇敵	事實	打碎打散
94:1-23	求申冤的神發光	神	奸惡	神旨	滅除
103:1-22	神的慈愛				不長久責備
107:1-31	願神在民會得尊崇				長老位得讚美
111:1-10	正直大會中讚美神				訓詞確實
141:1-10	審判官被扔在巖下	神	惡人	請求	惡人落網
約伯記					
段落	事件	施懲	受懲戒	依據	處置
1:6-22	天上的會謀動約伯	撒旦	約伯	神意	一無所有
2:1-13	天上的會謀動約伯	撒旦	約伯	神意	長瘡妻離
5:17-27	以利法論受神懲治			自言	不輕看管教
42:7-9	神認三友論神為非	神	約伯三友	神言	獻七公牛與羊
箴言					
段落	事件	施懲	受懲戒	依據	處置
3:11-12	主必責備所愛的	神	兒	主愛	管教、責備
5:1-14	恨惡訓誨聖會落罪				懊悔
6:12-29	誡命與法則的重要				訓誨責備命道
19:18	管教孩子不任死亡				趁有指望
23:12-14	用杖打孩童				救靈免下陰間
24:23b-25	審判不看情面				受咒詛
五小卷之路得記					
段落	事件	施懲	受懲戒	依據	處置
4:1-12	城門口長老見證			定例	波阿斯娶路得
五小卷之雅歌					
五小卷之傳道書					
五小卷之耶利米哀歌					
段落	事件	施懲	受懲戒	依據	處置
1:15	招聚多人攻擊我		猶大民	主旨	少年人被壓碎

下接 207 頁

上接 206 頁

五小卷之以斯帖記					
段落	事件	施懲	受懲戒	依據	處置
3:8-14	王下令滅絕猶太人		猶太全族	王旨	剪除殺戮滅絕
4:15-16	全猶太禁食			后意	禁食三晝夜
8:11-13	末底改令滅猶仇敵	猶太人	仇敵	旨意	剪除殺戮滅絕

但以理書					
段落	事件	施懲	受懲戒	依據	處置
6:4-18	但以理陷獅子坑		但以理	王旨	下坑
6:19-28	惡人下坑		惡人	王旨	下坑

以斯拉記					
段落	事件	施懲	受懲戒	依據	處置
9:5-15	以斯拉認罪禱告			禱告	為異族婚姻
10:1-44	離絕異族之妻			規勸	離絕抄家

尼希米記					
段落	事件	施懲	受懲戒	依據	處置
5:1-8	開會攻擊賣民	尼希米		責備	責備取利
5:9-19	勸民歸還	尼希米		規勸	抖空
8:2-12	大會宣讀律法書				聚會吃喝
9:1-38	認罪立約簽名				簽名

歷代志					
段落	事件	施懲	受懲戒	依據	處置
A21:1-30	大衛數點百姓	神	以色列民	神言	七萬死於瘟疫
B6:24-42	所羅門獻殿禱告			禱告	回轉承認垂聽
7:8-10	集民守節			王意	嚴肅會
12:2-14	羅波安自卑	示撒	羅波安	神言	埃及王攻打
14:2-8	亞撒復興			王意	除壇與偶像
15:1-19	亞撒立約			王意	不尋求神者死
16:1-10	亞撒依靠亞蘭王			神言	先見哈拿尼責
17:1-9	約沙法復興			王意	祭司教訓百姓
18:1-34	米該雅被下在監裡	米該雅	亞哈	王意	亞哈仍舊被殺
20:1-34	約沙法禁食祈敗敵				雅哈悉預言實
24:17-24	撒迦利亞被殺	眾民	撒迦利亞	王意	被亞蘭軍擄掠
251-28	亞瑪謝不聽勸誡	約阿施	亞瑪謝	神言	亞瑪謝敗逃殺
26:1-23	烏西雅擅自燒香	神	烏西雅	神旨	發大痲瘋
28:8-15	以色列遣返猶俘虜			神言	俄德勸誡得聽
29:3-36	希西家命潔淨聖殿			王意	潔淨獻贖罪祭
34:14-33	希勒家得律法書			王意	戶勒大勸誡

新約聖經部分

福音書與歷史懲戒經文論據總表

福音書與歷史					
馬太福音					
段落	事件	施懲	受懲戒	依據	處置
3:1-12	施洗約翰誡法利賽			神言	悔改受洗
5:1-6:8	成全律法			神言	論仇恨等
6:14-7:28	成全律法			神言	論饒恕
9:1-8	醫治癱子			神言	赦罪
10:17-20	警戒被懲戒	公會	信者	神言	不思慮說什麼
11:1-30	主責備不悔改者			神言	擔重擔得安息
12:22-37	褻瀆聖靈不得赦免			神言	審判依言定罪
13:24-43	稗子的比喻			神言	收割燒掉
18:1-35	挽回			神言	憐憫
21:12-13	潔淨聖殿	耶穌	做買賣者	神言	推倒
25:31-46	論審判的日子	王	左邊羊	神言	做在最小身上
26:57-27:56	耶穌受審	公會等	耶穌	人意	被釘十架
馬可福音					
段落	事件	施懲	受懲戒	依據	處置
11:15-18	潔淨聖殿	耶穌	做買賣者	神言	推倒
14:41-15:41	審判耶穌	公會等	耶穌	人意	十架
路加福音					
段落	事件	施懲	受懲戒	依據	處置
5:17-26	醫治癱子			神言	赦罪
6:37-38	莫要論斷			神言	饒恕人被饒恕
7:36-50	愛大赦免也大			神言	平平安安回去
19:45-46	潔淨聖殿	耶穌	做買賣者	神言	趕出
22:66-23:46	耶穌受審	公會等	耶穌	人意	十架
約翰福音					
段落	事件	施懲	受懲戒	依據	處置
2:13-17	潔淨聖殿	耶穌	做買賣者	神言	推倒
5:10-18	安息日治病受逼迫	猶太人	耶穌	人意	逼迫耶穌
7:14-29	打發差役抓耶穌	猶太人	耶穌	人意	想捉拿耶穌
8:1-11	以淫婦問難	猶太人	淫婦	律法	主說勿再犯罪
9:1-41	醫好生來瞎眼的				生來瞎眼質問
15:1-8	不結果子就修剪			神言	枯乾火燒
16:5-12	自己責備自己			神言	罪義審判
18:1-19:37	耶穌受審	公會等	耶穌	神言	十架
20:19-22	門徒受聖靈			神言	赦、留罪

下接 209 頁

上接 208 頁

使徒行傳					
段落	事件	施懲	受懲戒	依據	處置
5:1-11	欺哄聖靈	彼得	夫婦	神旨	仆倒
5:17-40	使徒被囚受審	公會	使徒	人意	鞭打警戒
6:12-7:60	司提反被抓殉道	公會	司提反	人意	石頭打死
8:1-3	掃羅殘害教會	掃羅	門徒	人意	下監
8:18-24	行邪術西門受責	彼得	西門	神意	求彼得代求
9:1-19	掃羅被主歸正	耶穌	掃羅	神旨	看不見
13:4-12	巴耶穌以呂馬敵擋	以呂馬	保羅	神旨	看不見
14:1-7	以哥念的逼迫	猶太人	使徒	人意	欲凌辱石打
15:1-29	摩西律法爭論			雅各	偶像淫死屍血
16:16-40	保羅西拉被下監	眾人	保羅西拉	人意	獄卒信主
18:12-17	保羅於亞該亞	猶太人	保羅	人意	毆打所提尼
19:8-12	推喇奴學房辯論				辯論
21:27-22:30	保羅被抓	猶太人	保羅	人意	千夫長解救
23:1--23	保羅在公會前分辯	公會	保羅	人意	密謀殺害
25:6-26:32	保羅上訴			人意	亞基帕王聽訴

書信與其他懲戒經文論據總表

書信與其他					
羅馬書					
段落	事件	施懲	受懲戒	依據	處置
1:18-32	神的憤怒人的罪惡	神	人	神旨	任憑受報應
11:22-24	神的恩詞與嚴厲	神	不信枝子	神旨	砍下
13:1-7	順服掌權者	掌權者	作惡的	神命	刑罰作惡的
16:16-18	躲避離間背道者			人言	
哥林多前書					
段落	事件	施懲	受懲戒	依據	處置
5:1-7	收繼母的淫亂			主權	交撒旦敗肉體
5:9-13	不可與惡人相交			保羅	趕出
6:1-8	在外人前爭訟			保羅	智慧人審斷
6:9-11	不義者不能承國			保羅	靠神的靈潔淨
6:18-20	逃避淫行			保羅	重價買身榮神
11:1-17	論女人蒙頭			保羅	合宜
11:20-34	混亂主餐			保羅	分辯不致受審
哥林多後書					
段落	事件	施懲	受懲戒	依據	處置
2:1-11	赦免受責罰者			保羅	避免使之沈淪
6:14-18	不與惡相交			神言	分別
13:1-10	見證省察			保羅	不以權柄嚴厲

下接 210 頁

上接 209 頁

加拉太書					
段落	事件	施懲	受懲戒	依據	處置
2:11-14	保羅責備磯法	保羅	磯法	真理	當面抵擋
6:1	挽回偶然違犯者			人言	溫柔的心

以弗所書					
段落	事件	施懲	受懲戒	依據	處置
5:3-14	查驗責備行惡者			保羅	光便顯明

腓立比書					

歌羅西書					
段落	事件	施懲	受懲戒	依據	處置
3:12-14	彼此饒恕			保羅	愛心聯絡全德

帖撒羅尼迦前書					
段落	事件	施懲	受懲戒	依據	處置
5:1-11	彼此勸慰			保羅	
5:12-15	敬重治理與勸誡者			保羅	警戒不守規矩

帖撒羅尼迦後書					
段落	事件	施懲	受懲戒	依據	處置
3:6-15	遠離不守規矩者			保羅	不做工不吃飯

提摩太前書					
段落	事件	施懲	受懲戒	依據	處置
1:8-11	律法的功用			保羅	不是為義人設
1:19-20	許米乃與亞歷山大	保羅	兩人	保羅	交與撒旦
5:1-2	如何規勸			保羅	
5:17-22	控告長老的呈子			保羅	犯罪當眾責備
6:1-10	勸誡真財富等			保羅	教訓勸勉

提摩太後書					
段落	事件	施懲	受懲戒	依據	處置
2:24-26	溫柔勸誡抵擋者			保羅	或者可以醒悟
4:1-5	專一傳道責備			保羅	盡職

提多書					
段落	事件	施懲	受懲戒	依據	處置
1:5-9	論監督			保羅	純正教訓勸化
1:10-14	責備傳異教者			保羅	真道上純全
2:1-9	規勸各齡人			保羅	自己正直端莊
2:11-15	主為我們捨己			保羅	講明勸誡人
3:9-11	棄絕分門結黨者			保羅	警戒一兩次後

腓利門書					

希伯來書					
段落	事件	施懲	受懲戒	依據	處置
6:4-8	棄道不能從新懊悔			保羅	廢棄焚燒
10:19-26	當彼此勸勉			保羅	因那日臨近
10:26-31	警戒故意犯罪者			保羅	干犯摩西之比

下接 211 頁

上接 210 頁

12:1-6	主所愛者必管教			神言	仰望耶穌
12:7-29	只有兒子受管教			保羅	不受教是私子

雅各書					
段落	事件	施懲	受懲戒	依據	處置
4:1-6	與世俗為友敵對神			雅各	莫浪費宴樂中
4:7-12	抵擋魔鬼不批論斷			雅各	親近主
5:7-12	莫彼此埋怨起誓			雅各	忍耐候主
5:13-18	彼此認罪互相代求			雅各	義人禱有功效
5:19-20	迴轉迷失真道			雅各	救靈魂遮蓋罪

彼得前書					
段落	事件	施懲	受懲戒	依據	處置
5:1-4	按神旨意照管群羊			神旨	群羊榜樣
5:8-11	堅固信心抵擋魔鬼			彼得	主賜力量

彼得後書					
段落	事件	施懲	受懲戒	依據	處置
2:1-22	假師傅與行不義			彼得	離棄正路

約翰壹書					
段落	事件	施懲	受懲戒	依據	處置
3:16	為弟兄捨命			約翰	
4:9-12	挽回祭彼此相愛			約翰	神愛得以完全
5:16-17	為不至於死之罪求			約翰	神將生命賜他

約翰貳書					
段落	事件	施懲	受懲戒	依據	處置
9-11	不接待問安			約翰	在惡行上有分

約翰參書					
段落	事件	施懲	受懲戒	依據	處置
9-10	願意接待者被趕出	丟特腓	接待者	約翰	在惡行上有分

猶大書					
段落	事件	施懲	受懲戒	依據	處置
22-23	疑憐憫分別處理			猶大	

啓示錄					
段落	事件	施懲	受懲戒	依據	處置
2:1-5	責備、當悔改	人子	不悔者	神言	挪燈
2:14-16	責備、當悔改	人子	別迦摩	神言	攻擊
2:20-23	責備、當悔改	人子	推雅推喇	神言	同受大患難
3:19-20	責備所疼愛的	人子	老底嘉	神言	
22:18-19	警戒增刪書上預言	人子	增刪者	神言	災生命樹聖城

附錄二　後浦堂會議事錄懲戒記錄分類總表

第一冊

紀錄次序	信仰				婚姻與性文化					其他				
	俗	守主日	護教	會政	第七誡	妓	先往來	配教外	婚外情	鴉片	不孝	賭博	不受勸	不詳
1										1			1	
2							1							
3										1				
4								1						
5		1												
6								1						
7		1												
8								1						
9								1						
10								1						
11								1						
12								1						
13						1								
14								2						
15						1								
16						1								
17						1								
18	1													
19					1							1		
20					1							1		
21	1	1								1				
22						1								
23														
24								2						
25					1									

下接 214 頁

上接 213 頁

26					1									
27	1													
28		1											1	
29	1	1								1				
30		1			1						1		1	
31	1				1					1	1		2	
32														1
33														2
34					1									
35		1											1	
36		1												
37		1												
38												1		
39						1								
40														1
41														1
42		1											1	
43												1		
44					1					2				
45		2												
46										1		1		
47										1		1		
48		1											1	
49										1				
50										1				
計	5	13	0	0	8	6	1	11	0	11	4	4	8	6
合	18					26				33				
	77													

●空白表示數值為 0。

第二冊

紀錄次序	信仰				婚姻與性文化					其他				
	俗	守主日	護教	會政	第七誡	妓	先往來	配教外	婚外情	鴉片	不孝	賭博	不受勸	不詳
51			1											
52			1											
53			1											
54	3													
計	3	0	3	0	0	0	0	0	0	0	0	0	0	0
合	6				0					0				
	6													

●空白表示數值為0。

第三冊

紀錄次序	信仰				婚姻與性文化					其他				
	俗	守主日	護教	會政	第七誡	妓	先往來	配教外	婚外情	鴉片	不孝	賭博	不受勸	不詳
55											1			
56		1												
57			1											
58									1					
59				1										
60				1										
計	0	1	1	2	0	0	0	0	1	0	1	0	0	0
合	4				1					1				
	6													

●空白表示數值為0。

第四冊

紀錄次序	信仰				婚姻與性文化					其他				
	俗	守主日	護教	會政	第七誡	妓	先往來	配教外	婚外情	鴉片	不孝	賭博	不受勸	不詳
61														1
62				1										
63				1										
64														
65			1	1										
66				1										
計	0	0	1	4	0	0	0	0	0	0	0	0	0	1
合	5				0					1				
	6													

●空白表示數值為0。

第一至第四冊

冊	信仰				婚姻與性文化					其他					計
	俗	守主日	護教	會政	第七誡	妓	先往來	配教外	婚外情	鴉片	不孝	賭博	不受勸	不詳	
一	5	13			8	6	1	11		11	4	4	8	6	77
二	3		3												6
三		1	1	2					1		1				6
四			1	4										1	6
計	8	14	5	6	8	6	1	11	1	11	5	4	8	7	95
合	33				27					35					

●空白表示數值為0。

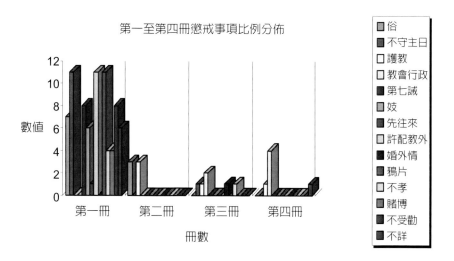

第一至第四冊懲戒事項比例分佈

圖例：俗、不守主日、護教、教會行政、第七誡、妓、先往來、許配教外、婚外情、鴉片、不孝、賭博、不受勸、不詳

數值 / 冊數

附錄三　後浦堂會懲戒記錄

1A7

一擬禁
以其有吸食鴉片煙弟
乃告於長執會前周以路遠涉不能召伊赴會若勸
伊陞第書前明証足證當辦是以長執會禁伊
若勸不聽

2A7

一勸
若勸豈止性柔會懼其德媒說妥後頗受勸
因作觀末成即先往炎有忙教想閒之召伊赴

3A11

一議禁
以其有吸食鴉片之事故長老會禁之

4A12

一議閒
有將其女許教外之人長老會墨甚即派楊
寫諭李清諱性查勸以覆後會

5A12

一議
不率守主日長老會派李清諱與金良諱性勸
勉以覆後會

6A13

一揚寫諭等覆查
將女許配教外之人其事已定姑倭
其女嫁出之日即行教規責老會准

7A13

一李清諱覆勸
不率守主日楊云故應受勸長老會納
之

8A16

一議
已將其女嫁出教外之人有忙覆規故長老會擬禁
之

9A16

一議　為
之女作媒未記氏性伴長老會擬禁之

10A16

一議
之衆　亦有為
之女作媒長老會召之聞有
病阻不得赴會姑候後會議定
候後會召束赴會議定

11A17

一議　亦為
之女作媒因時已視無據名被赴會再

12A18

認罪故悔而教之
引導
之女友其女媳前來懇道長老會閒其所言顯有
其背誤故甚意問認譜乘願自今以後不敢催促且欲盡力

13A23

一議
有叶歆誌以舞唱大化教規故長老會擬之

14A24

一議
撮紫之主熱裝廷執執事之職
夫婦將其女許配世俗有忙教規故長老會

15A26

一議派王丈勇德勸
宜速頗明悔罪

16A27

一王丈勇覆勸
宜顯明悔罪後頗受勸長執會納之

一議許　再就主鑾以其顯有悔罪之據

17A28

一議　請道士祭墓引魂從俗顯明有犯教規故長老會擬禁之

18A39

一訪問　有犯七誡又其母經投其不孝不顧其妻郎派長老祭□水執事王顯召他赴悔會

19A39

一前會所議　有犯七誡又其父難捉他歐打之似此不法已極故長老會擬禁之

20A40

一議　妻苑從俗祭祀並吃豬肉不守聖日故長老會擬禁之

21A41

一議禁　因入戲棚館遊玩鬧事故長老會擬

22A43

一議　再就主鑾以其顯有悔罪之據

23A44

一議　據故再接之就主鑾　夫婦前為嫁女受禁令已有痛其悔罪之

24A44

一議　有犯七誡以其母　劉堂證其事屬實故長老

25A46

一議　自認有犯七誡並其妻到堂懺證明其事屬實故長老會擬禁之

26A42

一議准　再就主鑾以其顯有悔罪之據

27A48

一議　久不守主日亦不受勸勉故長老會擬禁之

28A51

一議　候頭大會革出　自受禁以後並不到堂禮拜且所行從俗故長老會擬

29A51

一議　犯七誡自受禁以後仍不悔改並來到堂禮拜故老會擬候頭大會革出

30A51

一議　請條款革出　入飽頁大會准革出仍不更勸定于九月初一日

31A52

一議　樸坂仔室會眾沈店成會當條納之銀其名方人名冊因勸導望得再接主鑾被禁任職者當勉力　歸本堂長老

32A54

一議會友　有犯狎妓事長執會召之赴會斥責其
非彼以失儆醒陪諸惠對長執會擬禁之　並切訓勵

39A75

一閒有會友　二有犯賭博事長老會召之赴會責其
犯規徒即直認其過表長老會恕其初次願甘反悔自新
長老會准並切勸戒

38A71

一會議
會擬禁之
自前會至今仍然不守主日怳吝不赴故長老

37A64

一議、
自四月間至今不守主日召之赴長老會推
辭不到長老會議派吳長江往勸之如不反悔郎干後
會召他議決

36A63

一議
餐
現有點嘗到堂禮拜隨有悔罪之據應再議樣之以就主

35A59

一議
前犯七誡受案今有悔罪之據許其再就主餐

34A56

一議
有悔罪之據准其再就主餐

33A55

一議派許慧氏住勉
賭博之非以責後會
吸柴鴉庄之過楊篤謝住勸

46A102

一議
王顯明住勉
久不守主日應派入勸勉之逐派吳長江
王和祥許慧氏住勉

45A100

一議
犯律煙苗之非改擬俱禁之以就主餐
人犯七誡之罪細查確據又

44A93

一議
撤侯後會侯法惩辦
犯賭博之非本會派歐陽侯王文勇勸勉如仍蹈故

43A90

一擬
主餐
因許久不守聖日經住職者累次勸勉無改故禁其就

42A87

一議歐陽侯等復住查閒
之赴會聆其面陳情郎如其有悟前非及守道之據即請
楊篤謝歐陽侯代為祈禱并許再就主餐
守道之事長老會再召

41A79

一議會友
王文勇并託歐陽侯同住查閒以覆後會
受案已久應查察其守道如何卯派

40A77

一議前派許琴氏往勉
賭博之事據云未有悔改因楊為對友老逝世特再派
吳長江王和祥往勉
許琴氏往勉
以慰後
會

47A105

一議 應再請區議會擇其名
久不守主日經長就會派人勸勉之未見悔改
吸鴉片楊黑對友
民

48A118

一議 久吸鴉片應派人勸其悔改即派入長江許琴
氏往勉之以復後會
英

49A118

一許琴氏率覆佳勉
其係因鍾廟利所致智為寬容
吃鴉片之事衣姚會念

50A119

一西園支會近頗受要焉日會備勸對於前述不無大受影響誠
蒙 教歟二牧師前來視察會商守會恭請其親臨談底劃切勸
勉展兜會友該趣趁弘達以安教會並求 黃衞民倍得偕往勸勉
榮進退

51B159

一會正報告西園支會之氣波已平間有一二有訊近不拾着得
相攜再勤會之又哀慕追會成陳東原先生往淡宮清道頗會
頗佳情形於狀況劫之

52B160

二公決與支會會友
註消其名
齊樂安恩日會應

53B172

一公決會友
尤屬經勸戒未將來效李會應將其榮革以懲
等選俗多年

54B172

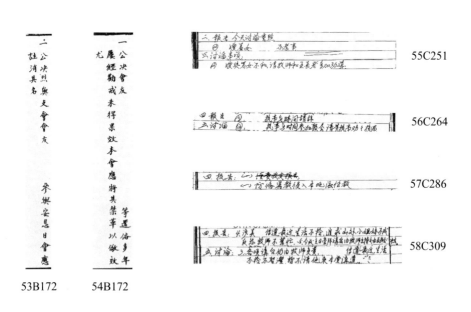

55C251

56C264

57C286

58C309

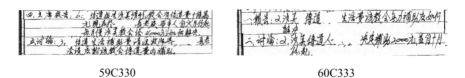

59C330

60C333

五、報 告：
　(甲) 如何勸慰鼓勵她以遷為主消。
六、討論及決議事項：
　(乙)請在大信本市就這探訪主情城安慰及鼓勵。

61D407

(丁)新加坡籍 及解,原在北京辦理　中轉遷,因居當擬判期,以兩具中華體
教會開始會美起召致好代為申請,今因他以敎會召及財圍因人,不能再中請,故於∞年
三月10日要求而高,將辭會代陳士.消得有忙,印按微性就記長老士.消得有忙,乃按申請,減因召會
沛人學記錄去退期有冬?合,現去申請及是去起用上月,本會明都人本把退志接接.召印
,中請,本會設神申請己持環,本議機判明.西某本人本召在当处西向本会作政批判
其餘了,⋯⋯以上基某本手環求中請任在召數?持應如何處理.

六、討論及決議事項：
　(甲)　政神規不在此如,頭待.的心達約,亲來及會知各,廪即的外丈教神中請本會句所優
不用聘用.

62D508

(丙)沙美教會現任傳道　僅聘任一年.至本年(87)八月底止改聘.　及辭署:
說明: 1.　員於去年請求本會去外丈部派駐台北宣教士.但他未屆滿其任務.乃於
　去年十月21日再去函外丈部解聘.
　　　2.　員個案已分別向沙美教會陳武超長老及黃安審先說明.
辦法:本案交由三月29日聯合長執同工禱告會決議.
決議:照法通過.

63D513

(10)本會為基要派信仰披著正意.分解真理.哈三:20.「惟耶和華在聖殿中全地治人.革會在祂面前
肅敬靜默。
辦法:本會信仰告白.根據 使徒信經.於 77期風泉刊出.諸 本區會友遵行.
決議:照辦法通過。

64D513

三、案由:沙美基督教會原屬金門本會之部份.現該會　革光向願將該會轉屬長老會台南中
會.要改為長老會;本案應如何處理?
決議:稍於明24日上午P:30召開聯合長執會 討論辦理.

65D524

四、決議方式：

　(一)為沙美教會復興禱告。

66D525

223

附錄四　圖片

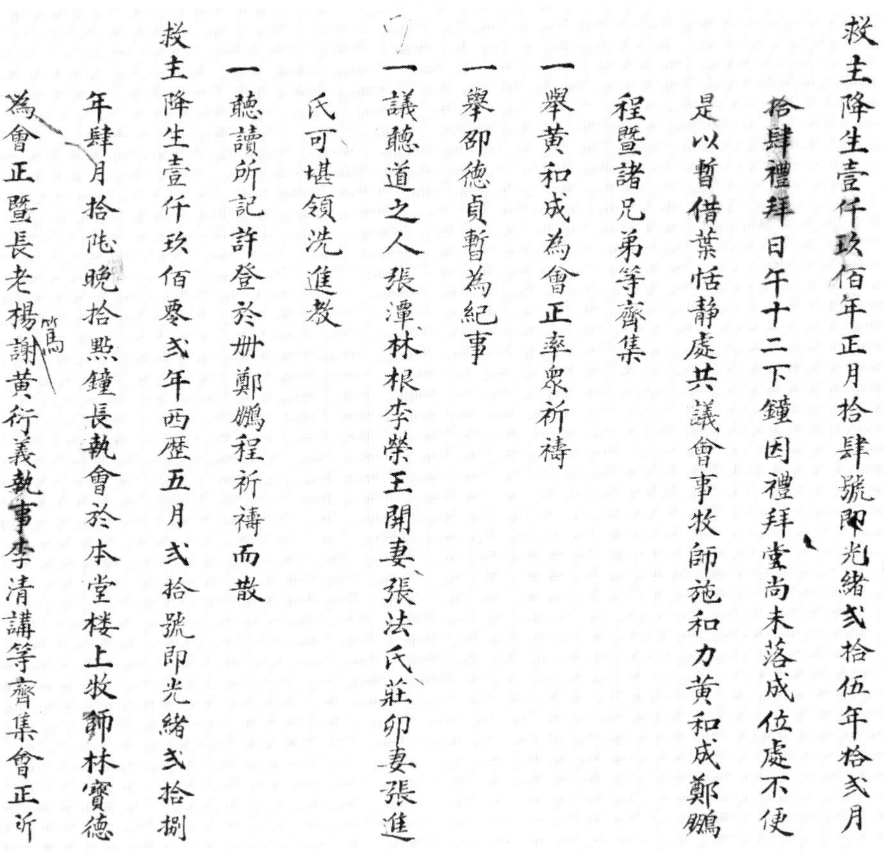
救主降生壹仟玖佰年正月拾肆號即光緒弍拾伍年拾弍月
拾肆禮拜日午十二下鐘因禮拜堂尚未落成位處不便
是以暫借葉恬靜處共議會事牧師施和力黃和成鄭鵬
程暨諸兄弟等齊集
一舉黃和成為會正率衆祈禱
一舉邵德貞暫為紀事
一議聽道之人張潭林根李榮王開妻張法氏莊卯妻張進
氏可堪領洗進教
一聽讀所記許登於册鄭鵬程祈禱而散
救主降生壹仟玖佰零弍年西歷五月弍拾號即光緒弍拾捌
年肆月拾陆晚拾點鐘長執會於本堂楼上牧師林寶德
為會正暨長老楊謝黃衍義執事李清講等齊集會正祈

圖1　後浦（堂會）議事錄第一議

議事錄顯示在第一次會議當時，後浦仍不是堂會，直到第二次會議才成堂會：有會正與兩位長老、一位執事在會的長執會。（出處：《後浦堂會紀事簿》第1冊第1頁。）

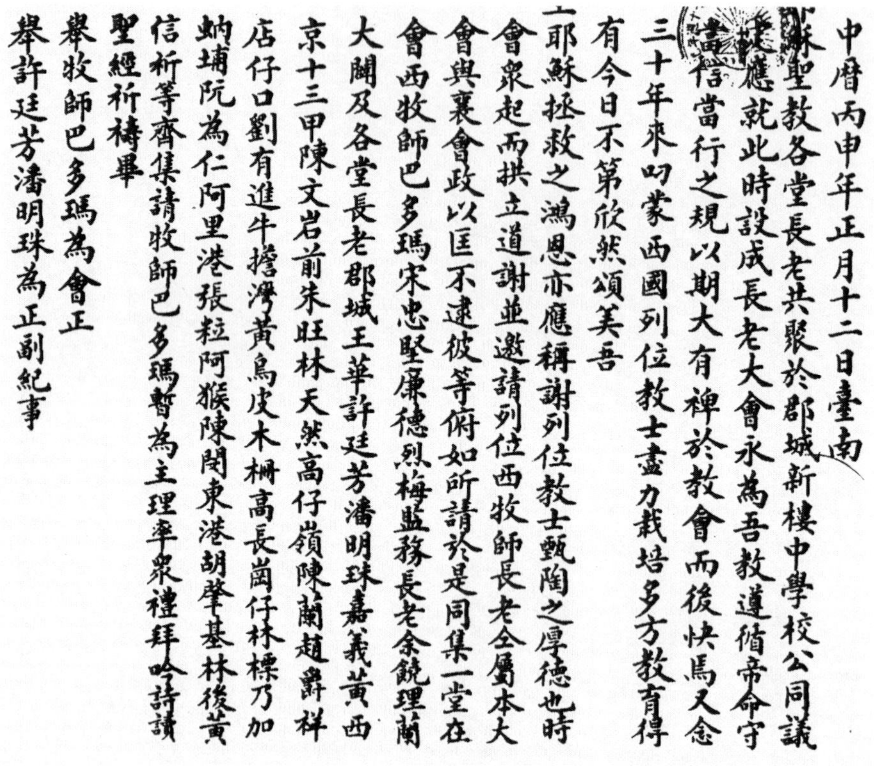

中曆丙申年正月十二日臺南
蘇聖教各堂長老共聚於郡城新樓中學校公同議
亟應就此時設成長老大會永為吾教遵循帝命守
畫信當行之規以期大有禪於教會而後快焉又念
三十年來叨蒙西國列位教士盡力栽培多方教育得
有今日不第欣然頌美吾
一耶穌拯救之鴻恩亦應稱謝列位教士甄陶之厚德也時
會眾起而拱立道謝並邀請列位西牧師長老全屬本大
會與裏會政以匡不逮彼等俯如所請於是同集一堂在
會西牧師巴多瑪宋忠堅廉德烈梅監務長老余饒理蘭
大關及各堂長老郡城王華許廷芳潘明珠嘉義黃西
京十三甲陳文岩前朱旺林天然高仔嶺陳蘭趙斛祥
店仔口劉有進牛擔灣黃烏皮木柵高長崗仔林標乃加
蚋埔阮為仁阿里港張粒阿猴陳閏東港胡肇基林後黃
信祈等齋集請牧師巴多瑪暫為主理率眾禮拜吟詩讀
聖經祈禱畢
舉牧師巴多瑪為會正
舉許廷芳潘明珠為正副紀事

圖 2　台南長老大會議事錄第一議（部分）

台南長老大會（後為南部大會）第一次會議之部分記錄。比照圖 1 可發現議事錄的記
錄方式、用語等均極為相同，特別是後浦堂會議事錄開頭救主降生（台南長老大會第
二次會用「主將生」，第三次會之後即用「救主降生」）、西式與中式紀年、會正、
紀事等。相信若能找到 1863 年廈門成立「大長老會」的紀錄，將在相互比較下更顯價
值。（出處：《南部大會議事錄》，2003:1-2。）

圖 3

這極有可能是至今唯一保存完整的徙居照（含信封），極為珍貴。當中的文書用語、形式與作用，都值得細細推敲。（出處：《後浦堂會紀事簿》第 1 冊內頁夾層。）

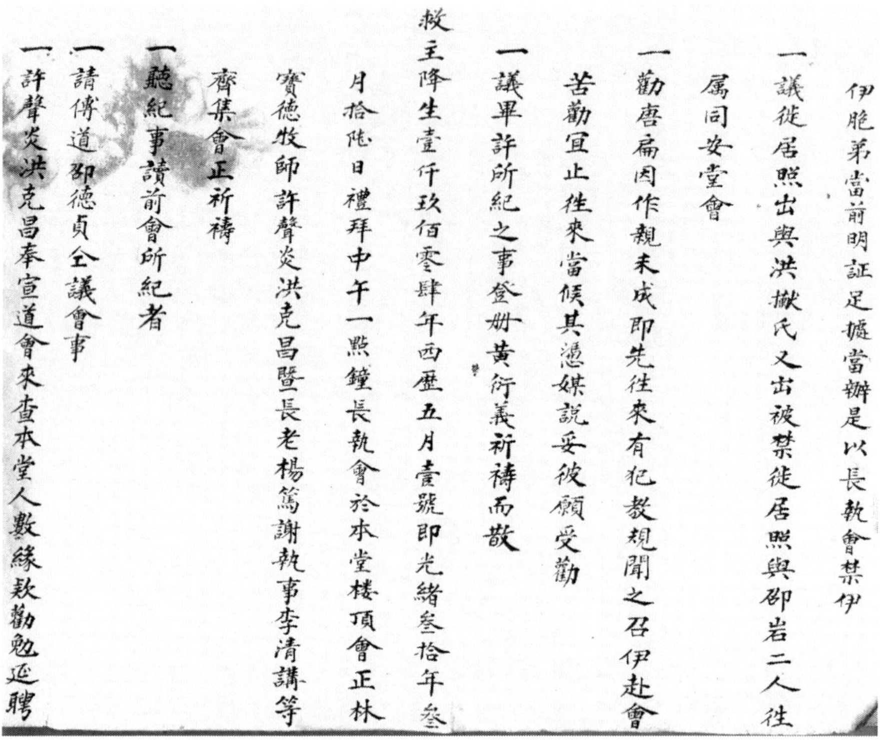
伊胞弟當前明証足據當辦是以長執會禁伊
一議徙居照出與洪擻氏又出被禁徙居照與卲岩二人往
屬同安堂會
一勸唐扁因作親未成即先往來有犯教規聞之召伊赴會
苦勸宜止往來當候其憑媒說妥彼願受勸
一議畢許所紀之事登册黄衍義祈禱而散
救主降生壹仟玖佰零肆年西歷五月壹號即光緒叁拾年叁
月拾陸日禮拜中午一點鐘長執會於本堂樓頂會正林
實德牧師許聲炎洪克昌暨長老楊篤謝執事李清講等
齊集會正祈禱
一聽紀事讀前會所紀者
一請傳道卲德貞仝議會事
一許聲炎洪克昌奉宣道會來查本堂人數緣欵勸勉延聘

圖 4

由此記錄可知徙居照還有顯示懲戒狀態的功能，以確保懲戒切實執行，還有遷出與遷入教會的交接、進一步追蹤與關懷的依據。（出處：《後浦堂會紀事簿》第 1 冊第 5 頁。）

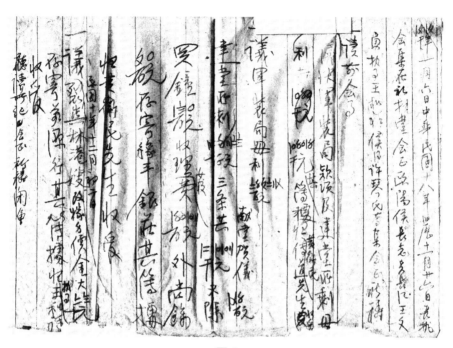

圖 5

1929 年 1 月 6 日的草稿,仔細看可看出當中許多數字的早期書寫形式。(出處:《後浦堂會紀事簿》第 1 冊內頁夾層。)

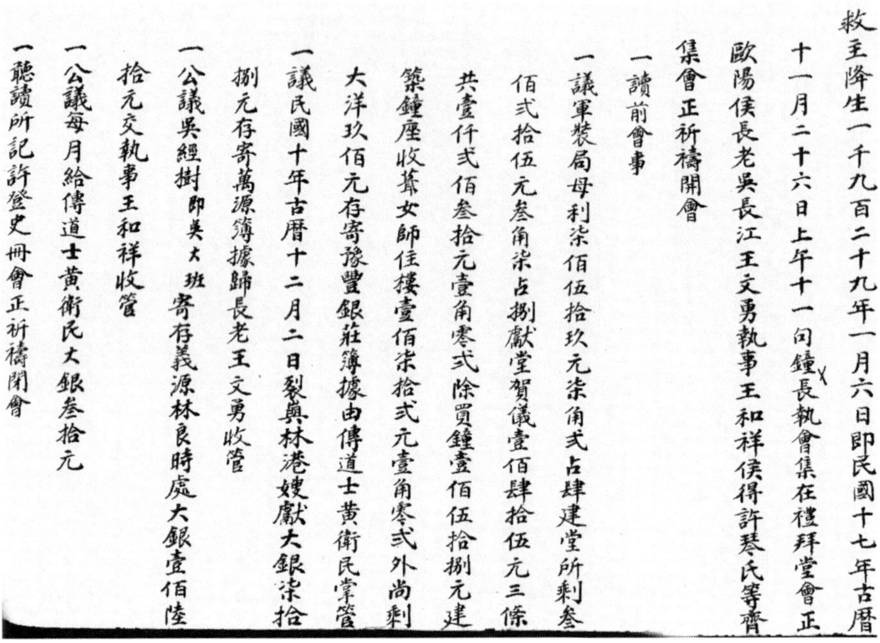

救主降生一千九百二十九年一月六日即民國十七年古曆
十一月二十六日上午十一句鐘長執會集在禮拜堂會正
歐陽侯長老吳長江王文勇執事王和祥侯得許琴氏等齊
集會正祈禱開會
一讀前會事
一議軍裝局母利柒佰伍拾玖元柒角弍占肆建堂所剩叁
佰弍拾伍元叁角柒占捌獻堂賀儀壹佰肆拾伍元三條
共壹仟弍佰叁拾元肆角除買鐘壹佰伍拾捌元建
築鐘座收葺女師佳樓壹佰柒拾弍元壹角零弍外尚剩
大洋玖佰元古存寄豐銀莊銀據由傳道士黃衛民掌管
一議民國十年古曆十二月二日裂與林港嫂獻大銀柒拾
捌元存寄萬源簿據歸長老王文勇收管
一公議吳大班寄存義源林良時處大銀壹佰陸
拾元交執事王和祥收管
一公議每月給傳道士黃衛民大銀叁拾元
一聽讀所記許登史冊會正祈禱閉會

圖6

與上圖對照，便可解讀早期數字書寫形式。（出處：《後浦堂會紀事簿》第 1 冊第 139-40
頁。）

230

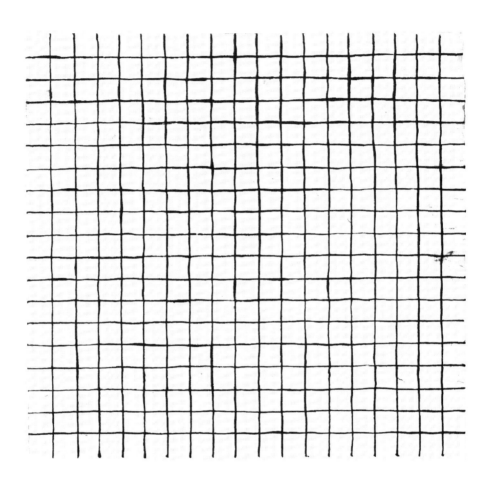

圖 7

這應該是謄寫時對齊與防滲透用的紙墊。（出處：《後浦堂會紀事簿》第 1 冊內頁夾層。）

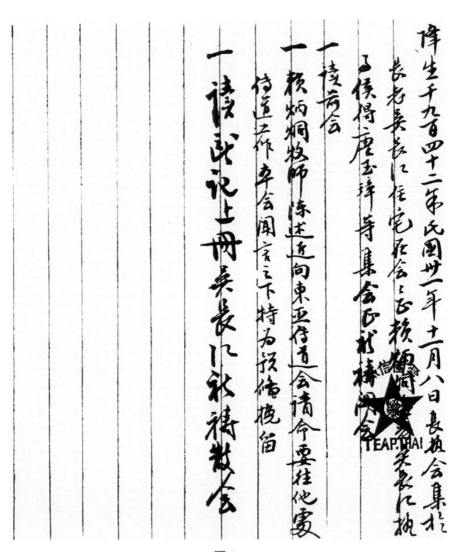

圖8

這是在議事錄夾層內發現的，並未被謄錄卻依然保留下來。某種程度來說，是對日本強硬安插牧者的抗議。當然，這是對事不對人的，因為賴牧師至今仍深受老一輩信徒的愛戴。（出處：《後浦堂會紀事簿》第2冊內頁夾層。）

232

THE FIRST PRESBYTERIAN SYNOD IN CHINA, HELD IN AMOY.

圖 9

英國長老會宣教士仁信（Jas Johnston）在其書中所附的圖。圖中為中國境內所組成的第一個中會時（1862 年 4 月 2 日）的與會人員，分別為五位 RCA、兩位 EP 與十四位華人長老。第二次大會於年底舉行，討論到按立牧者之事，隔年 3 月 29 日便按立羅、葉兩位牧師（兩位牧師應當都在裡面）。（出處：Johnston，1897:246。）

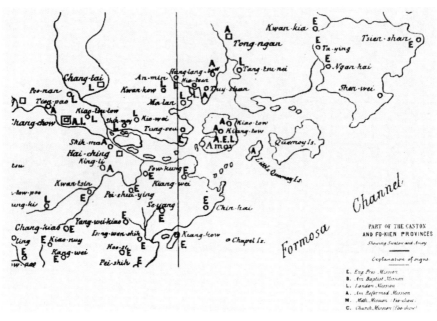

圖 10

從 1877 年宣教大會議事錄所附的圖看來，小金門尚有「A」字，代表是美國歸正教會
（Am. Reformed Mission）所開拓的點，當時金門島尚未有任何標示。本圖為 Yates
（1878）等人編輯的議事錄附圖，我加以放大並將金門島域以黃色標示，並挪移圖例
說明文字，成為這一張附圖。（出處：Yates，1878：無頁數。）

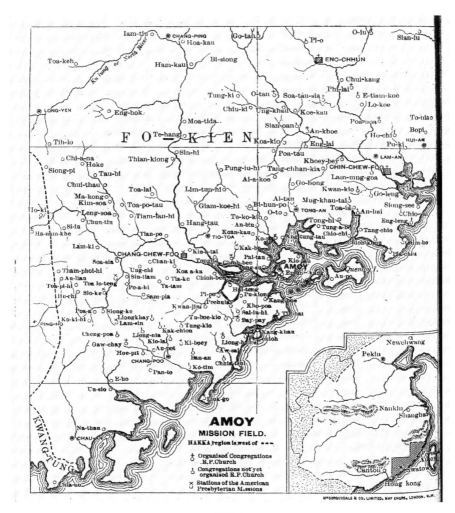

圖 11

英國長老會宣教士仁信在其書中附圖已經將後浦（Au-Po）標在金門島（Quemoy I.）
上。（出處：Johnston，1897:108。）

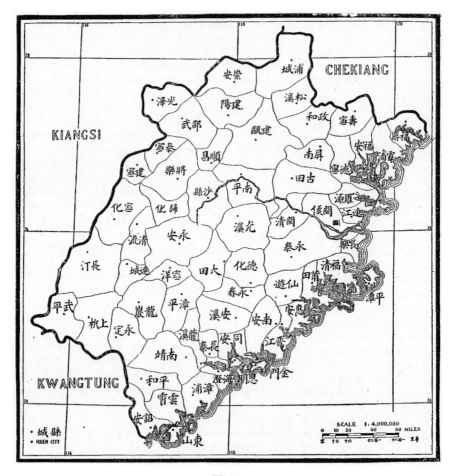

圖 12

1922 年出版的 *The Christian Occupation of China* 書中福建省的區域圖，當中有金門的標示。本圖是純粹福建省的縣市圖示。（出處：Stauffer，1922:69。）

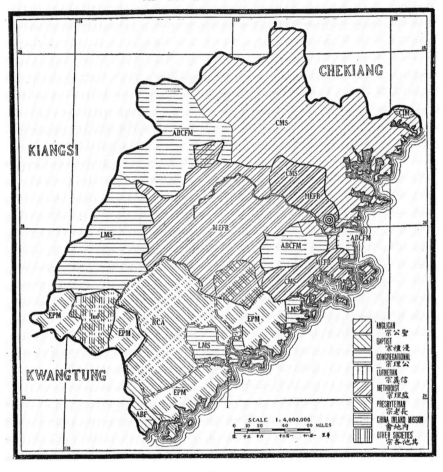

III.—Protestant Mission Fields

圖 13

上圖書中福建省的宣教區劃分圖，可以看出金門位在倫敦會（添加黃色的區域）的宣
教。從受方觀點來看，整個福建省本身縣市的界線已經消失，取而代之的是被劃成交
錯縱橫的區塊，成了一個個宣教團體的「轄區」或負責範圍，難怪引人爭議。（出處：
Stauffer，1922:70。）

IV.—AGE OF WORK

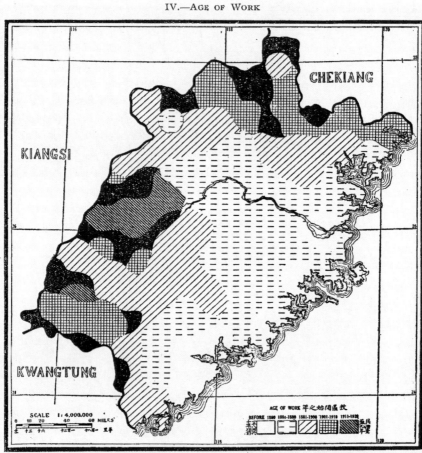

圖 14

相同書中福建省新教宣教工作的歷史示意圖。依圖所示,金門海島區域的新教開始宣
教期間是 1860-1880 年(畫橫向虛線的區塊),僅晚於全空白的「早於 1860 年」的區
塊。同書中的附錄表示為 1866 年開始。(出處:Stauffer,1922:70。)

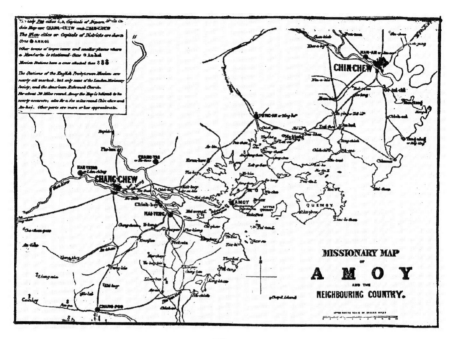

圖 15

英國長老會宣教士萬榮華（Edward Band）在其書中所附的圖。圖中不僅有後浦
（Au-Phow），還有官嶼（Kou O）與料羅（Liau Lo Wan）。（出處：Band，1947:101）

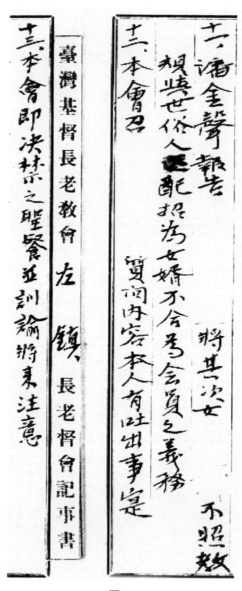

圖 16

左鎮基督長老教會小會記錄中的懲戒記錄，時間是 1933 年（昭和八年）十一月五日。
（出處：《左鎮基督長老教會小會記錄》）

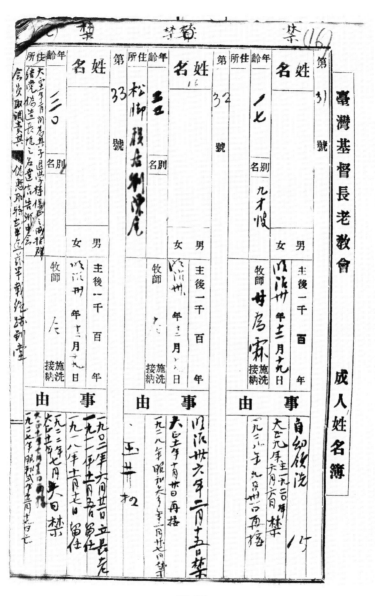

圖 17

左鎮基督教會最早之成人姓名簿的資料，當中顯示信徒的懲戒、再接納情形或還出還入等都會登載於其中。（出處：《左鎮基督長老教會成人姓名簿》）

哲學宗教類　ZA0001

未揚之聲
——金門教會百年史

作　　者 / 陳子仁

　　Email　/ tzuren@gmail.com

責任編輯 / 黃姣潔

圖文排版 / 姚宜婷

封面設計 / 王嵩賀

贊助單位 / 金門縣文化局

出 版 者 / 陳子仁

法律顧問 / 毛國樑　律師

印製發行 / 秀威資訊科技股份有限公司

　　　　　114 台北市內湖區瑞光路 76 巷 65 號 1 樓

　　　　　電話：+886-2-2796-3638　傳真：+886-2-2796-1377

　　　　　http://www.showwe.com.tw

劃撥帳號 / 19563868　戶名：秀威資訊科技股份有限公司

　　　　　讀者服務信箱：service@showwe.com.tw

展售門市 / 國家書店（松江門市）

　　　　　104 台北市中山區松江路 209 號 1 樓

　　　　　電話：+886-2-2518-0207　傳真：+886-2-2518-0778

網路訂購 / 秀威網路書店：http://www.bodbooks.com.tw

　　　　　國家網路書店：http://www.govbooks.com.tw

圖書經銷 / 紅螞蟻圖書有限公司

　　　　　114 台北市內湖區舊宗路二段 121 巷 28、32 號 4 樓

　　　　　電話：+886-2-2795-3656　傳真：+886-2-2795-4100

2011 年 7 月 BOD 一版

定價：330 元

國家圖書館出版品預行編目

未揚之聲：金門教會百年史 / 陳子仁著. --
一版. -- 新北市：陳子仁, 2011.07
　面；　　公分. -- (哲學宗教類；ZA0001)
BOD 版
ISBN 978-957-41-8245-9(平裝)

1. 教會　2. 歷史　3. 福建省金門縣

247.09　　　　　　　　　　　　100011507

讀者回函卡

感謝您購買本書，為提升服務品質，請填妥以下資料，將讀者回函卡直接寄回或傳真本公司，收到您的寶貴意見後，我們會收藏記錄及檢討，謝謝！

如您需要了解本公司最新出版書目、購書優惠或企劃活動，歡迎您上網查詢或下載相關資料：http:// www.showwe.com.tw

您購買的書名：＿＿＿＿＿＿＿＿＿＿＿＿＿＿＿＿＿＿＿＿＿＿＿

出生日期：＿＿＿＿＿年＿＿＿＿＿月＿＿＿＿＿日

學歷：□高中 (含) 以下　　□大專　　□研究所 (含) 以上

職業：□製造業　□金融業　□資訊業　□軍警　□傳播業　□自由業
　　　□服務業　□公務員　□教職　　□學生　□家管　□其它＿＿＿＿

購書地點：□網路書店　□實體書店　□書展　□郵購　□贈閱　□其他

您從何得知本書的消息？

　□網路書店　□實體書店　□網路搜尋　□電子報　□書訊　□雜誌
　□傳播媒體　□親友推薦　□網站推薦　□部落格　□其他＿＿＿＿＿＿

您對本書的評價：(請填代號　1.非常滿意　2.滿意　3.尚可　4.再改進)

　封面設計＿＿＿　版面編排＿＿＿　內容＿＿＿　文／譯筆＿＿＿　價格＿＿＿

讀完書後您覺得：

　□很有收穫　□有收穫　□收穫不多　□沒收穫

對我們的建議：＿＿＿＿＿＿＿＿＿＿＿＿＿＿＿＿＿＿＿＿＿＿＿

＿＿＿＿＿＿＿＿＿＿＿＿＿＿＿＿＿＿＿＿＿＿＿＿＿＿＿＿＿＿＿

＿＿＿＿＿＿＿＿＿＿＿＿＿＿＿＿＿＿＿＿＿＿＿＿＿＿＿＿＿＿＿

＿＿＿＿＿＿＿＿＿＿＿＿＿＿＿＿＿＿＿＿＿＿＿＿＿＿＿＿＿＿＿

11466
台北市內湖區瑞光路 76 巷 65 號 1 樓

秀威資訊科技股份有限公司　　　收

BOD 數位出版事業部

....

（請沿線對折寄回，謝謝！）

姓　　名：_____　年齡：_____　性別：□女　□男

郵遞區號：□□□□□

地　　址：_____

聯絡電話：(日) _____ (夜) _____

E-mail：_____